초판 발행일 | 2025년 2월 21일
지은이 | 해람북스 기획팀
발행인 | 최용섭
책임편집 | 이준우
기획진행 | 송지효

㈜해람북스   주소 | 서울시 용산구 한남대로 11길 12, 6층
문의전화 | 02-6337-5419
팩스 | 02-6337-5429
홈페이지 | https://class.edupartner.co.kr

발행처 | (주)미래엔에듀파트너
출판등록번호 | 제2020-000101호

ISBN 979-11-6571-227-3 (13000)

이 책은 저작권법에 따라 보호받는 저작물이므로 무단전재와 무단복제를 금지하며,
이 책 내용의 전부 또는 일부를 이용하려면 반드시 저작권자와 (주)미래엔에듀파트너의 서면동의를 받아야 합니다.

※ 잘못된 책은 바꾸어 드립니다.
※ 책 가격은 뒷면에 있습니다.

토독토독 타자 미션

차시	날짜	빠르기	정확도	확인	차시	날짜	빠르기	정확도	확인
1	월 일				13	월 일			
2	월 일				14	월 일			
3	월 일				15	월 일			
4	월 일				16	월 일			
5	월 일				17	월 일			
6	월 일				18	월 일			
7	월 일				19	월 일			
8	월 일				20	월 일			
9	월 일				21	월 일			
10	월 일				22	월 일			
11	월 일				23	월 일			
12	월 일				24	월 일			

목차 — 게임 순서 알아보기

01 ▶ 006 긴급신고는?
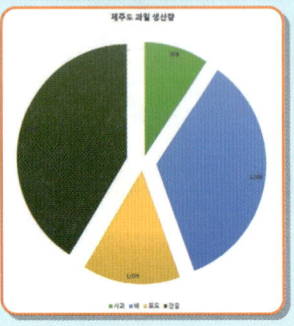

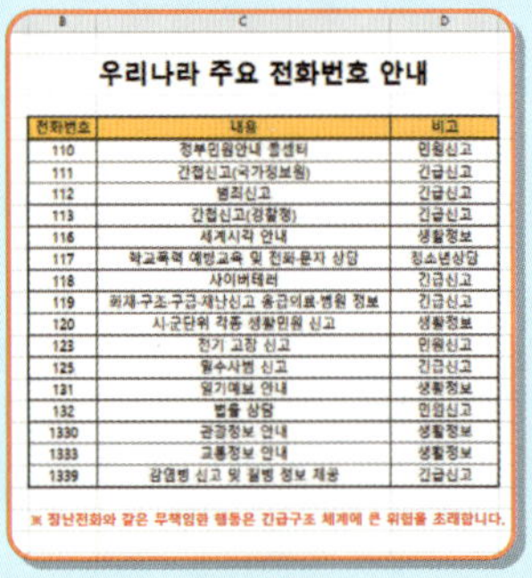

02 ▶ 012 만다라트

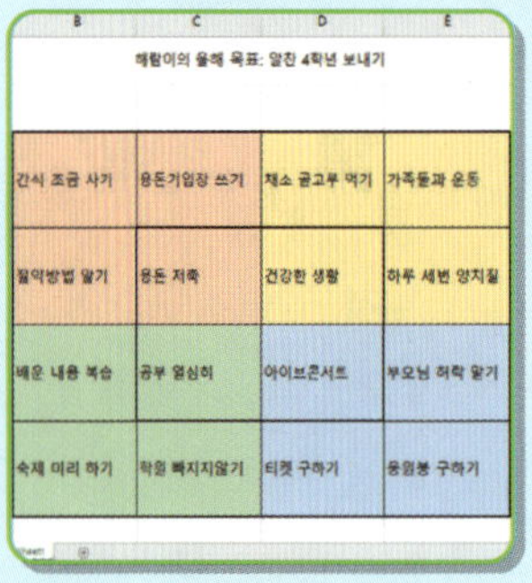

03 ▶ 018 명화를 감상하고

04 ▶ 024 구구단을 외우자
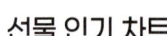

16 098 ◀ 선물 인기 차트

15 092 ◀ 초, 분, 시간
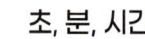

14 084 ◀ 댄스대회
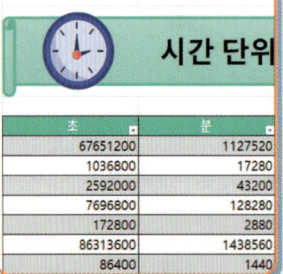

13 078 ◀ 고속도로 통행료

17 ▶ 106 과일 생산량

18 ▶ 112 아이템 상점

19 ▶ 118 문구점 사장님

20 ▶ 124 MBTI 분포도

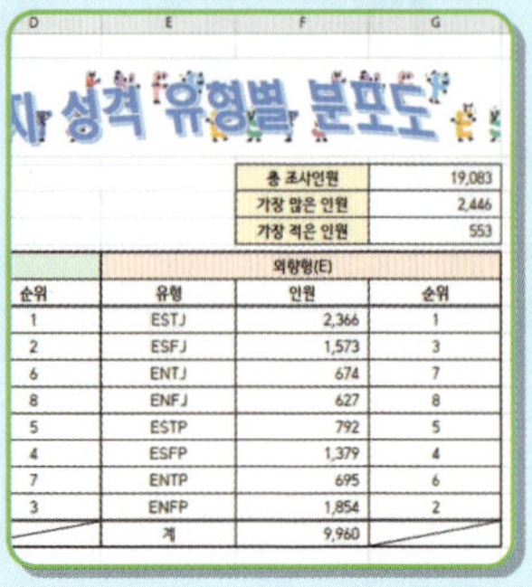

| 05 ▶ 030 | 06 ▶ 036 | 07 ▶ 042 | 08 ▶ 048 |

십간과 십이지

맛있는 속담

어디에 살까요?

용돈기입장

| 12 ◀ 072 | 11 ◀ 066 | 10 ◀ 060 | 09 ◀ 054 |

독서계획 체크리스트

우리말 날짜

엑셀로 사칙연산

출석부

| 21 ▶ 130 | 22 ▶ 136 | 23 ▶ 142 | 24 ▶ 150 |

성적표

도시와 공원

만족도 조사

나눔바자회

▶ 보너스 게임! 레벨업 끝판왕 퀘스트도 있어요!

GAME 01 긴급신고는?

| 학습목표 |
- 새 스프레드시트를 생성할 수 있습니다.
- 스프레드시트 파일을 열고 저장할 수 있습니다.
- 데이터를 입력하고 스프레드시트를 편집할 수 있습니다.

오늘의 도착지점

🔑 예제 파일 : 1강_예제.xlsx   🔑 완성 파일 : 1강_완성.xlsx

	A	B	C	D	E	F	G	H
1								
2		우리나라 주요 전화번호 안내						
3								
4		전화번호	내용	비고				
5		110	정부민원안내 콜센터	민원신고				
6		111	간첩신고(국가정보원)	긴급신고				
7		112	범죄신고	긴급신고				
8		113	간첩신고(경찰청)	긴급신고				
9		116	세계시각 안내	생활정보				
10		117	학교폭력 예방교육 및 전화·문자 상담	청소년상담				
11		118	사이버테러	긴급신고				
12		119	화재·구조·구급·재난신고 응급의료·병원 정보	긴급신고				
13		120	시·군단위 각종 생활민원 신고	생활정보				
14		123	전기 고장 신고	민원신고				
15		125	밀수사범 신고	긴급신고				
16		131	일기예보 안내	생활정보				
17		132	법률 상담	민원신고				
18		1330	관광정보 안내	생활정보				
19		1333	교통정보 안내	생활정보				
20		1339	감염병 신고 및 질병 정보 제공	긴급신고				
21								
22		※ 장난전화와 같은 무책임한 행동은 긴급구조 체계에 큰 위험을 초래합니다.						

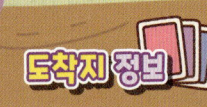

도착지 정보

나라에서는 국민의 생활에 어려움이 있을 때, 국가기관의 도움을 요청할 수 있도록 다양한 기관에서 신고전화센터를 운영하고 있습니다. 경찰은 112, 소방관은 119, 민원상담은 110으로 그 외의 다양한 내용의 긴급신고 및 민원상담은 어떤 번호로 연락해야하는지 알아 봅니다.

Step 01 스프레드시트 생성하기

새 스프레드시트를 생성해 봅니다.

① Excel 2021 프로그램을 실행한 후 [새 통합 문서]를 클릭합니다.

② 생성된 스프레드시트를 확인합니다.

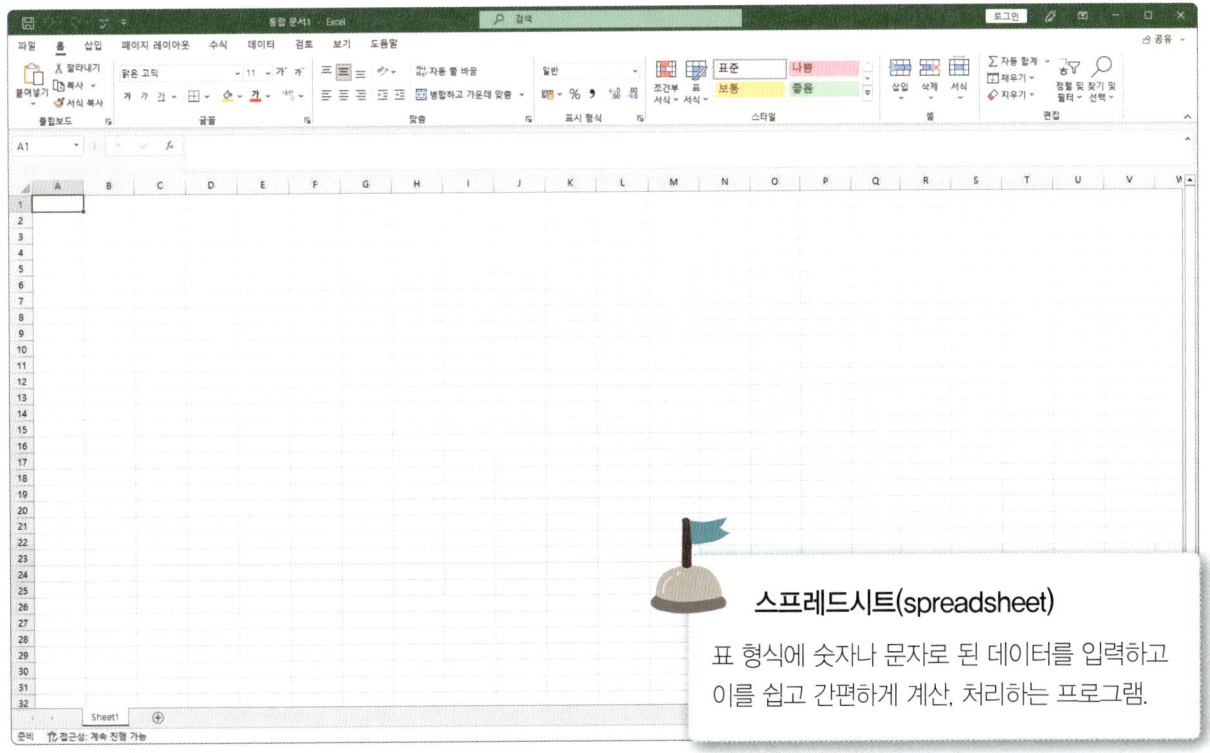

스프레드시트(spreadsheet)
표 형식에 숫자나 문자로 된 데이터를 입력하고 이를 쉽고 간편하게 계산, 처리하는 프로그램.

Step 02 | 스프레드시트 열고 편집하기

스프레드시트를 열고, 데이터를 입력하여 편집할 수 있습니다.

① [파일]을 클릭하고 [열기]를 클릭한 후 [찾아보기]를 클릭합니다. '열기' 대화 상자에서 파일의 위치를 지정하고 '1강_예제.xlsx'를 선택하고 [열기]를 클릭합니다.

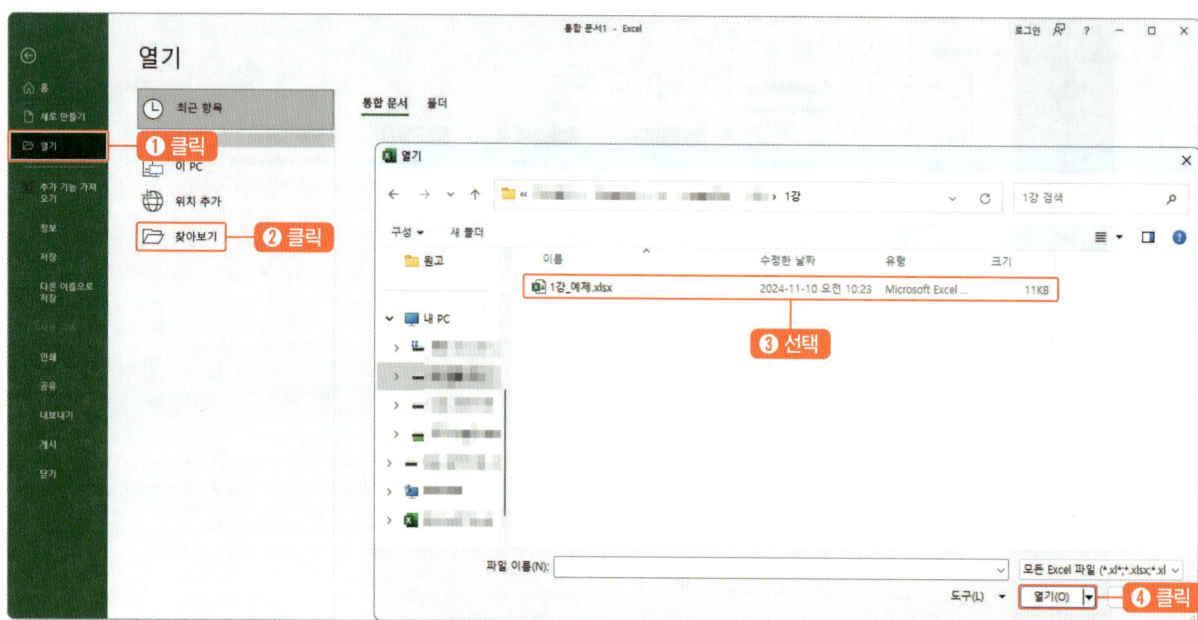

② '1강_예제.xlsx' 파일이 열리면 'C5'셀을 더블클릭하고 '정부민원안내 콜센터'를 입력한 후 Enter 키를 누릅니다.

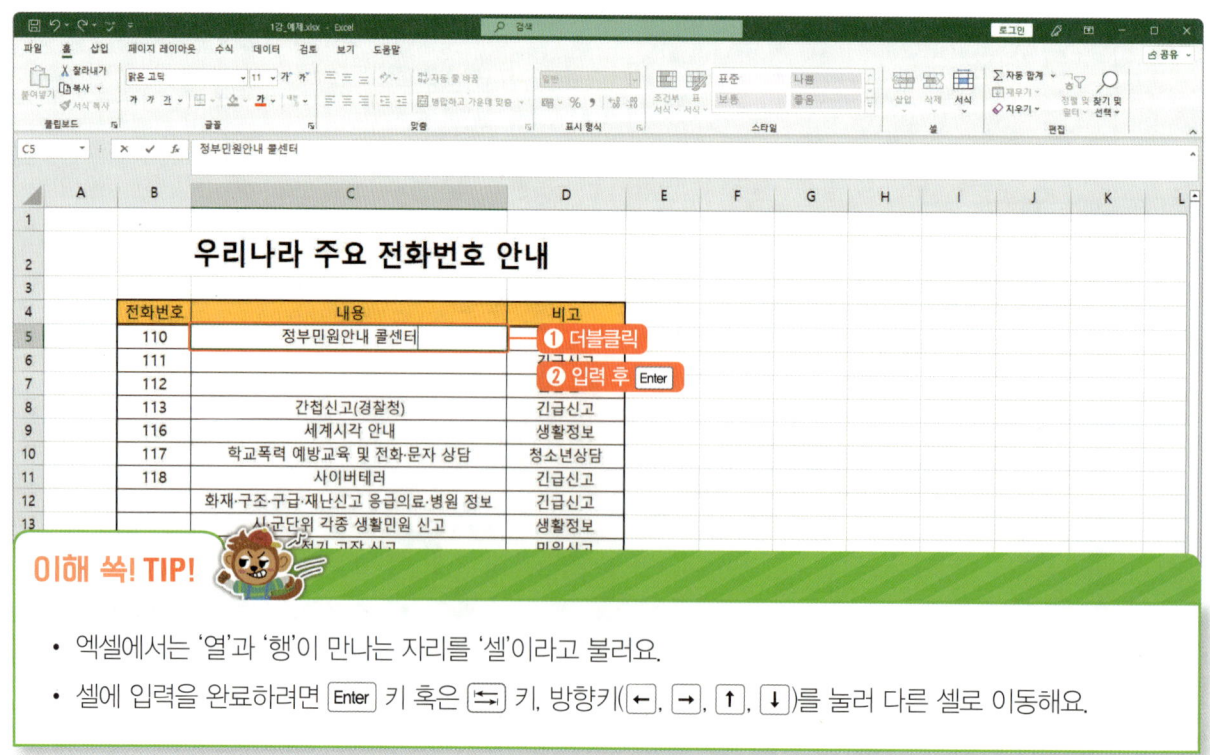

이해 쏙! TIP!

- 엑셀에서는 '열'과 '행'이 만나는 자리를 '셀'이라고 불러요.
- 셀에 입력을 완료하려면 Enter 키 혹은 Tab 키, 방향키(←, →, ↑, ↓)를 눌러 다른 셀로 이동해요.

③ 이어서 'C6'셀을 클릭한 후 '수식 입력줄'을 클릭하고 '간첩신고(국가정보원)'을 입력하고 ⏎ 키를 누릅니다.

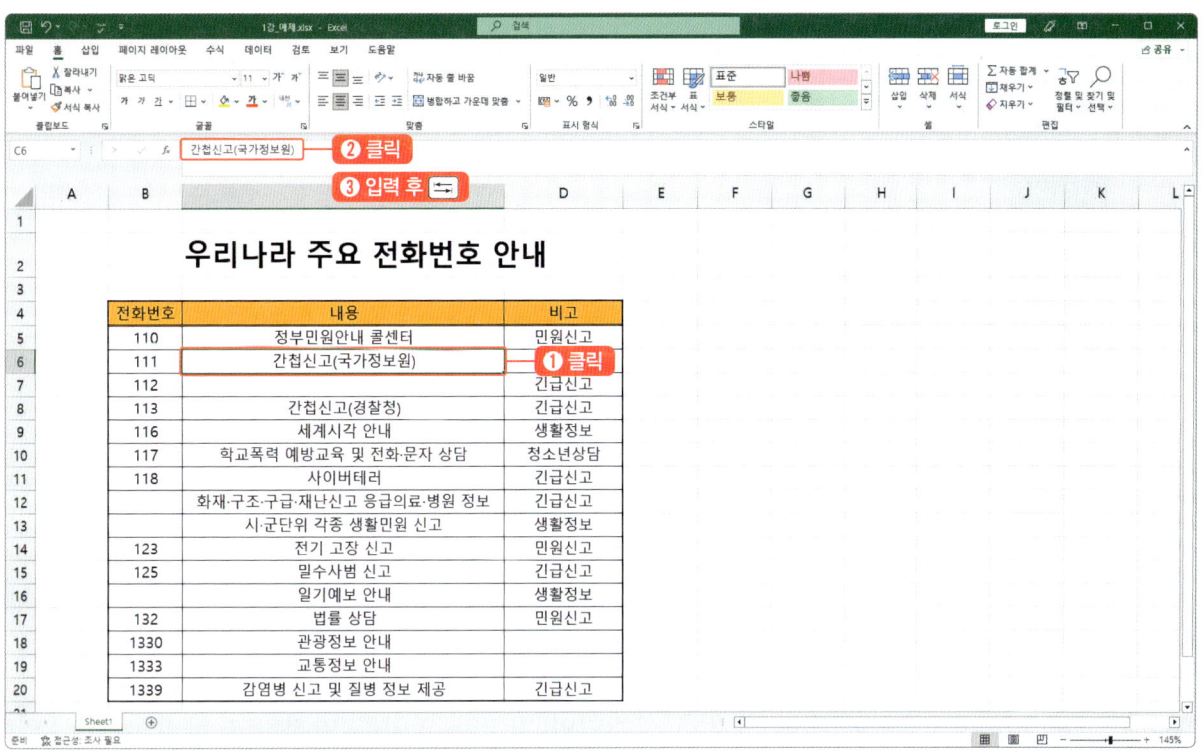

④ ② 또는 ③과 같은 방법으로 그림과 같이 데이터를 입력합니다.

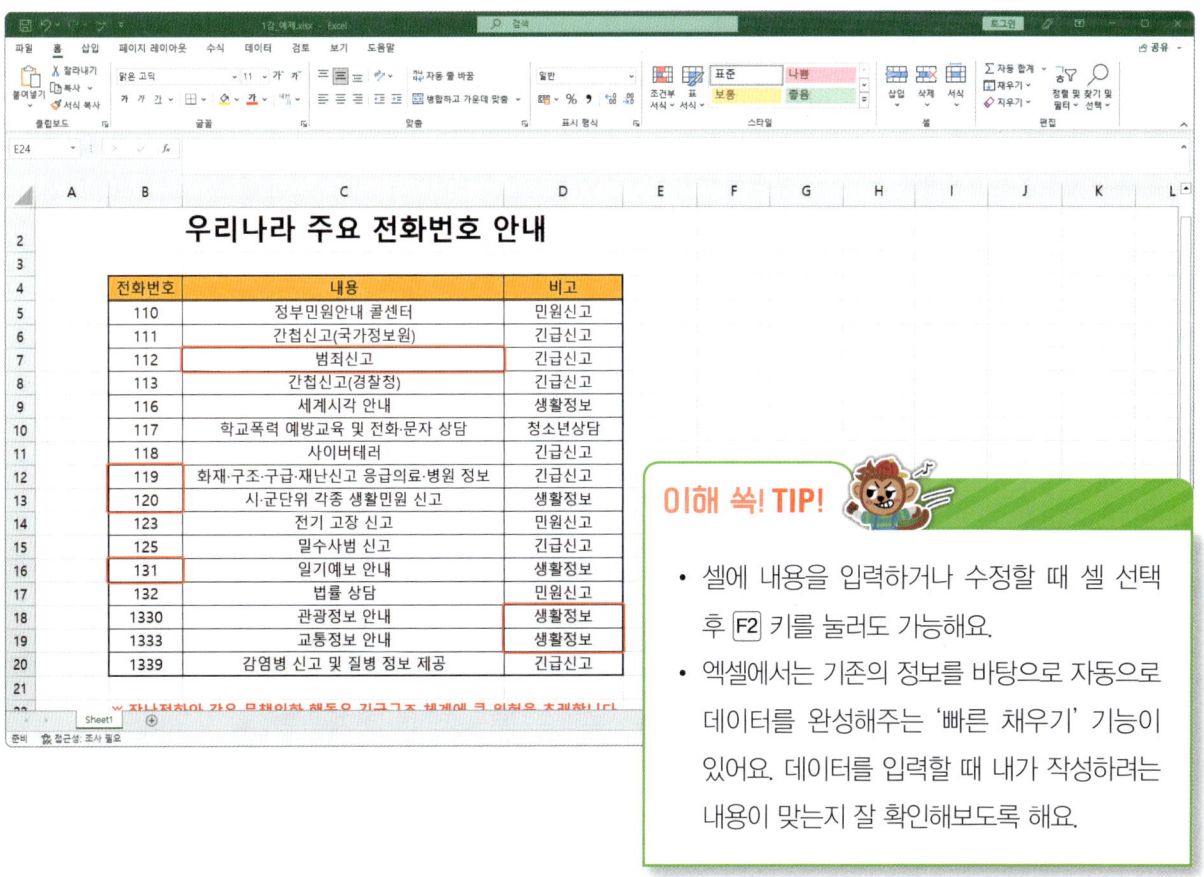

이해 쏙! TIP!

- 셀에 내용을 입력하거나 수정할 때 셀 선택 후 F2 키를 눌러도 가능해요.
- 엑셀에서는 기존의 정보를 바탕으로 자동으로 데이터를 완성해주는 '빠른 채우기' 기능이 있어요. 데이터를 입력할 때 내가 작성하려는 내용이 맞는지 잘 확인해보도록 해요.

Step 03 스프레드시트 저장하기

편집한 스프레드시트를 다른 이름으로 저장해 봅니다.

① [파일]을 클릭한 후 [다른 이름으로 저장]을 클릭하고 [찾아보기]를 클릭합니다.

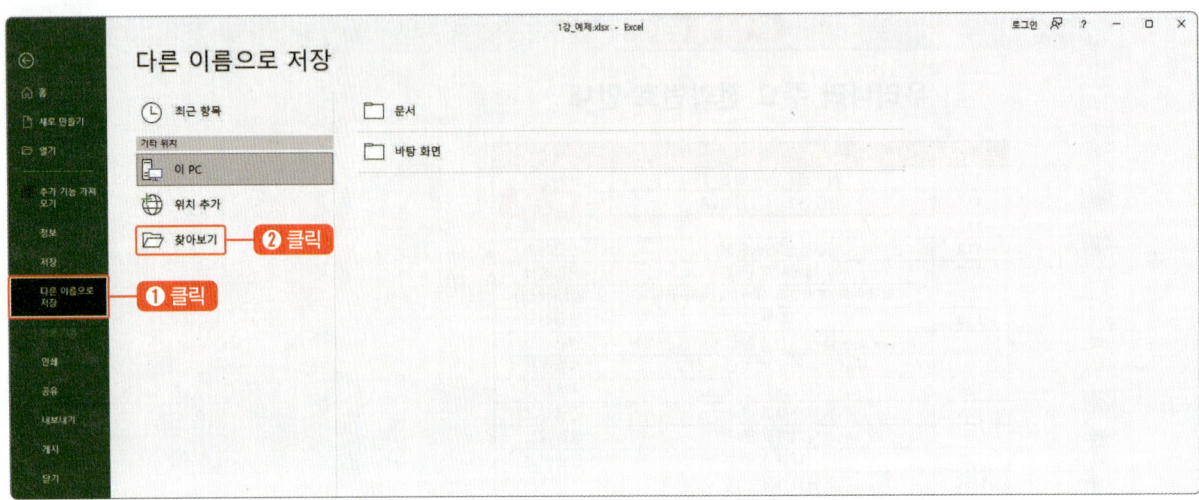

② '다른 이름으로 저장' 대화 상자가 실행되면 저장할 위치를 지정하고 파일 이름을 입력한 후 [저장]을 클릭합니다.

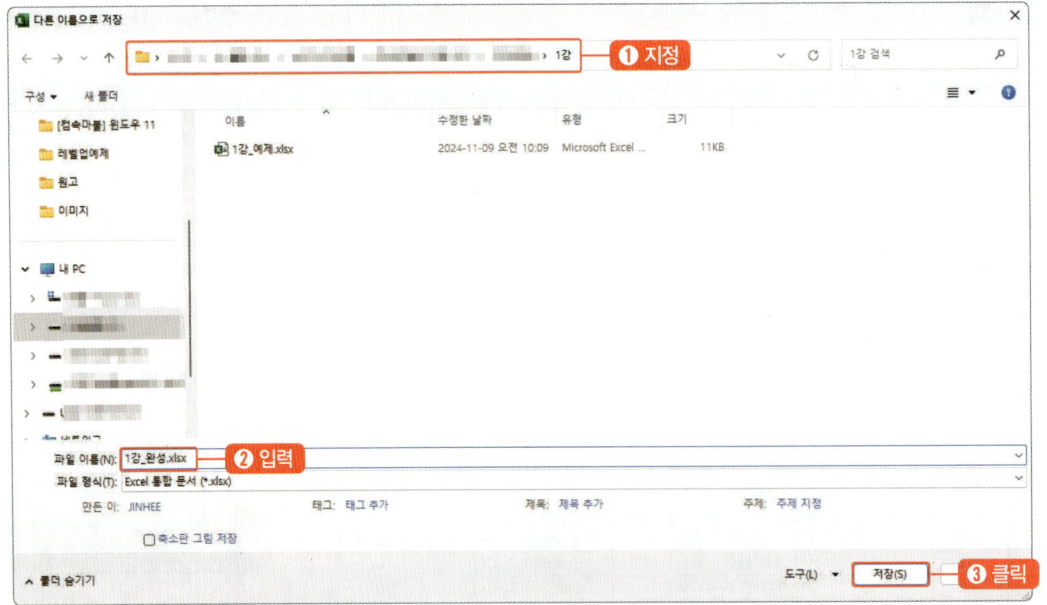

이해 쏙! TIP!

- **저장하기**: 현재 화면에서 편집하고 있는 스프레드시트를 저장하고, 계속 편집할 수 있어요.
- **다른 이름으로 저장하기**: 현재 편집하고 있는 스프레드시트를 새로운 이름으로 바꾸어 저장하고, 바꾼 이름의 파일을 계속 편집할 수 있어요.

실력 UP! 한 칸 더 GO! GO!

1 새 통합 문서를 생성하고 그림과 같이 '시계'를 작성해 보세요.

🔑 예제 파일 : 없음　　🔑 완성 파일 : 1강_실력1(완성).xlsx

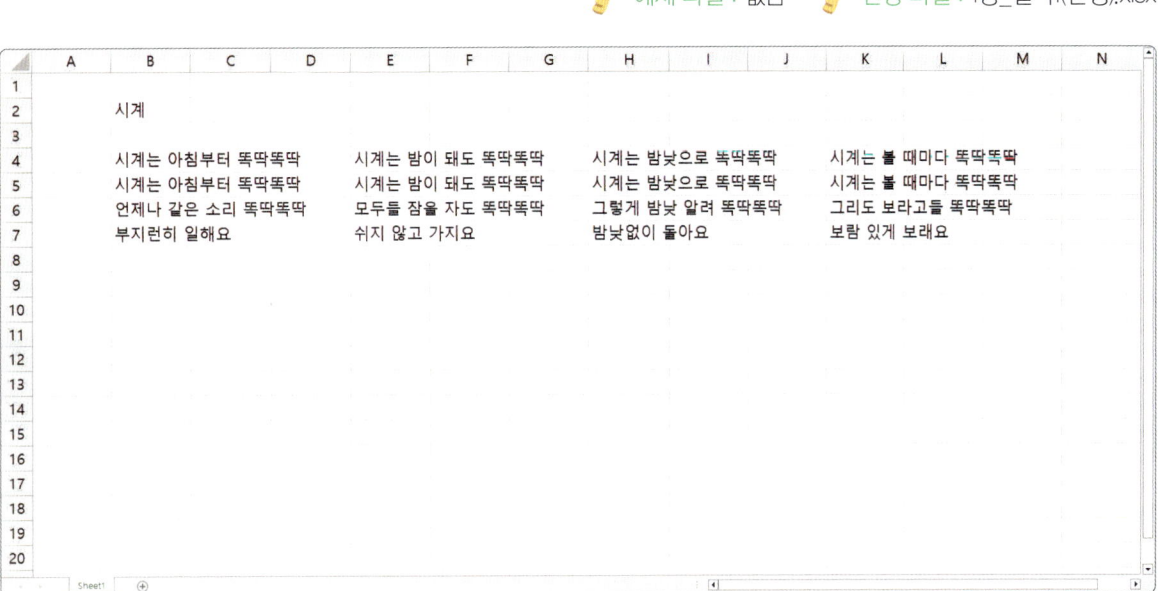

2 파일을 불러온 후 그림과 같이 '자기소개서'를 완성해 보세요.

🔑 예제 파일 : 1강_실력2(예제).xlsx　　🔑 완성 파일 : 1강_실력2(완성).xlsx

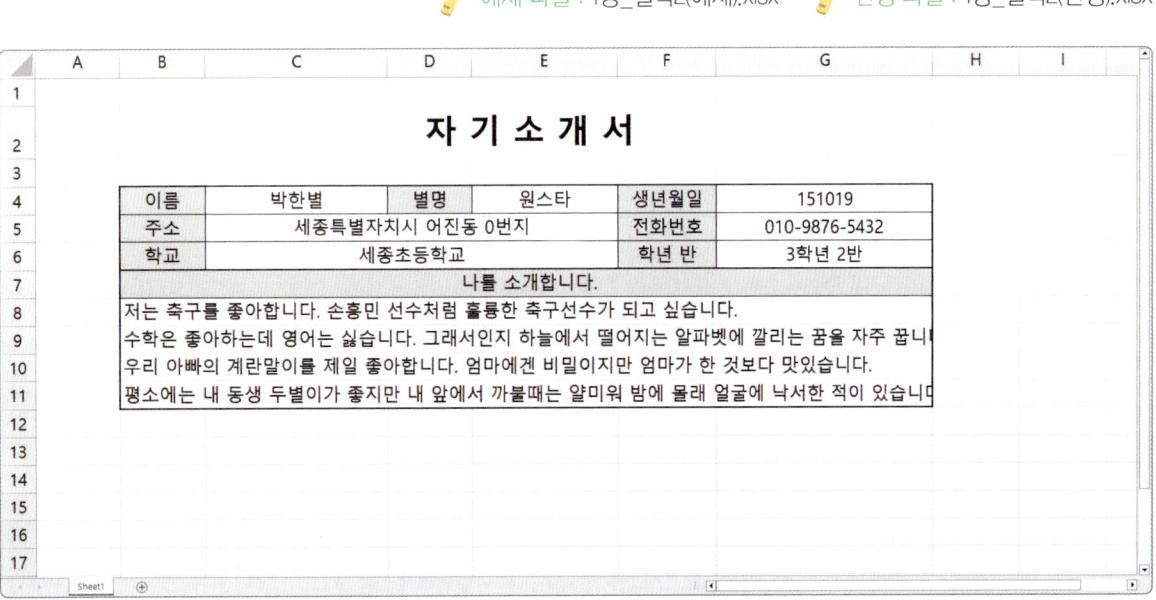

02 만다라트

| 학습목표 |
- 열 너비와 행 높이를 조절할 수 있습니다.
- 열과 행을 추가할 수 있습니다.
- 연속하는 셀을 병합할 수 있습니다.

오늘의 도착지점

🔑 예제 파일 : 2강_예제.xlsx   🔑 완성 파일 : 2강_완성.xlsx

	A	B	C	D	E	F	G	H	I
1			해람이의 올해 목표: 알찬 4학년 보내기						
2									
3		간식 조금 사기	용돈기입장 쓰기	채소 골고루 먹기	가족들과 운동				
4		절약방법 알기	용돈 저축	건강한 생활	하루 세번 양치질				
5		배운 내용 복습	공부 열심히	아이브콘서트	부모님 허락 맡기				
6		숙제 미리 하기	학원 빠지지않기	티켓 구하기	응원봉 구하기				

도착지 정보

만다라트란 큰 목표를 세운 후 그 목표를 이루기 위한 세부 목표들을 잘게 쪼개어 실천하기 쉬운 목표들로 만드는 계획표입니다. 목표를 둘러싼 모습이 활짝 핀 연꽃 모양을 닮아 연꽃기법이라고도 불리는 이 계획표를 스프레드 시트로 만들어 보고 나의 목표를 입력해 봅니다.

Step 1 열 너비, 행 높이 변경하기

문서를 열고 열 너비, 행 높이를 변경해 봅니다.

① Excel 2021 프로그램을 실행한 후 [열기]-[찾아보기]를 클릭하고 '2강_예제.xlsx' 파일을 선택하여 [열기]를 클릭합니다.

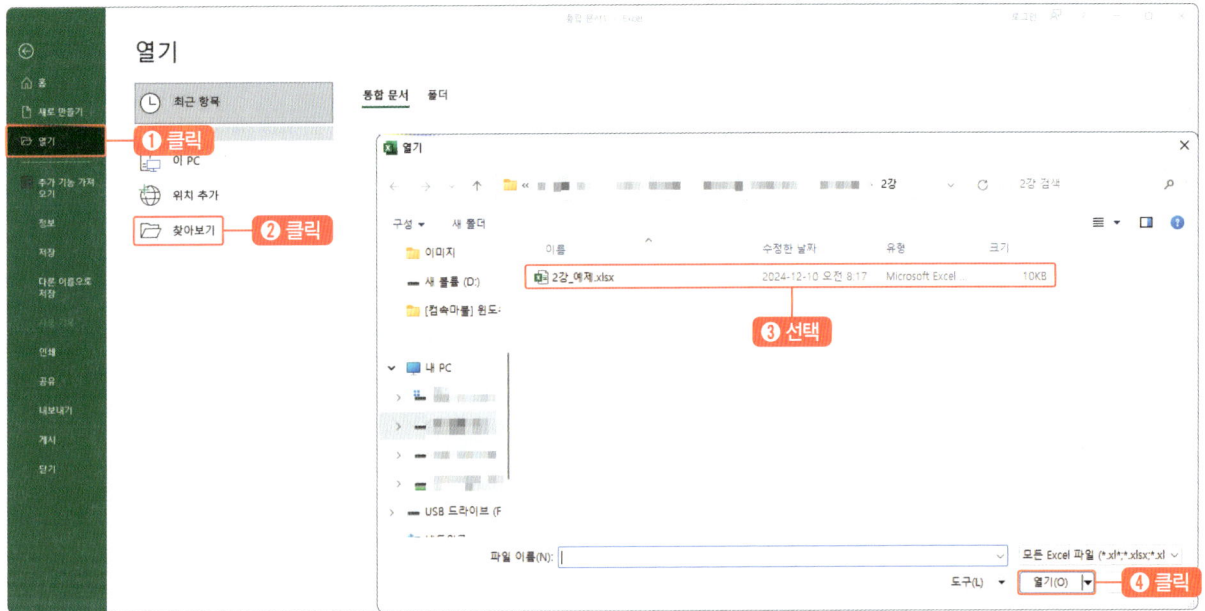

② 'A'열 머리글을 클릭하여 선택한 후 마우스 오른쪽 버튼을 클릭하여 바로가기 메뉴의 [열 너비]를 클릭합니다. '열 너비' 대화 상자가 실행되면 열 너비에 '5'를 입력한 후 [확인]을 클릭합니다.

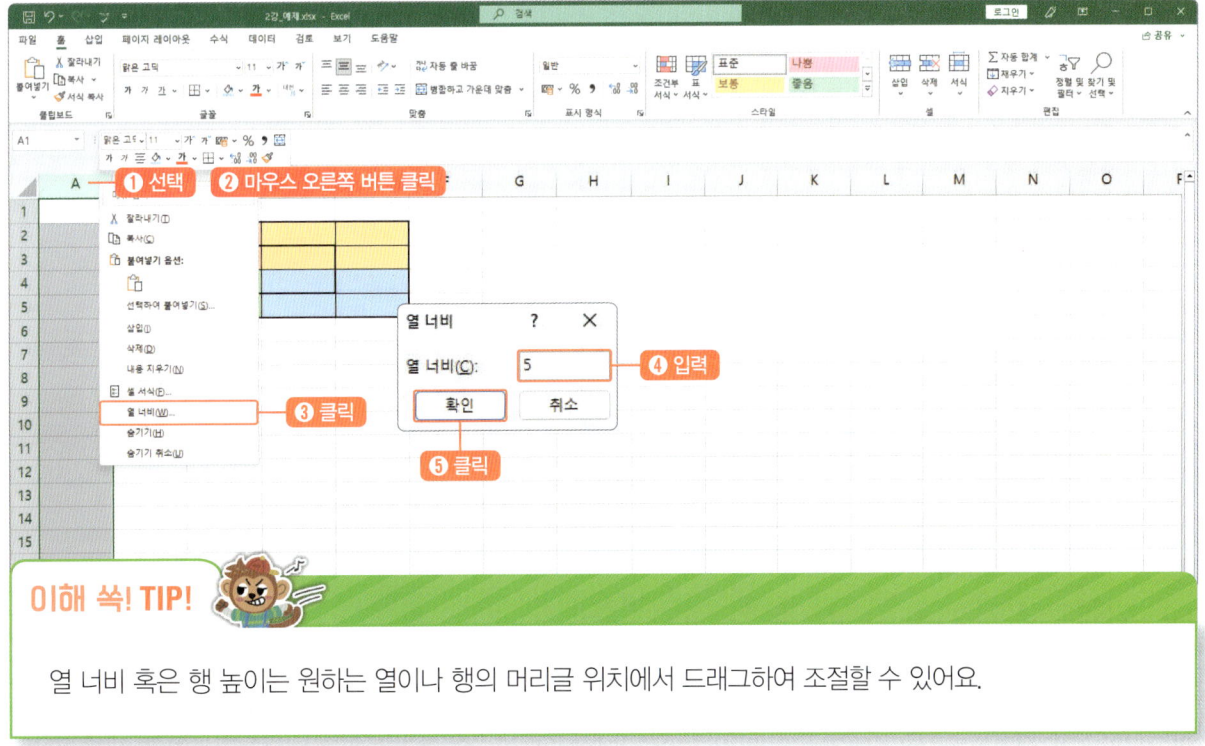

이해 쏙! TIP!

열 너비 혹은 행 높이는 원하는 열이나 행의 머리글 위치에서 드래그하여 조절할 수 있어요.

③ 이어서 행 머리글에서 '2'~'5'행을 드래그하여 선택한 후 마우스 오른쪽 버튼을 클릭하여 바로 가기 메뉴의 [행 높이]를 클릭합니다. '행 높이' 대화 상자가 실행되면 행 높이에 '70'을 입력하고 [확인]을 클릭합니다.

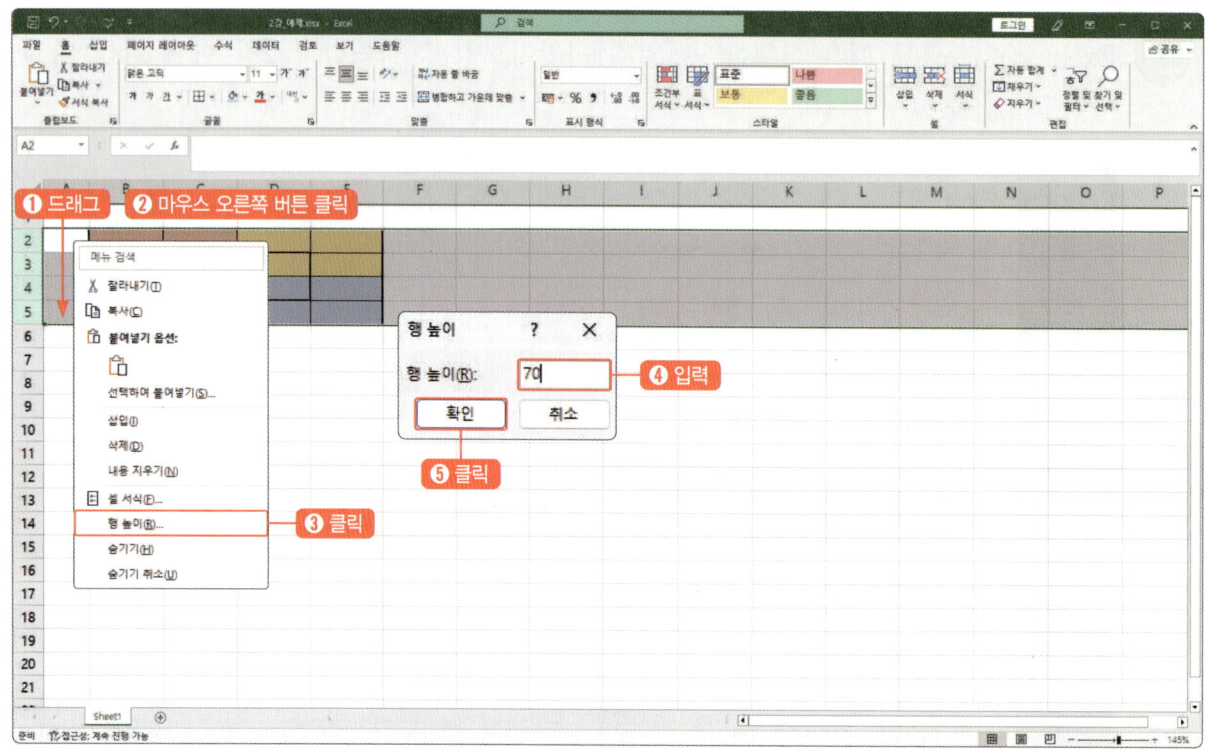

④ ②~③과 같은 방법으로 그림과 같이 'B'~'E'열의 너비를 '15', '1'행과 '6'행의 높이를 '35'로 지정해 봅니다.

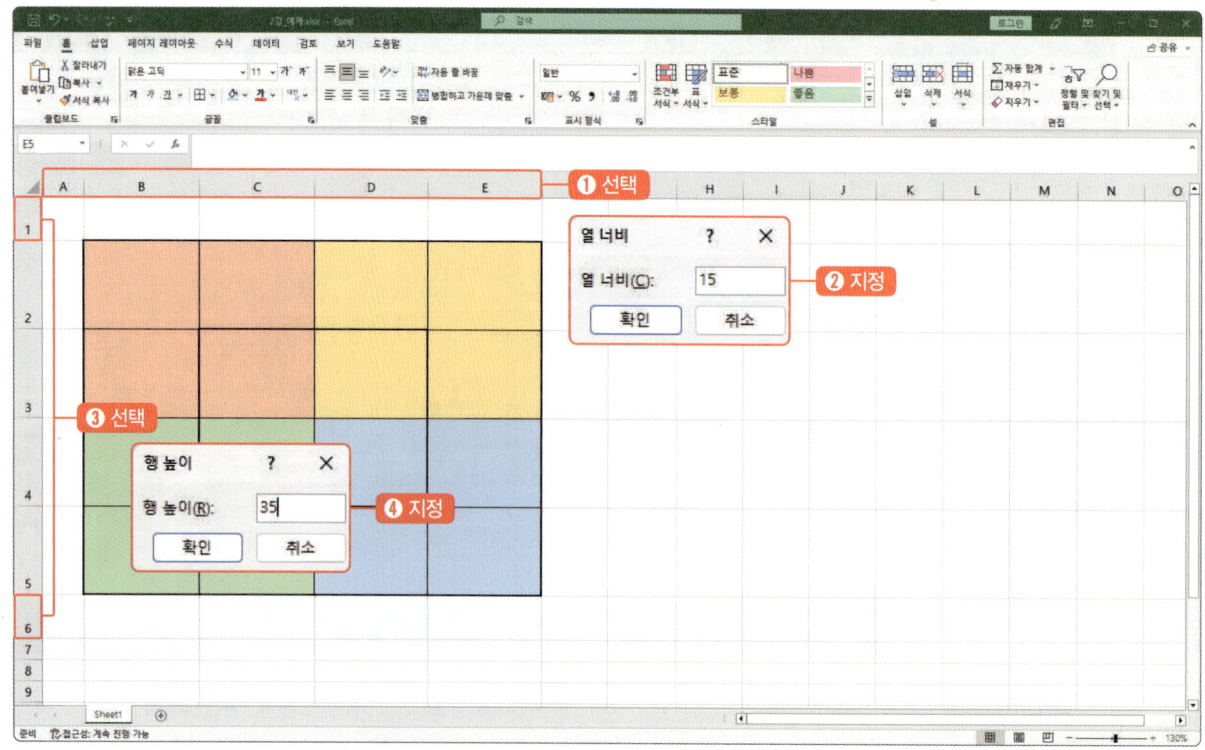

Step 02 열과 행 추가하기

특정 위치에서 열과 행을 추가해 봅니다.

① 'B2'셀을 선택한 후 마우스 오른쪽 버튼을 클릭하고 바로가기 메뉴에서 [삽입]을 클릭합니다. '삽입' 대화상자가 실행되면 '행 전체'를 선택한 후 [확인]을 클릭합니다.

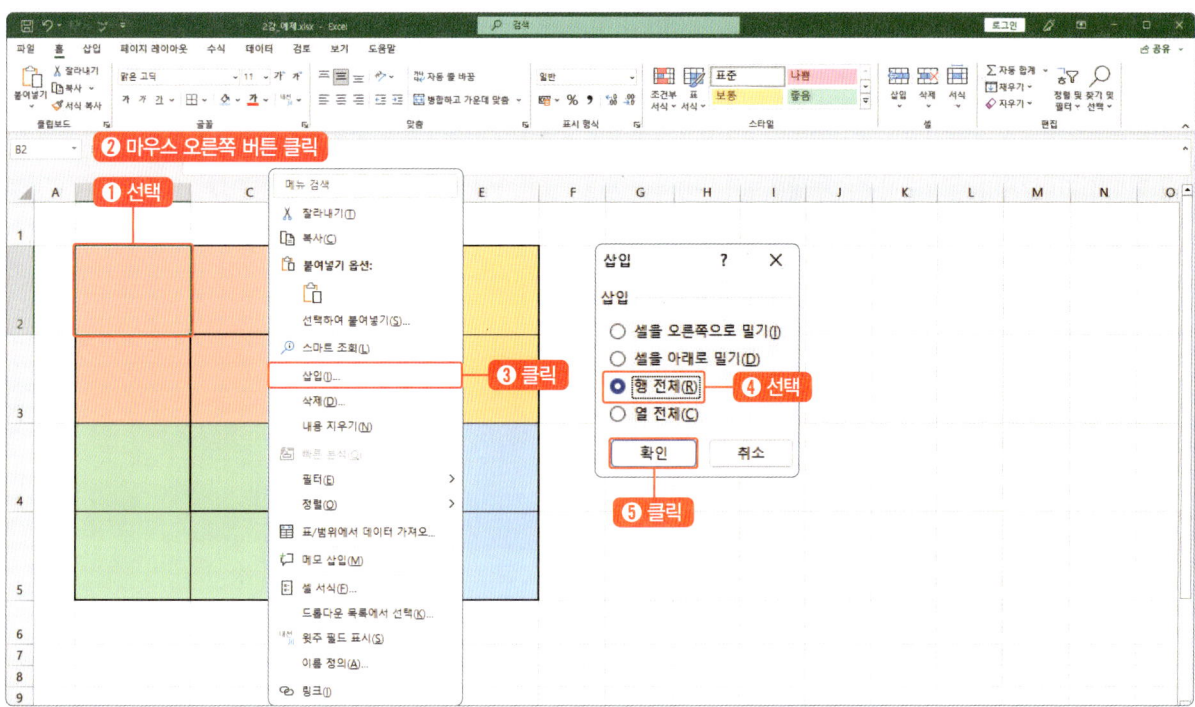

② 이어서 'A'열 머리글을 클릭하여 선택한 후 [홈] 탭-[셀] 그룹에서 [삽입(🞖)]을 클릭합니다.

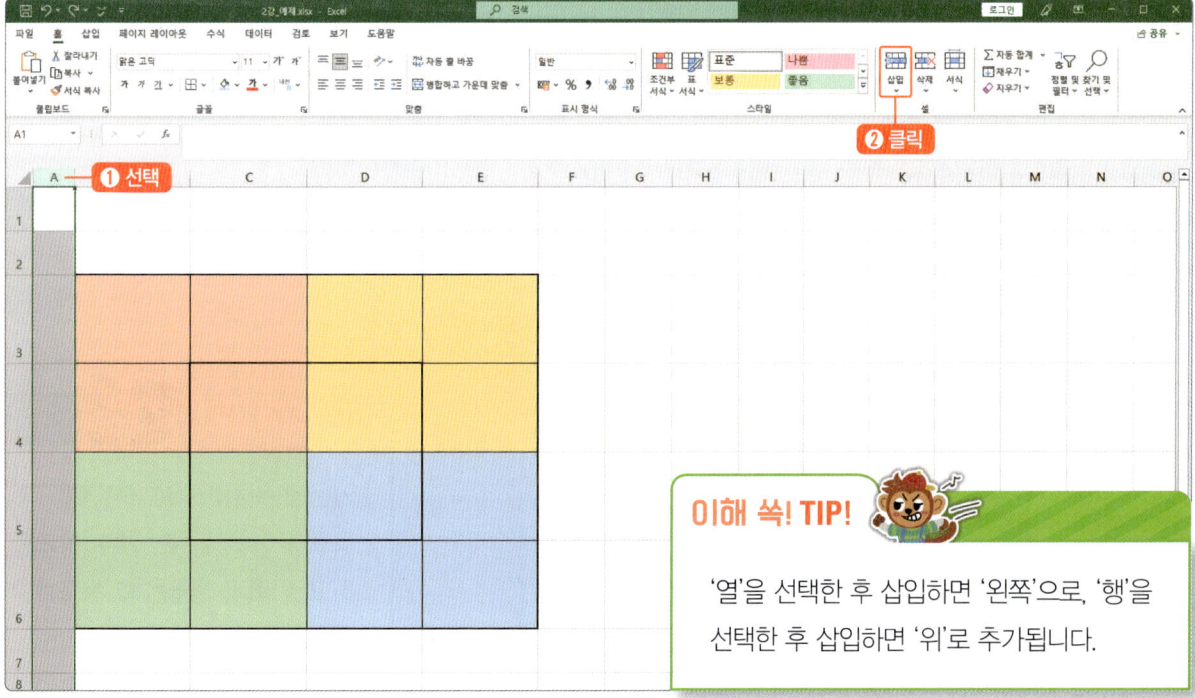

이해 쏙! TIP!

'열'을 선택한 후 삽입하면 '왼쪽'으로, '행'을 선택한 후 삽입하면 '위'로 추가됩니다.

Step 03 셀 병합하고 가운데 맞춤하기

연속하는 셀을 선택한 후 병합하여 가운데 맞춤합니다.

① 'B1'~'E1'셀을 드래그하여 선택한 후 [홈] 탭-[맞춤] 그룹에서 [병합하고 가운데 맞춤]을 클릭합니다.

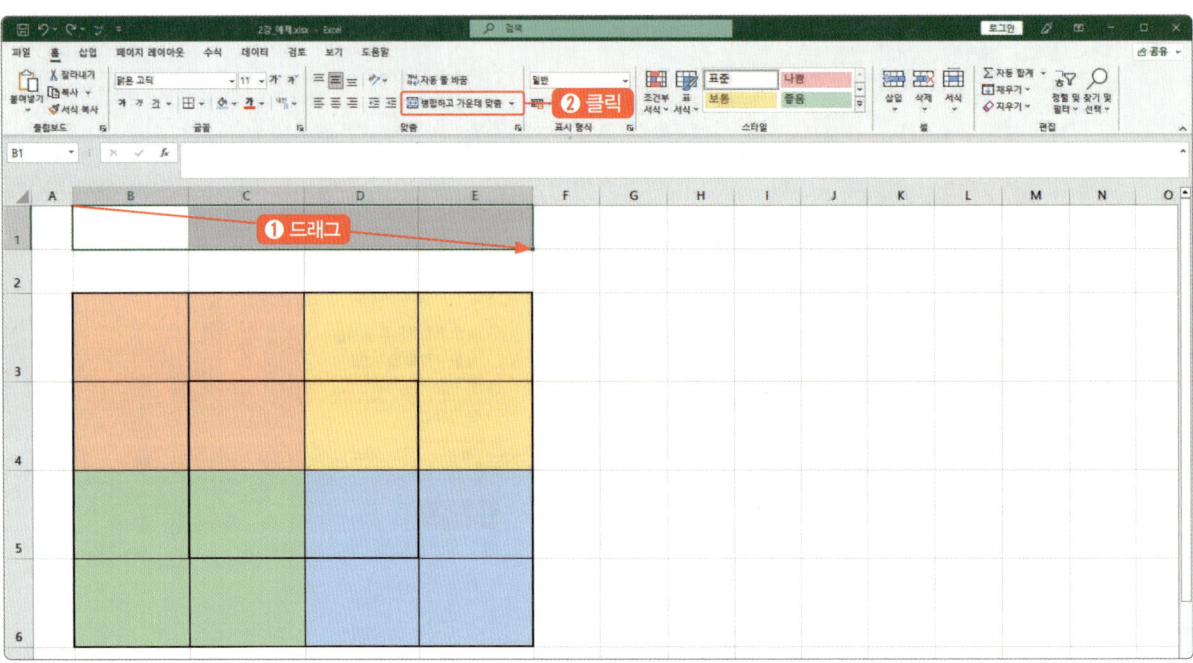

② 그림과 같이 나만의 목표를 입력한 후 [파일]-[다른 이름으로 저장]을 클릭하여 파일을 저장합니다.

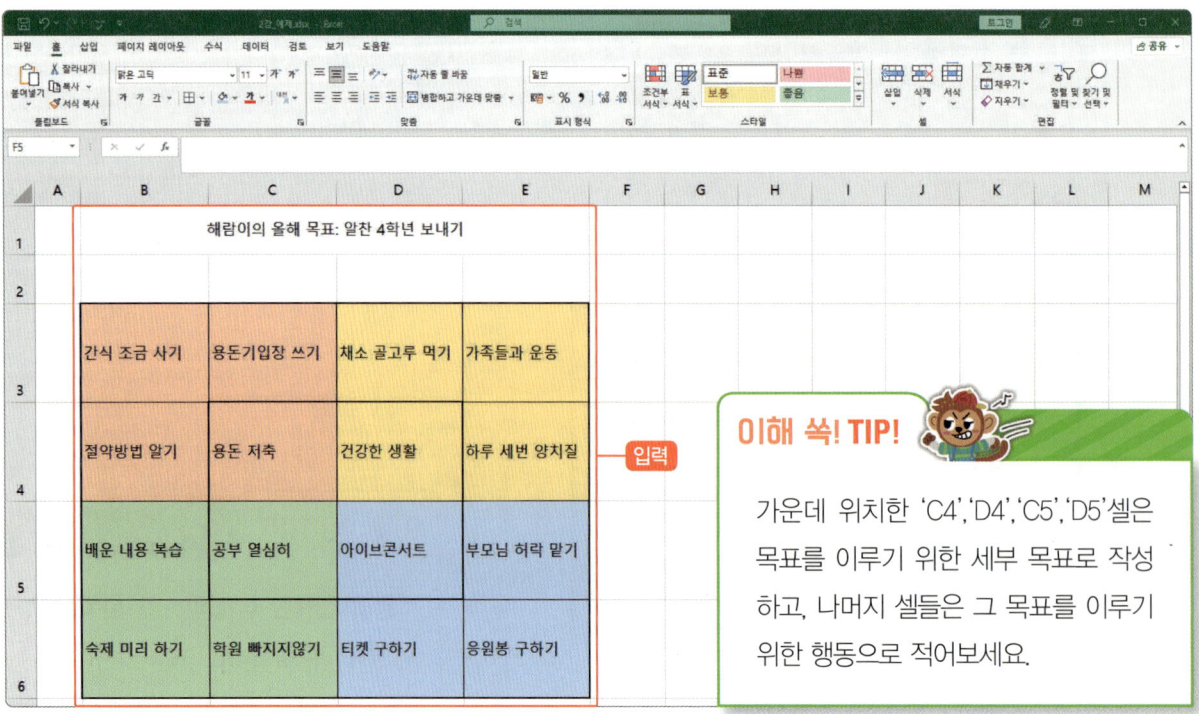

이해 쏙! TIP!

가운데 위치한 'C4', 'D4', 'C5', 'D5'셀은 목표를 이루기 위한 세부 목표로 작성하고, 나머지 셀들은 그 목표를 이루기 위한 행동으로 적어보세요.

1 파일을 불러온 후 열과 행의 크기를 조절하여 '빙고판'을 완성해 보세요.

🔑 예제 파일 : 2강_실력1(예제).xlsx   🔑 완성 파일 : 2강_실력1(완성).xlsx

🎲 **Hint**
① 열 너비: 'A'열 – '3', 'B~F'열 – '7'
② 행 높이: '2'행 – '30', '4~8'행 – '42'
③ [병합하고 가운데 맞춤]

2 파일을 불러온 후 행을 추가하여 '여우야 여우야 뭐하니'를 완성해 보세요.

🔑 예제 파일 : 2강_실력2(예제).xlsx   🔑 완성 파일 : 2강_실력2(완성).xlsx

🎲 **Hint**
① '5'행, '7'행, '9'행 추가

GAME 03 명화를 감상하고

| 학습목표 |
- 셀 테두리를 지정할 수 있습니다.
- 셀 채우기를 지정할 수 있습니다.
- 그림을 삽입할 수 있습니다.

오늘의 도착지점

 예제 파일 : 3강_예제.xlsx    완성 파일 : 3강_완성.xlsx

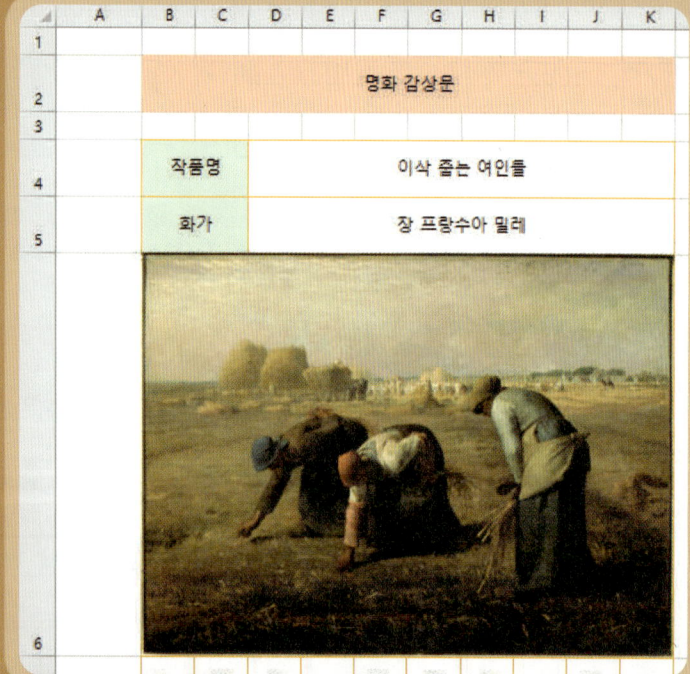

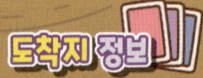 도착지 정보

미술 작품에는 작가의 생각이나 감정 등이 표현되어 있습니다. 작품에 표현된 감정이나 생각, 분위기뿐만 아니라 색, 그림체, 구성 등을 느끼고 경험하는 활동을 '미술 감상'이라고 할 수 있습니다. 유명한 그림인 '이삭 줍는 여인들'을 감상해보고 명화감상문을 작성해 봅니다.

Step 01 셀 테두리 지정하기

문서를 불러온 후 셀 테두리를 지정해 봅니다.

① Excel 2021 프로그램을 실행한 후 [열기]-[찾아보기]를 클릭하고 '3강_예제.xlsx' 파일을 선택하여 [열기]를 클릭합니다.

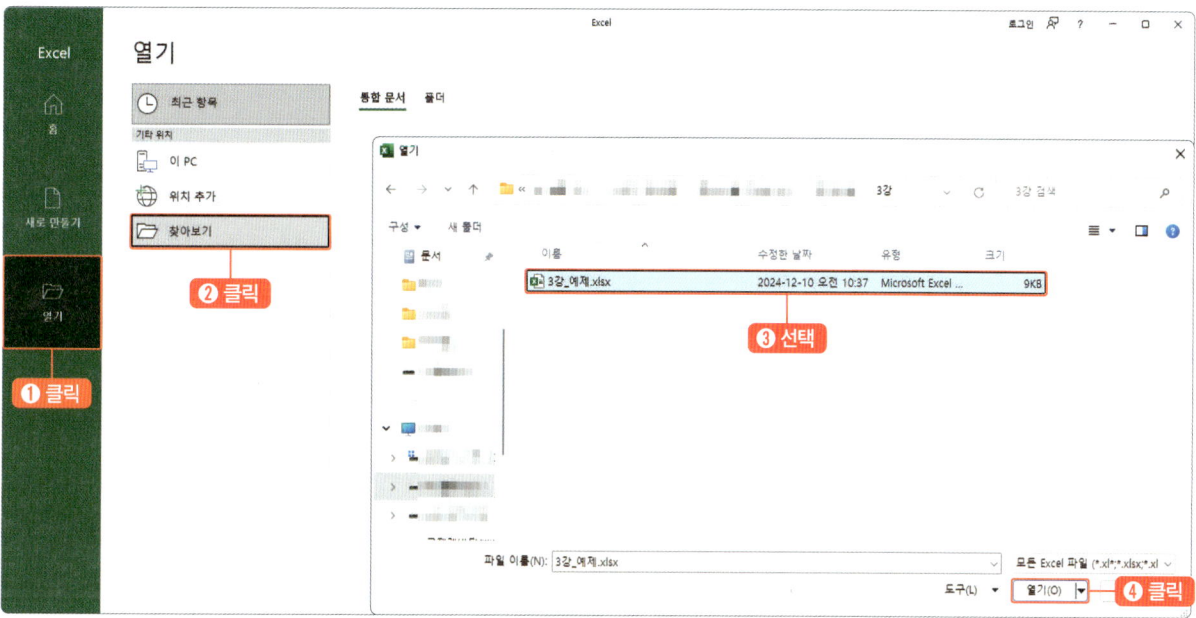

② 'B4:K12' 셀을 드래그한 후 마우스 오른쪽 버튼을 클릭하여 바로가기 메뉴에서 [셀 서식]을 클릭합니다. '셀 서식' 대화 상자가 실행되면 [테두리] 탭에서 색-'황금색, 강조 4'로, 미리 설정-'윤곽선', '안쪽'을 차례로 클릭한 후 [확인]을 클릭합니다.

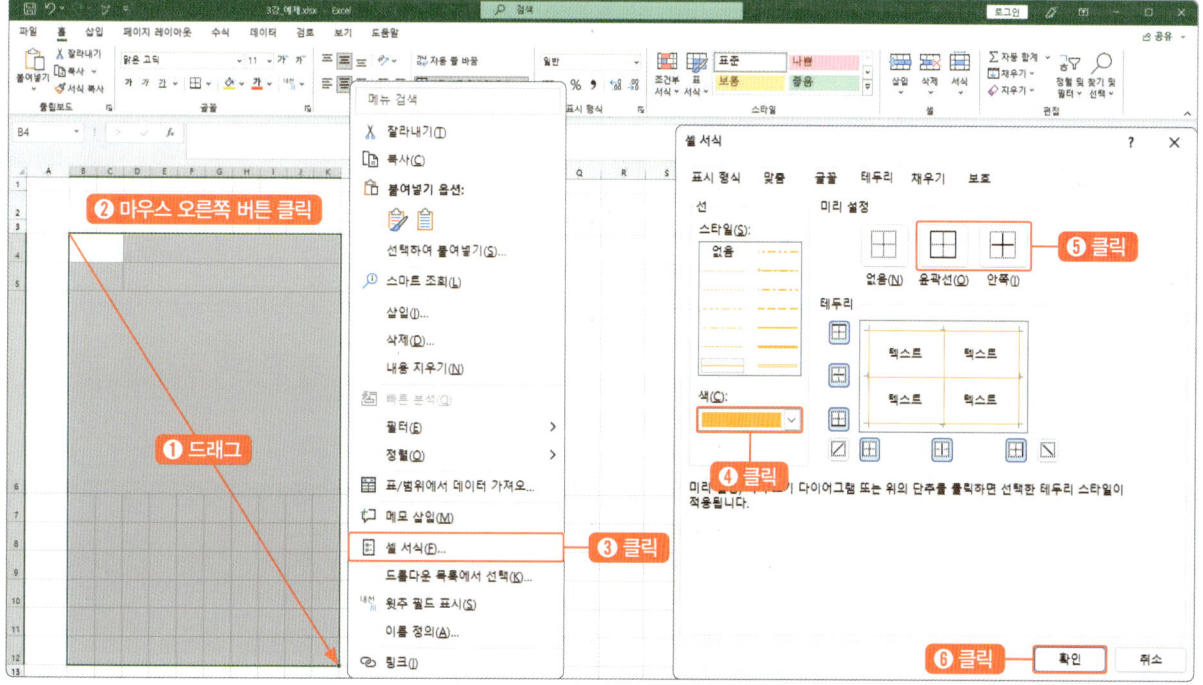

Step 02 셀 채우기 지정하기

선택한 셀에 채우기를 지정해 봅니다.

① 'B2'셀을 클릭하고 Ctrl + 1 키를 눌러 '셀 서식' 대화 상자를 실행합니다. [채우기] 탭을 클릭하고 원하는 색상을 고른 후 [확인]을 누릅니다.

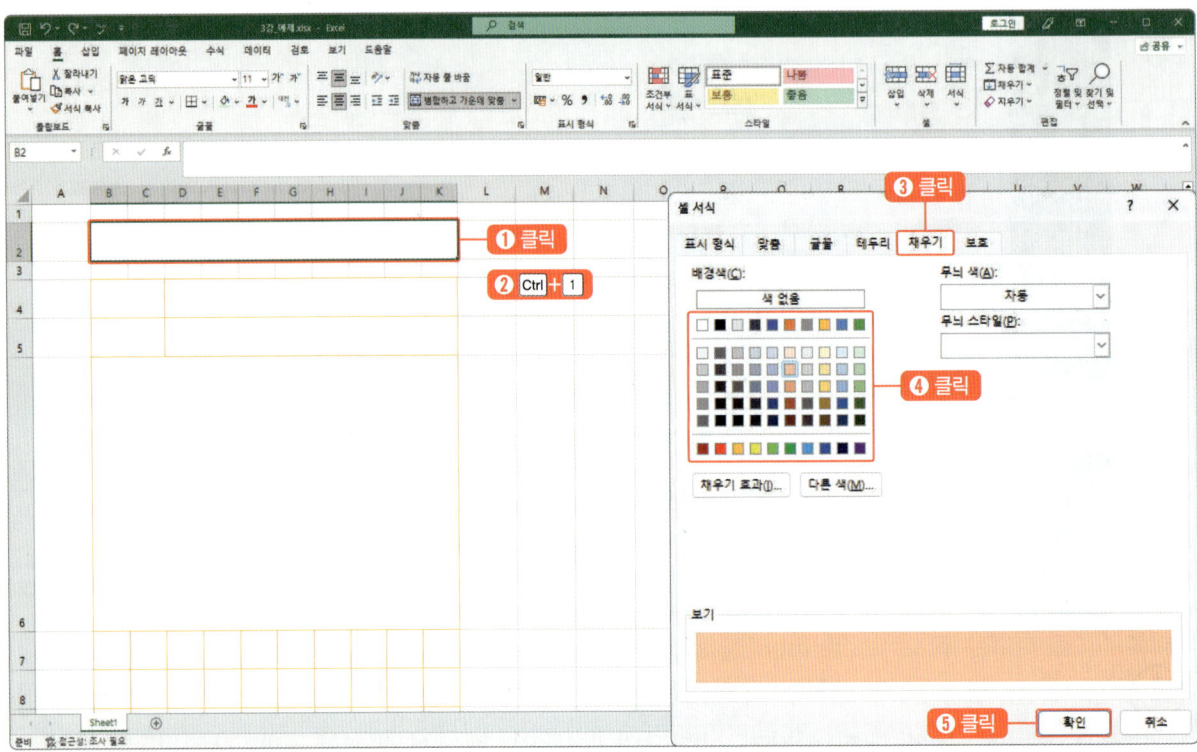

② 'B4'~'C5'셀을 드래그하여 선택한 후 [홈] 탭-[글꼴] 그룹의 [채우기 색]의 목록 단추를 클릭한 후 원하는 색상을 클릭합니다.

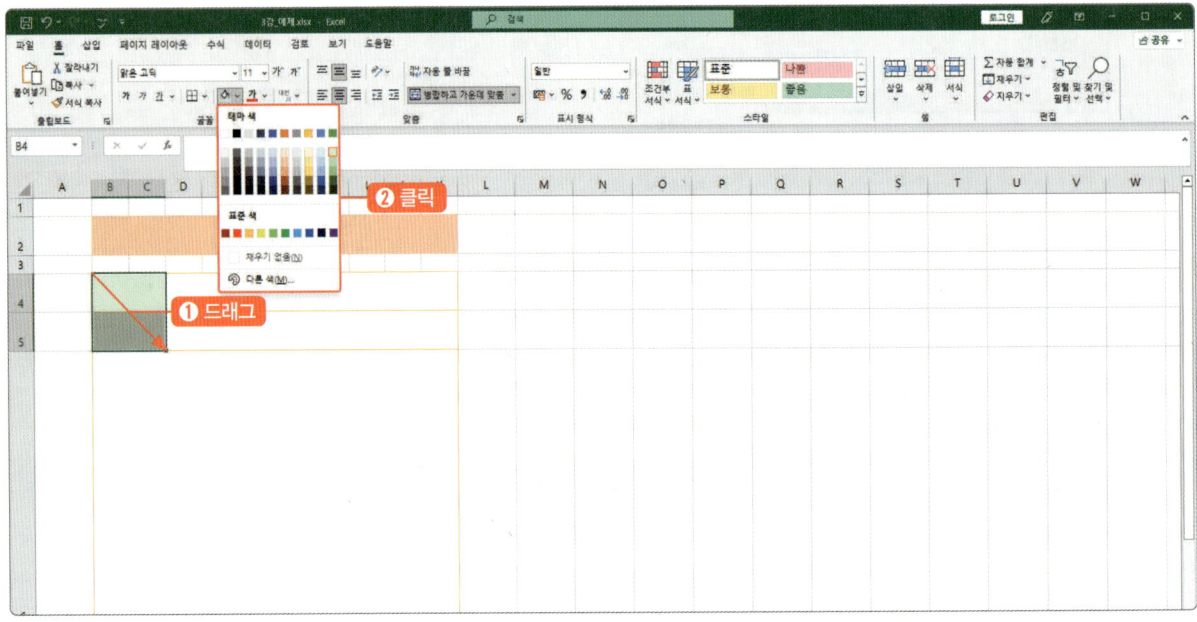

Step 03 그림 삽입하기

스프레드시트에 그림을 삽입해 봅니다.

① 'B6'셀을 선택하고 [삽입] 탭-[그림] 그룹-[이 디바이스...]를 클릭합니다. '그림 삽입' 대화 상자가 실행되면 삽입할 파일의 위치를 지정하고 '이삭줍는여인들.jpg'을 선택한 후 [삽입]을 클릭합니다.

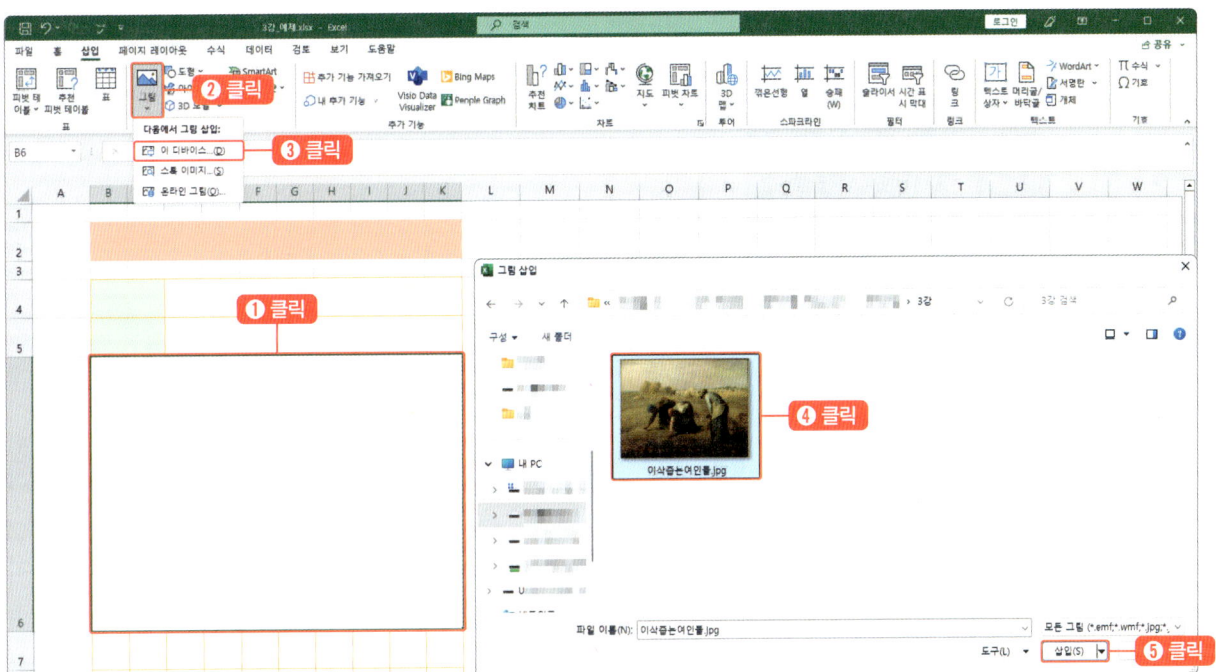

② 삽입된 그림의 조절점을 이용하여 원하는 크기로 조절합니다.

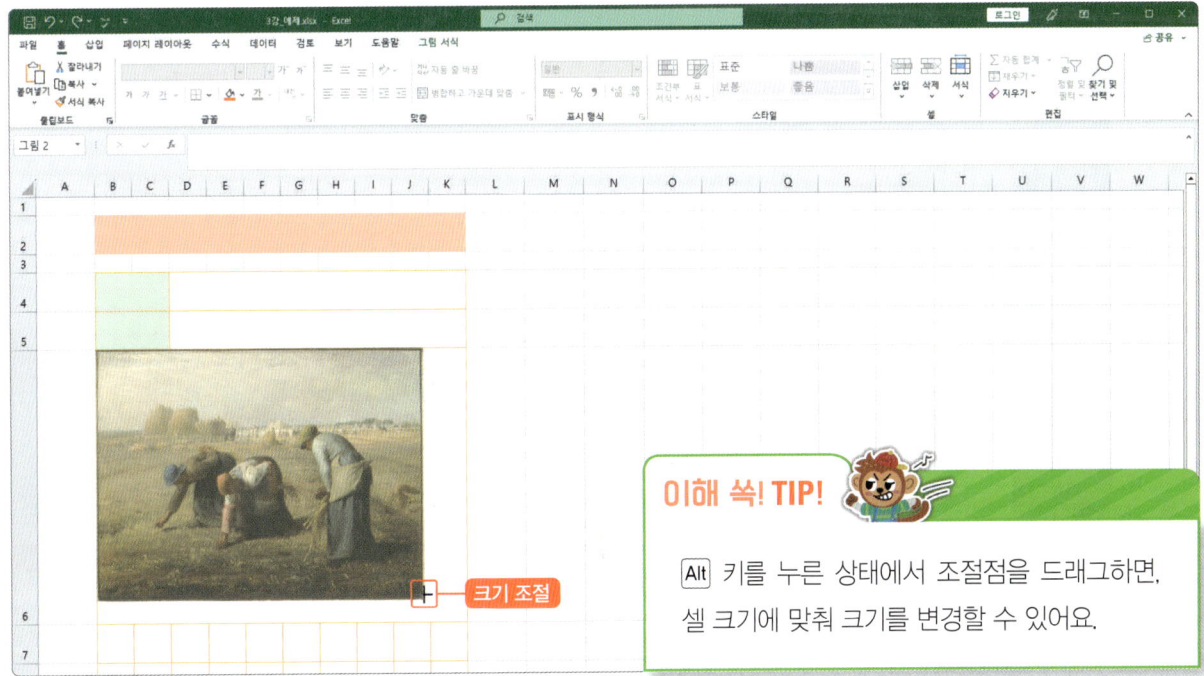

이해 쏙! TIP!
Alt 키를 누른 상태에서 조절점을 드래그하면, 셀 크기에 맞춰 크기를 변경할 수 있어요.

③ 그림과 같이 텍스트를 입력한 후 'B7'~'K12'셀까지 드래그하여 [홈] 탭의 [맞춤] 그룹에서 '가운데 정렬(≡)'을 클릭합니다.

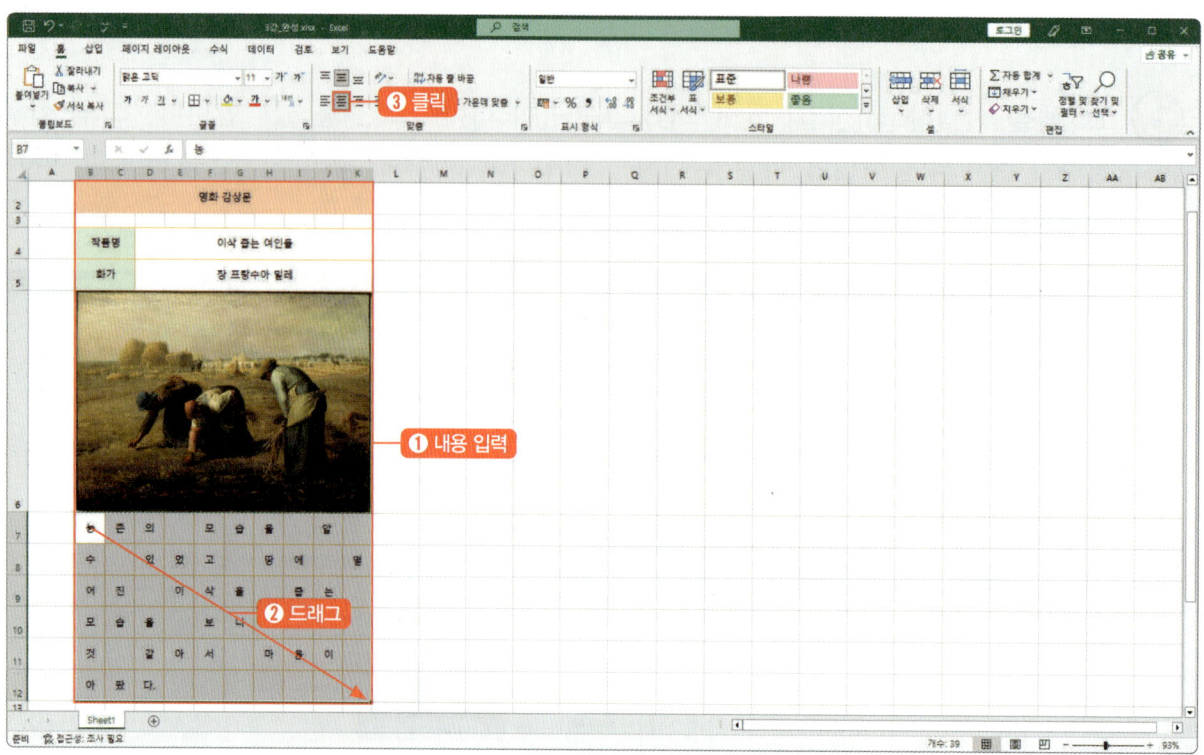

④ [파일] 탭-[다른 이름으로 저장하기]를 클릭합니다. [찾아보기]를 클릭하고 '다른 이름으로 저장하기' 대화 상자가 실행되면 저장 위치를 지정한 후 '파일 이름'을 입력하고 [저장]을 클릭합니다.

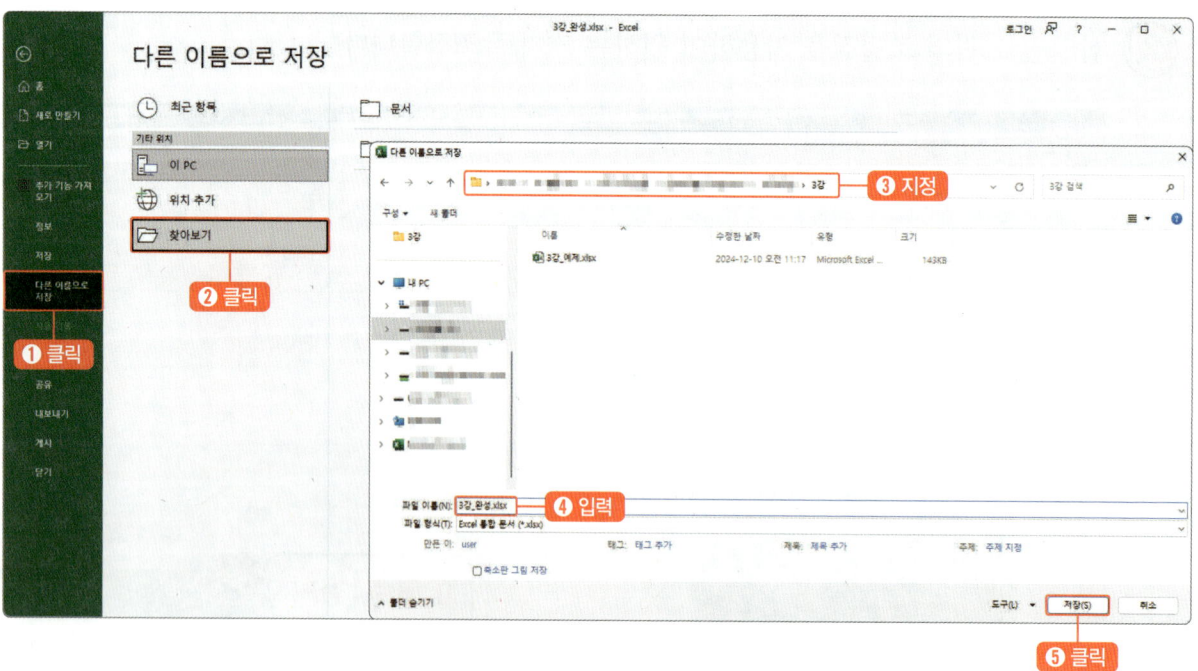

실력 UP! 한칸더 GO! GO!

1 파일을 불러온 후 셀 테두리와 채우기 설정하여 '픽셀아트'를 완성해 보세요.

🔑 예제 파일 : 3강_실력 예제 폴더   🔑 완성 파일 : 3강_실력1(완성).xlsx

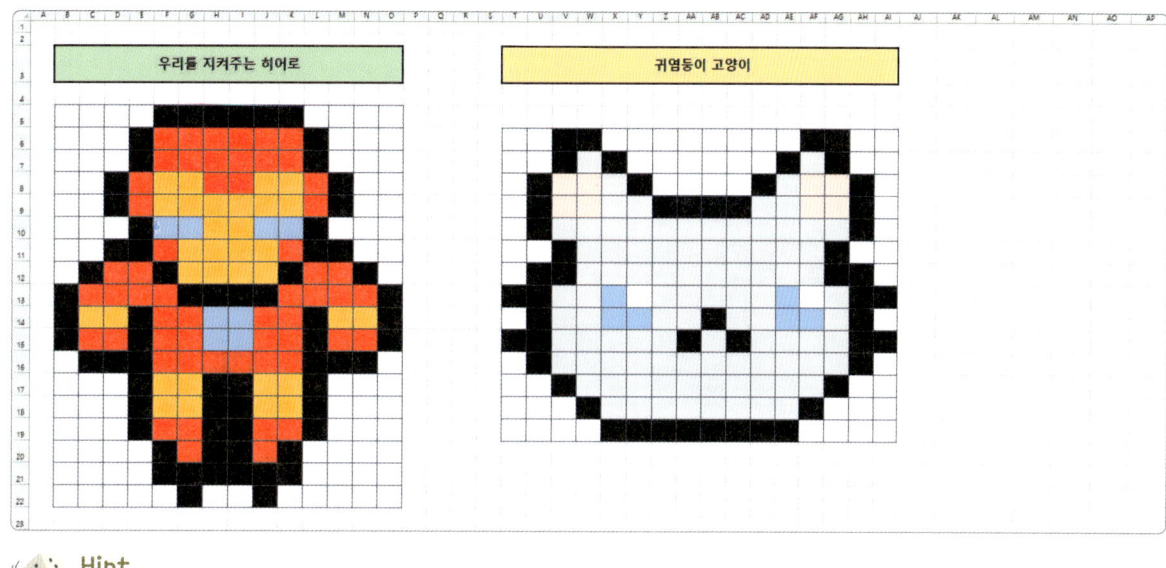

Hint
① [셀 테두리] – '실선', '청회색, 텍스트 2'   ② [셀 채우기] – '임의의 색'

2 파일을 불러온 후 그림을 삽입하여 '많이 키우는 반려동물'을 완성해 보세요.

🔑 예제 파일 : 3강_실력 예제 폴더   🔑 완성 파일 : 3강_실력2(완성).xlsx

Hint
① [그림] – '강아지', '고양이', '물고기'

GAME 04 구구단을 외우자

| 학습목표 |
- 동일한 데이터를 채울 수 있습니다.
- 채우기 핸들을 사용할 수 있습니다.
- 보기 표시를 변경할 수 있습니다.

오늘의 도착지점

🔑 예제 파일 : 4강_예제.xlsx   🔑 완성 파일 : 4강_완성.xlsx

도착지 정보

구구단이란 1에서 9까지의 두 수를 곱한 값을 기억하기 쉽게 만든 곱셈 공식으로 하나의 숫자에 1~9까지 곱한 내용을 단이라고 부릅니다. 반복되는 숫자와 연속해서 늘어나는 숫자를 엑셀 채우기 핸들 기능으로 작성하여 구구단을 완성해 봅니다.

Step 01 동일한 데이터 채우기

동일한 데이터를 자동 채우기를 이용하여 채워 봅니다.

① Excel 2021 프로그램을 실행한 후 [열기]-[찾아보기]를 클릭합니다. '열기' 대화 상자가 실행되면 파일의 위치를 찾아 '4강_예제.xlsx' 파일을 선택하고 [열기]를 클릭합니다.

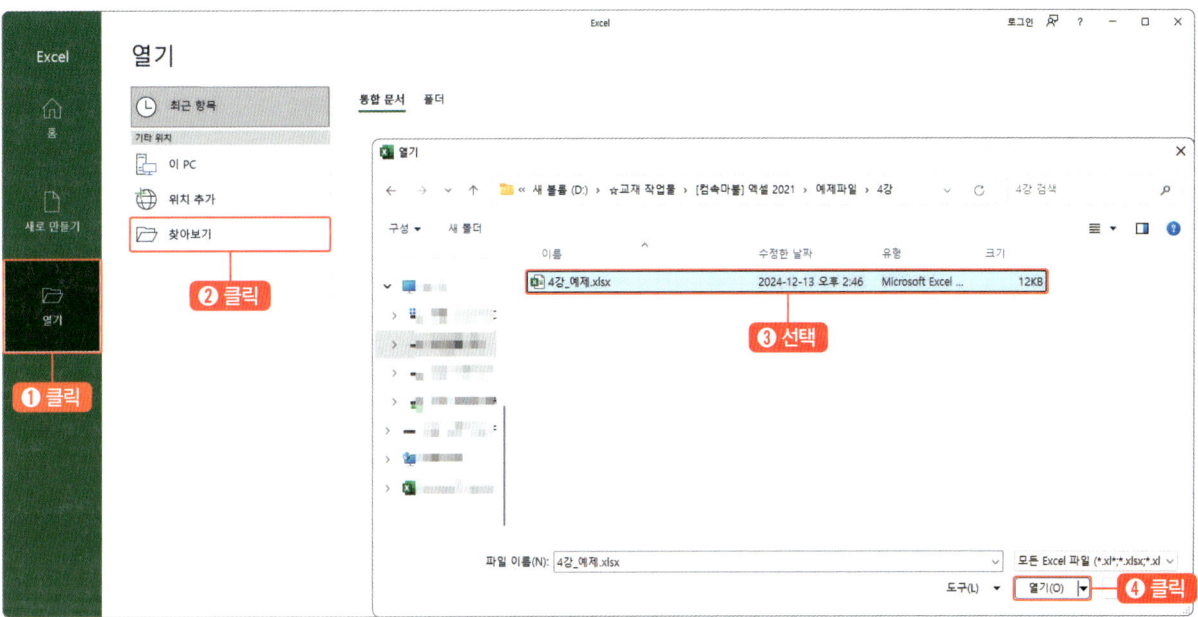

② 'B4:B12'셀을 드래그하여 선택하고 'B4'셀에 '2'를 입력한 후 Ctrl + Enter 키를 누릅니다.

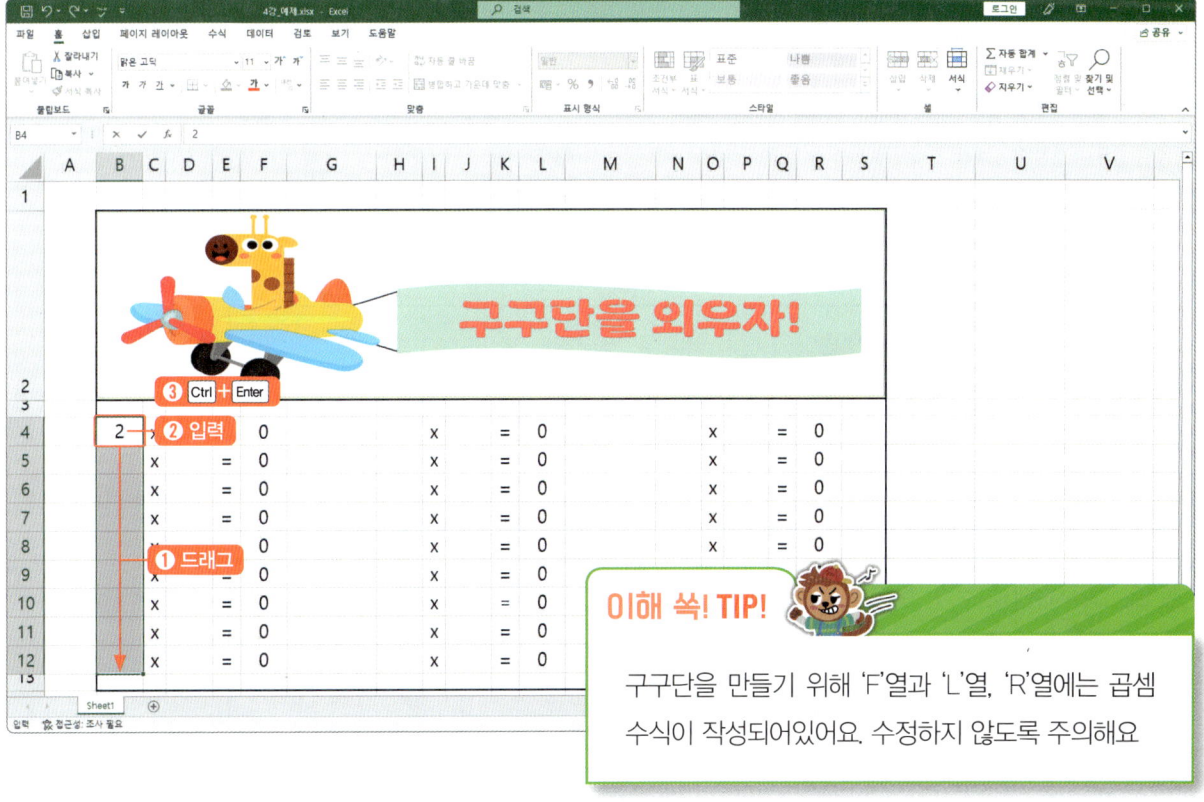

이해 쏙! TIP!
구구단을 만들기 위해 'F'열과 'L'열, 'R'열에는 곱셈 수식이 작성되어있어요. 수정하지 않도록 주의해요

GAME 04 구구단을 외우자 _ 025

Step 02 채우기 핸들 사용하기

채우기 핸들을 사용하여 데이터를 채워 봅니다.

① 'H4'셀에 '3'을 입력한 후 채우기 핸들에 마우스를 올려 커서가 +모양이 되면 'H12'까지 드래그 합니다.

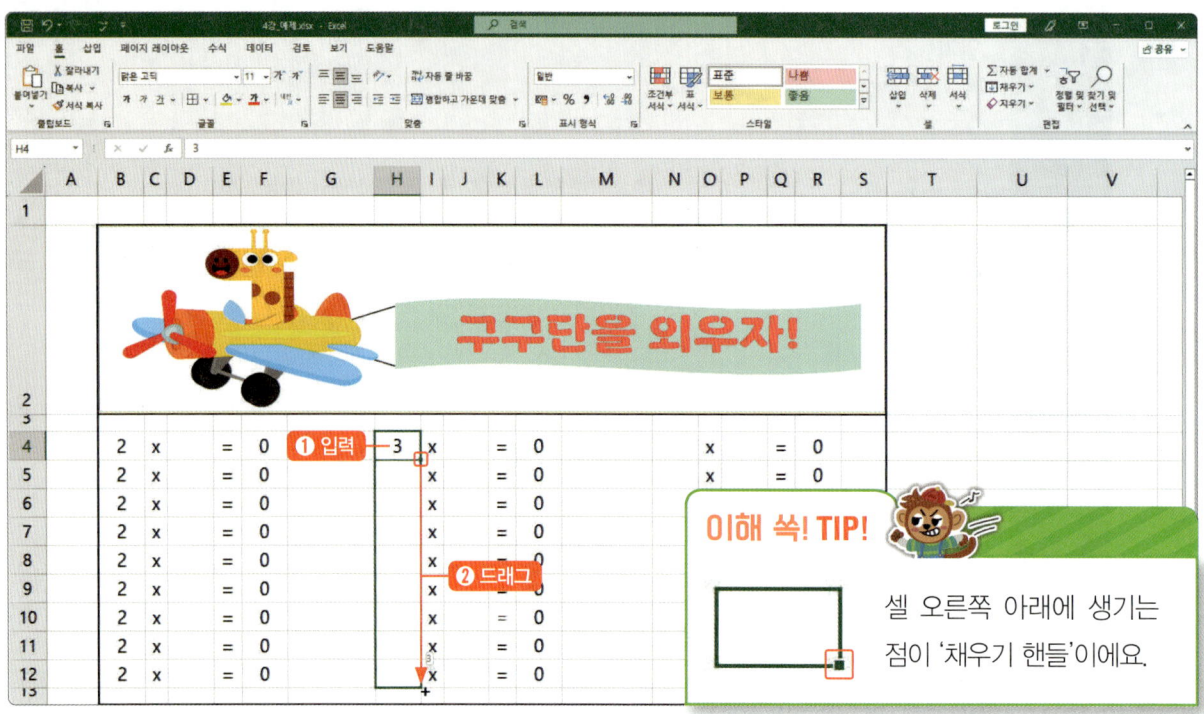

② 'N4'셀에 '4'를 입력한 후 채우기 핸들을 더블클릭하여 'N12'셀까지 자동 채우기를 합니다.

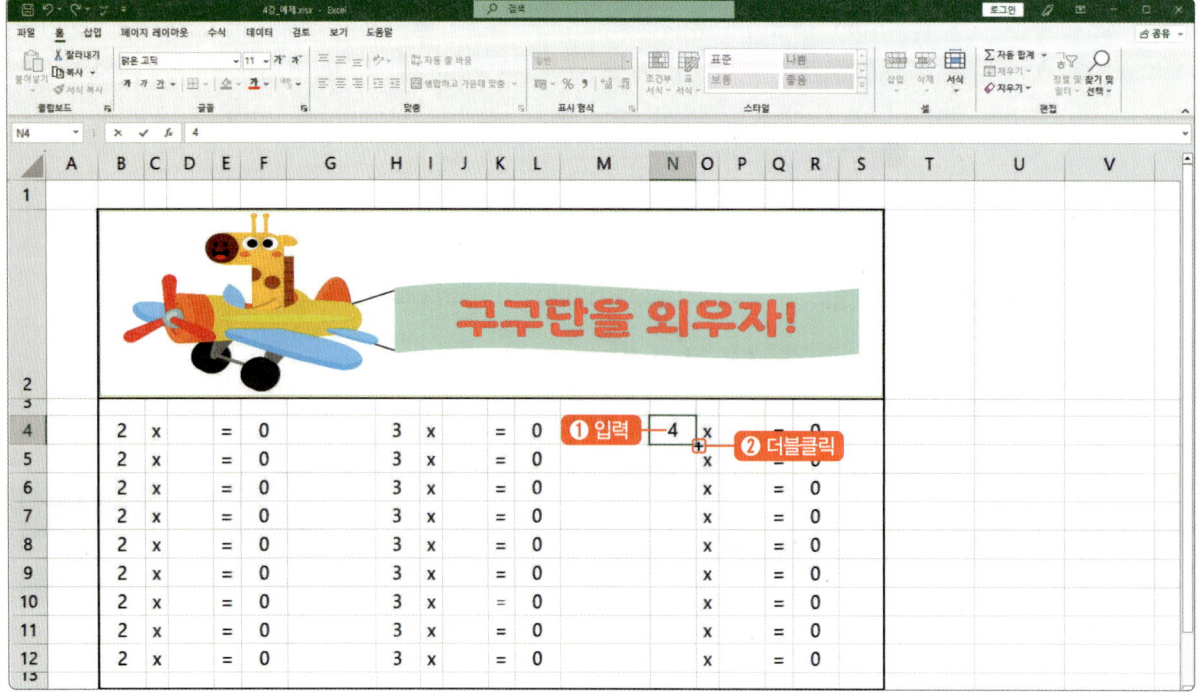

③ 'D4'셀에 '1'을 입력한 후 Ctrl 키를 누른 상태에서 채우기 핸들을 'D12'셀 까지 드래그합니다.

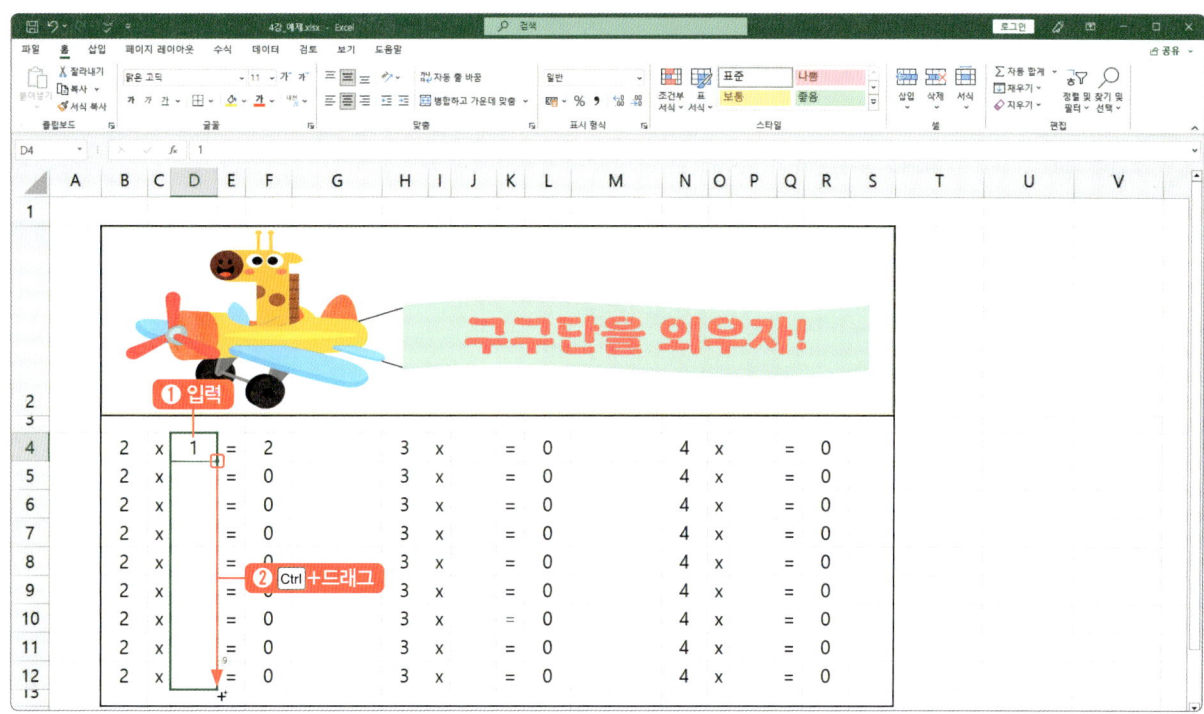

④ 'J4'셀에 '1'을, 'J5'셀에 '2'를 입력하고 'J4:J5'셀을 드래그한 후 채우기 핸들을 'J12'셀까지 드래그합니다.

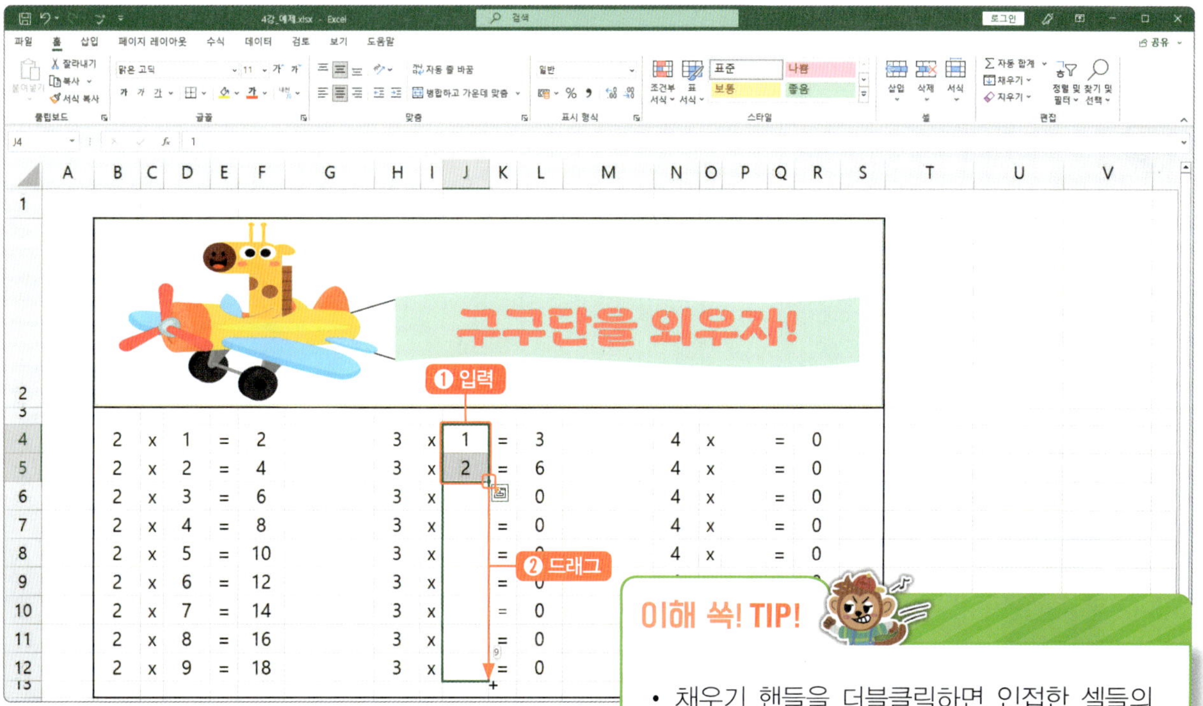

⑤ 이어서 'P'열에도 연속된 숫자를 채우기 핸들로 입력합니다.

이해 쏙! TIP!
- 채우기 핸들을 더블클릭하면 인접한 셀들의 위치에 맞춰 데이터를 채워줘요.
- 2개의 셀을 선택하여 채우기 핸들을 사용하는 경우, 셀 안의 데이터간의 차이를 따라 채워져요.

Step 03 눈금선 감추기

보기 표시 형식을 변경하여 눈금선을 감춰 봅니다.

① [보기] 탭의 [표시] 그룹에서 '눈금선'을 클릭하여 체크를 해제합니다.

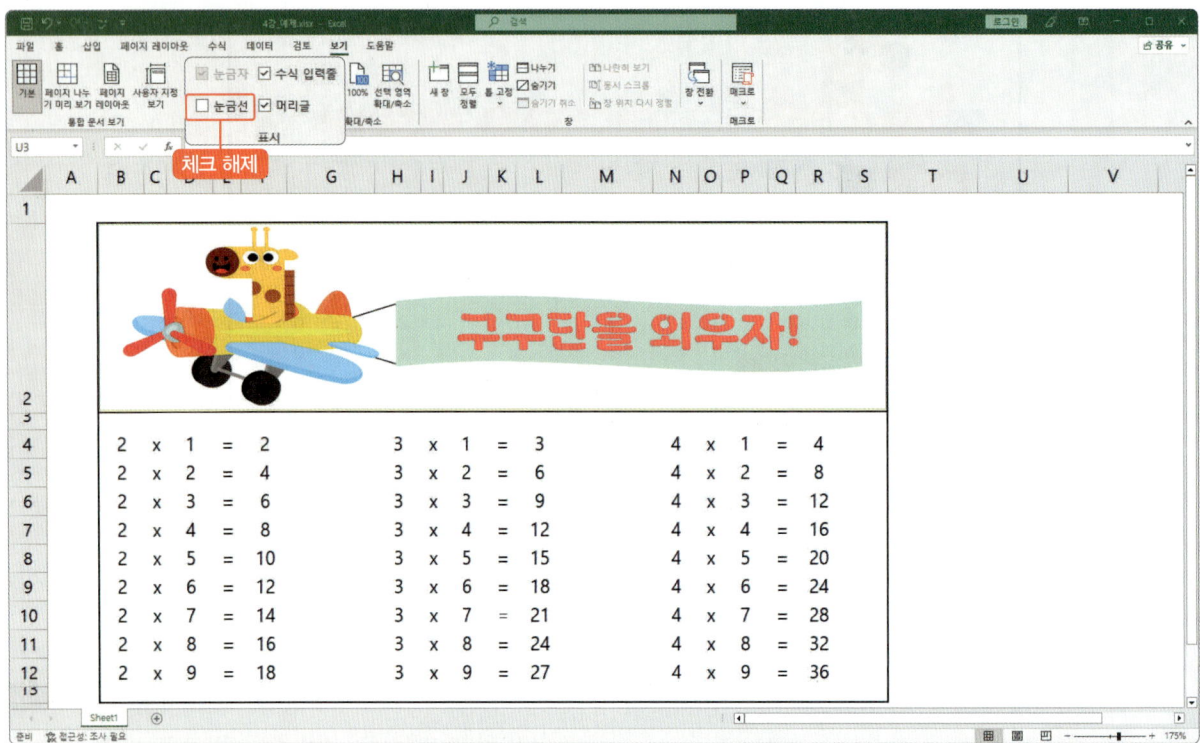

② [파일] 탭-[다른 이름으로 저장하기]를 클릭합니다. [찾아보기]를 클릭하고 '다른 이름으로 저장하기' 대화 상자가 실행되면 저장 위치를 지정한 후 '파일 이름'을 입력하고 [저장]을 클릭합니다.

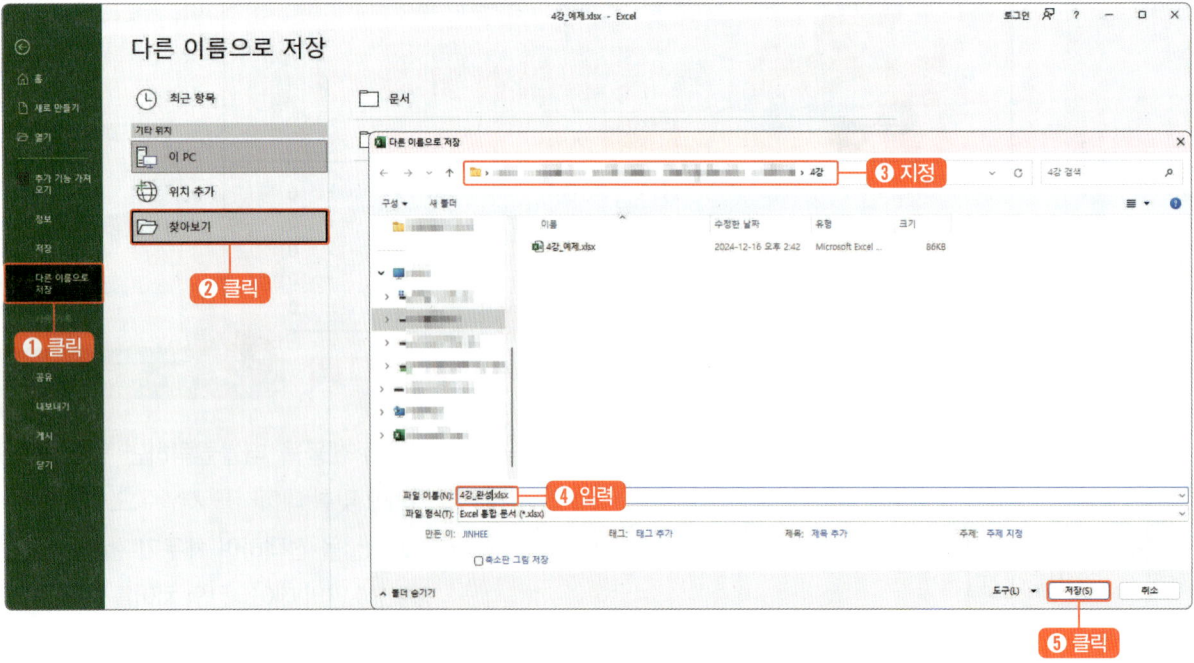

실력 UP! 한칸더 GO! GO!

1 파일을 불러온 후 채우기 핸들을 사용하여 '달력'을 완성해 보세요.

🔑 예제 파일 : 4강_실력1(예제).xlsx   🔑 완성 파일 : 4강_실력1(완성).xlsx

	A	B	C	D	E	F	G	H
1								
2					2025년 12월			
3								
4		일요일	월요일	화요일	수요일	목요일	금요일	토요일
5			1	2	3	4	5	6
6		7	8	9	10	11	12	13
7		14	15	16	17	18	19	20
8		21	22	23	24	25	26	27
9		28	29	30	31			
10								

Hint
① 'B4:H4' – 채우기 핸들
② 'C5', 'B6:B9' – Ctrl + 채우기 핸들

2 파일을 불러온 후 채우기 핸들을 사용하여 '수상 명단'을 완성해 보세요.

🔑 예제 파일 : 4강_실력2(예제).xlsx   🔑 완성 파일 : 4강_실력2(완성).xlsx

Hint
① 'B5:B11' – Ctrl + 채우기 핸들
② 'C5:C11' – 채우기 핸들
③ 'D5:D11' – 'D5', 'D6' 입력 후 채우기 핸들
④ 'E5:E11' – 'E5', 'E6' 입력 후 Ctrl + 채우기 핸들
⑤ '눈금선' 표시 해제

이해 쏙! TIP!

'숫자' + '문자'의 데이터를 채우기 핸들로 드래그하면 동일한 문자와 1씩 증가한 숫자가 입력되고, Ctrl + 채우기 핸들을 드래그하면 동일한 문자와 동일한 숫자가 입력돼요.

GAME 04 구구단을 외우자 _ 029

GAME 05 십간과 십이지

| 학습목표 |
- 데이터를 서식 없이 채울 수 있습니다.
- 데이터의 값만 붙여넣을 수 있습니다.

오늘의 도착지점

🔑 예제 파일 : 5강_예제.xlsx   🔑 완성 파일 : 5강_완성.xlsx

내가 태어난 해는 육십갑자로 무엇일까요?

년도 끝자리	4	5	6	7	8	9	0	1	2	3
십간	갑	을	병	정	무	기	경	신	임	계

나의 띠	쥐	소	호랑이	토끼	용	뱀	말	양	원숭이	닭	개	돼지
십이지	자	축	인	묘	진	사	오	미	신	유	술	해

내가 태어난 해는 [갑오] 년입니다.

12살이 되는 해는 육십갑자로 무엇일까요?

나이	1살	2살	3살	4살	5살	6살	7살	8살	9살	10살	11살	12살
년 이름	갑오	을미	병신	정유	무술	기해	경자	신축	임인	계묘	갑진	을사

내가 12살인 해는 [을사] 년입니다.

도착지 정보

옛날에는 지금과 같은 서기 몇 년이라는 개념이 존재하지 않았는데 어떻게 연도를 나타냈을까요? 바로 날짜를 알기 위한 십간과 달을 세기 위한 십이지를 조합한 '육십갑자'를 이용하였습니다. 지금에도 해가 바뀔 때마다 여러 곳에서 볼 수 있는 육십갑자를 엑셀을 이용하여 알아 봅니다.

Step 01 서식 없이 채우기

채우기 핸들을 사용하여 서식 없이 데이터를 채워 봅니다.

① Excel 2021 프로그램을 실행한 후 [열기]-[찾아보기]를 클릭합니다. '열기' 대화 상자가 실행되면 파일의 위치를 찾아 '5강_예제.xlsx' 파일을 선택하고 [열기]를 클릭합니다.

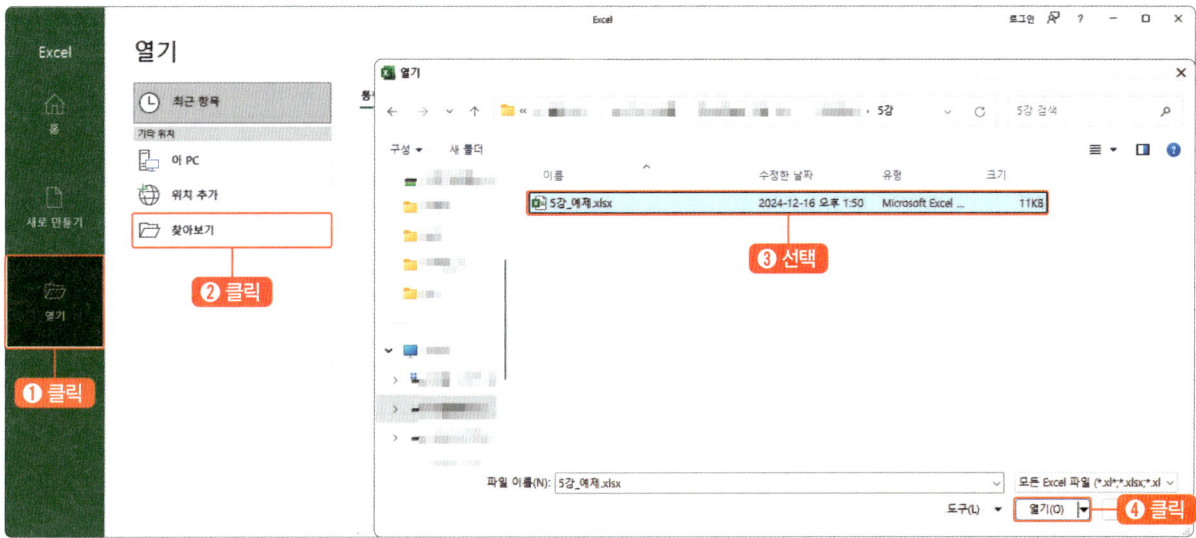

② 'C5'셀에 '갑'을 입력하고 채우기 핸들을 'L5'셀까지 드래그 한 후 [자동 채우기 옵션(🖃)]의 목록 상자를 클릭하고 [서식 없이 채우기]를 클릭합니다.

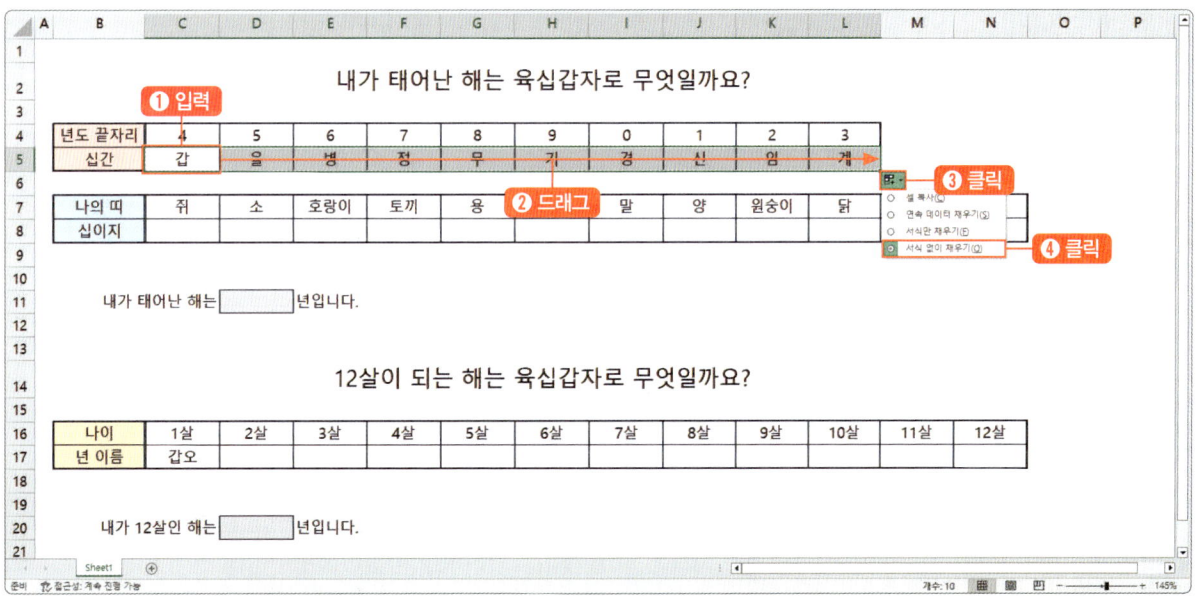

[서식 없이 채우기]를 하면 이미 설정된 채우기나 테두리 등 서식은 복사되지 않고 데이터만 채울 수 있어요.

③ ❷와 같은 방법으로 'C8'셀에 '자'를 입력하고 채우기 핸들을 'N8'까지 드래그한 후 [자동 채우기 옵션(🗐)]의 목록 상자에서 [서식 없이 채우기]를 클릭합니다.

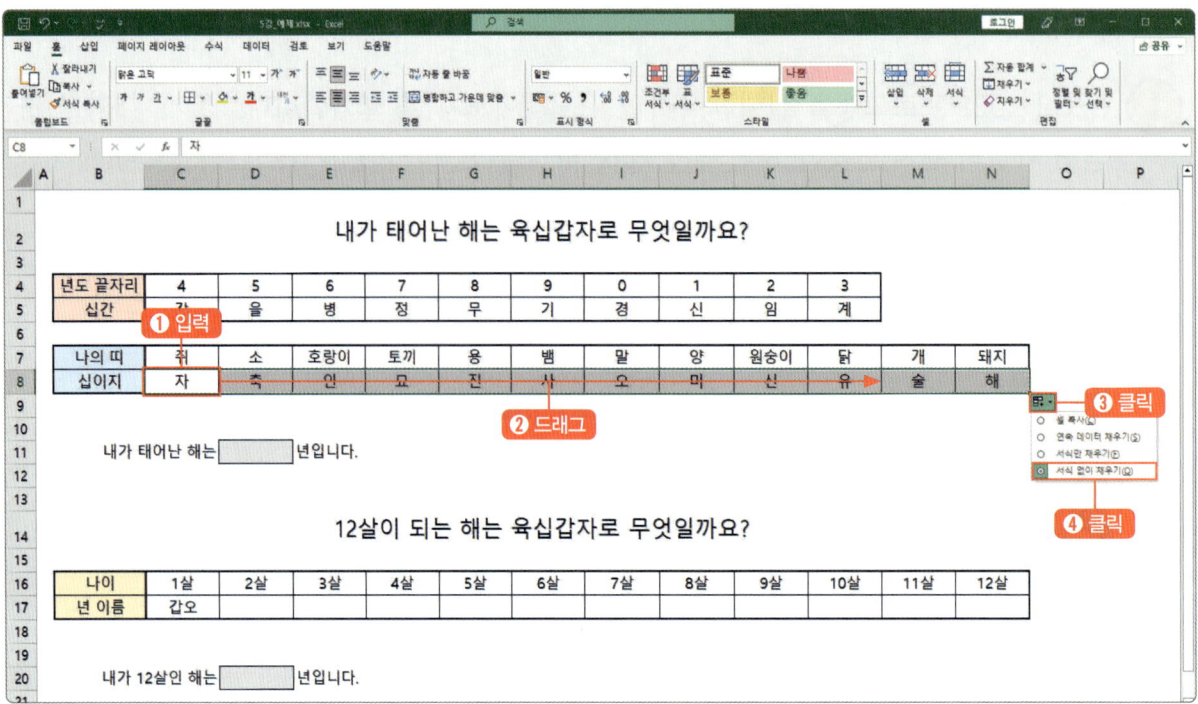

④ 'D11'셀에 내가 태어난 해의 끝자리에 해당하는 십간과 나의 띠에 해당하는 십이지를 골라 조합하여 육십갑자를 입력합니다.

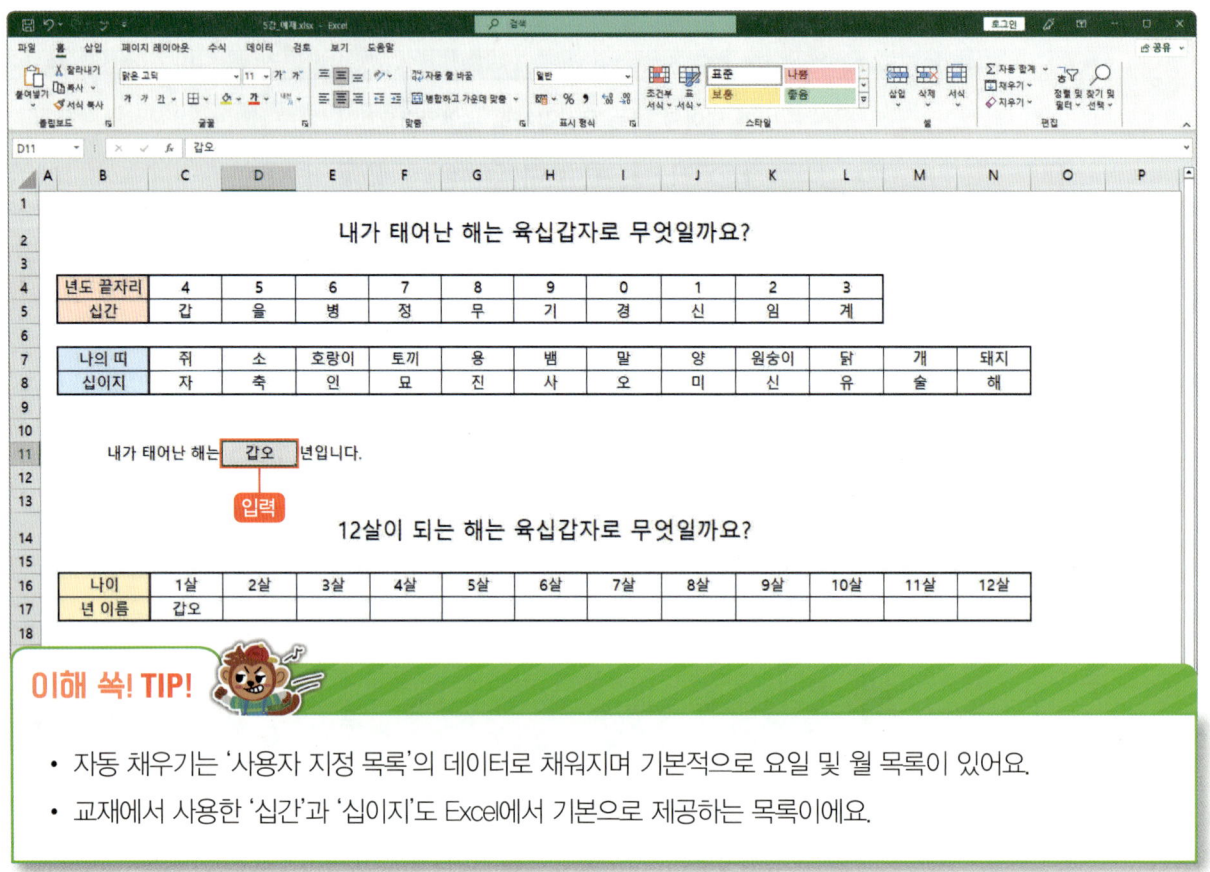

이해 쏙! TIP!

- 자동 채우기는 '사용자 지정 목록'의 데이터로 채워지며 기본적으로 요일 및 월 목록이 있어요.
- 교재에서 사용한 '십간'과 '십이지'도 Excel에서 기본으로 제공하는 목록이에요.

Step 02 값만 붙여넣기

셀을 복사할 때 입력되어 있는 서식은 제외하고 값만 붙여넣습니다.

① 'D11'셀을 클릭하고 마우스 오른쪽 버튼을 클릭하여 바로가기 메뉴의 [복사]를 클릭합니다.

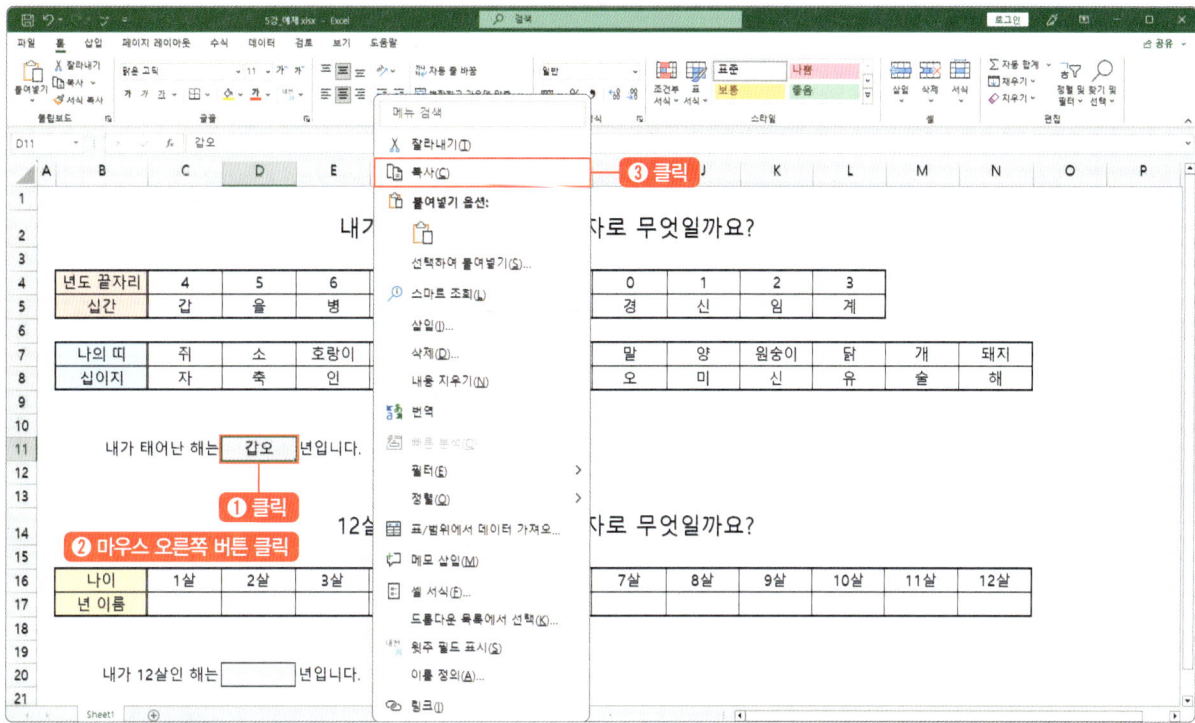

② 'C17'셀을 클릭하고 마우스 오른쪽 버튼을 클릭하여 '붙여넣기 옵션:'의 [(값)]을 클릭합니다.

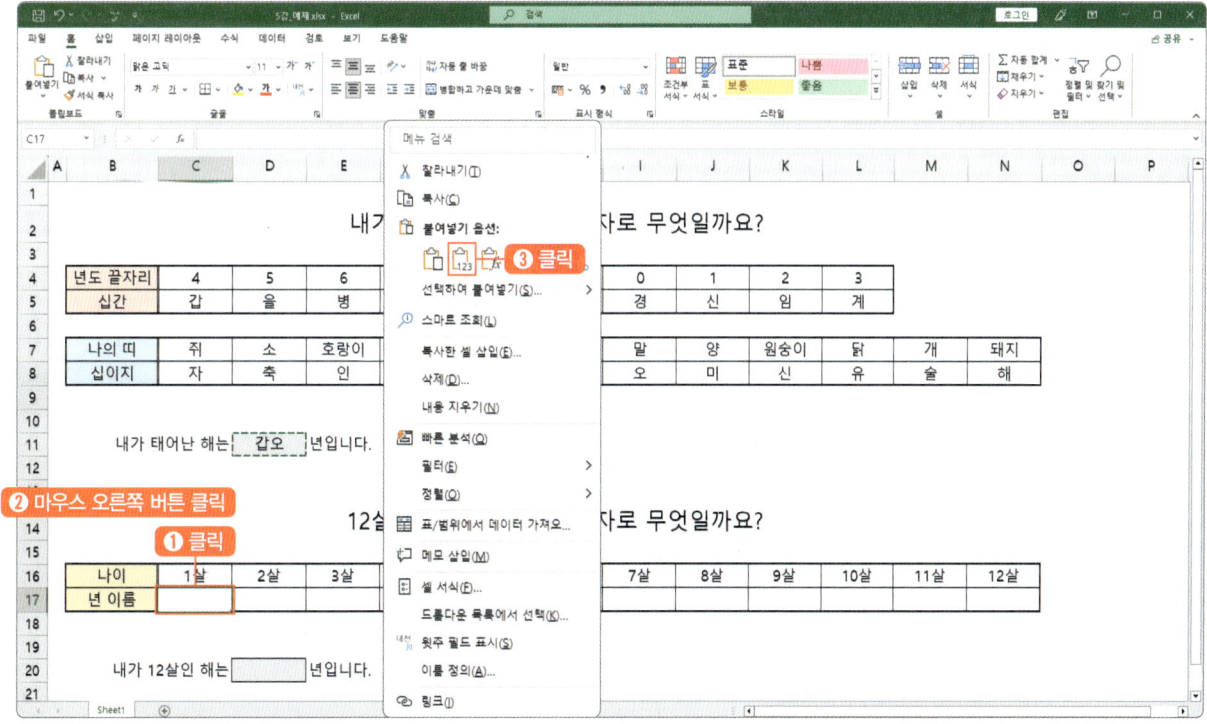

GAME 05 십간과 십이지 _ 033

③ 'C17'셀의 채우기 핸들을 'N17'셀까지 드래그 한 후 [자동 채우기 옵션(圖)]의 목록 상자를 클릭하고 [서식 없이 채우기]를 클릭합니다.

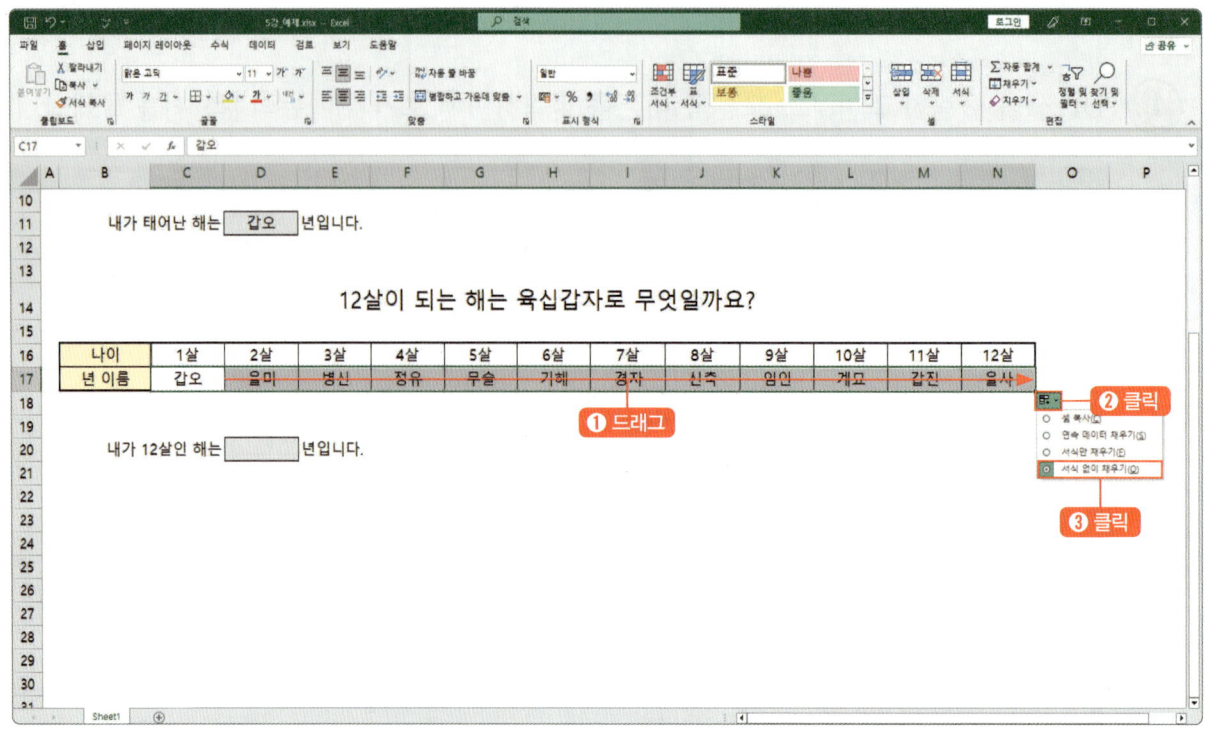

④ ①~②와 같은 방법으로 'N17'셀을 복사하여 'D20'셀에 값으로 붙여 넣습니다.

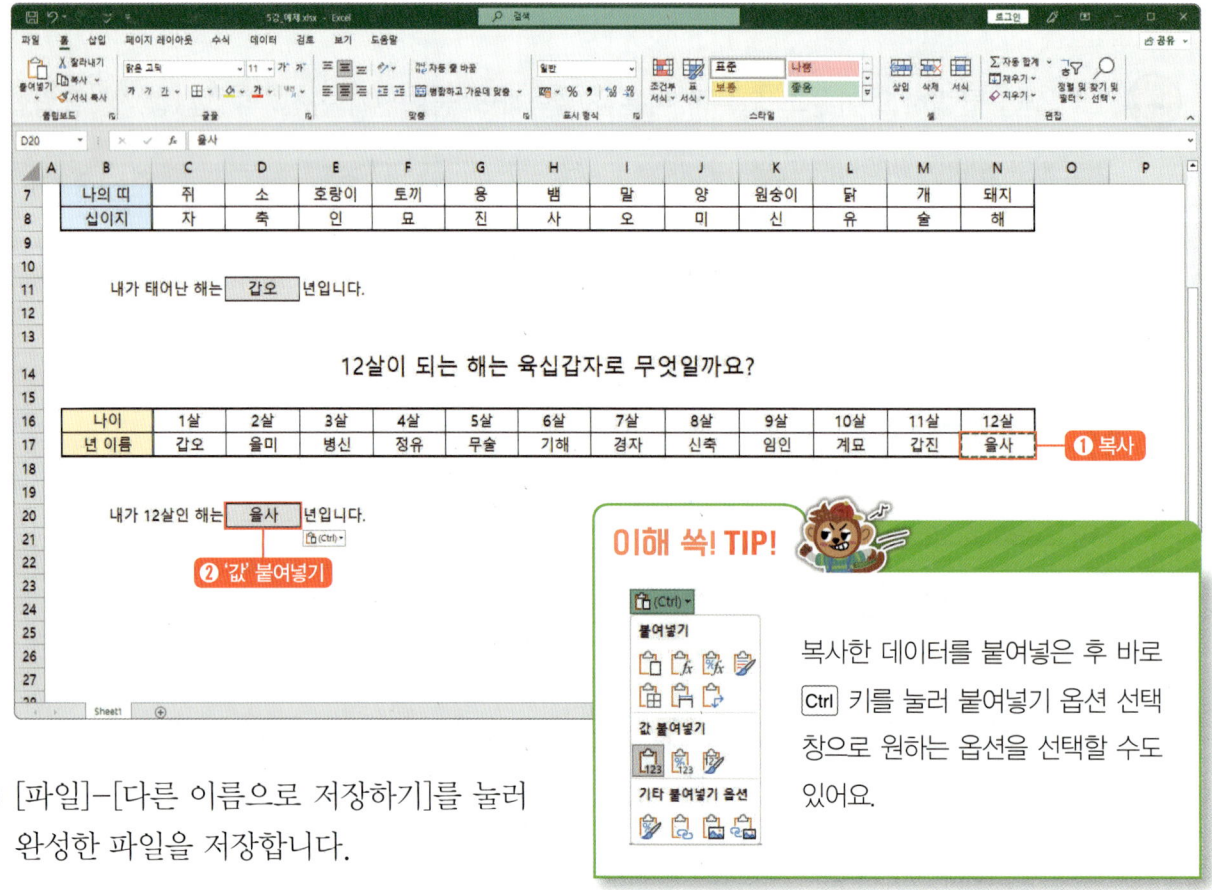

이해 쏙! TIP!
복사한 데이터를 붙여넣은 후 바로 Ctrl 키를 눌러 붙여넣기 옵션 선택 창으로 원하는 옵션을 선택할 수도 있어요.

⑤ [파일]-[다른 이름으로 저장하기]를 눌러 완성한 파일을 저장합니다.

실력 UP! 한 칸 더 GO! GO!

1 파일을 불러온 후 채우기 핸들을 사용하여 '월과 요일 표시'를 완성해 보세요.

🔑 예제 파일 : 5강_실력1(예제).xlsx   🔑 완성 파일 : 5강_실력1(완성).xlsx

	1월	2월	3월	4월	5월	6월	7월	8월	9월	10월	11월	12월
월	1月	2月	3月	4月	5月	6月	7月	8月	9月	10月	11月	12月
	January	February	March	April	May	June	July	August	September	October	November	December
	Jan	Feb	Mar	Apr	May	Jun	Jul	Aug	Sep	Oct	Nov	Dec

	월요일	화요일	수요일	목요일	금요일	토요일	일요일
요일	월	화	수	목	금	토	일
	Monday	Tuesday	Wednesday	Thursday	Friday	Saturday	Sunday
	Mon	Tue	Wed	Thu	Fri	Sat	Sun

Hint
① 'C4:N7' – 연속 데이터 채우기　　② 'C9:I12' – 서식없이 채우기

2 파일을 불러온 후 붙여넣기를 사용하여 '좋아하는 월과 요일'을 완성해 보세요.

🔑 예제 파일 : 5강_실력2(예제).xlsx   🔑 완성 파일 : 5강_실력2(완성).xlsx

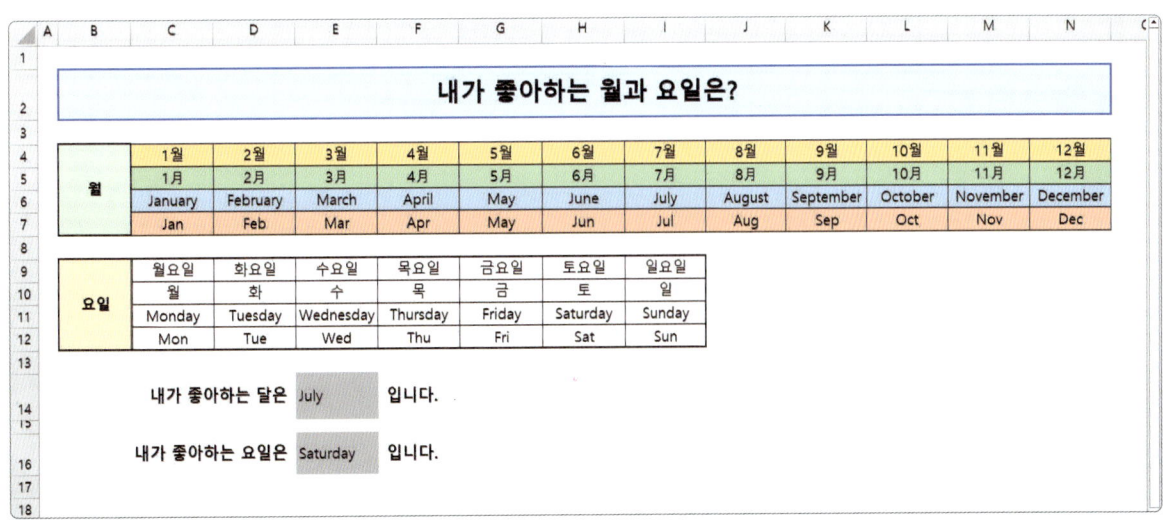

Hint
① 'E14', 'E16' – '붙여넣기 옵션: 값'

GAME 06 맛있는 속담

| 학습목표 |
- 도형을 삽입할 수 있습니다.
- 도형 서식을 지정할 수 있습니다.
- 셀을 삽입하고 삭제할 수 있습니다.

오늘의 도착지점

🔑 예제 파일 : 6강_예제.xlsx 🔑 완성 파일 : 6강_완성.xlsx

	A	B	C	D
1				
2			과일과 채소 속담 알아보기	
3				
4		종류	속담	속담 뜻
5		수박	수박 겉 핥기	사물이나 사건의 진짜 속 내용은 모르고 겉만 건드린다.
6		감	감나무 밑에 누워서 홍시 떨어지기를 기다린다	아무런 노력도 하지 않고 좋은 결과를 얻길 바란다.
7		감	남의 잔치에 감 놓아라 배 놓아라 한다	남의 일에 공연히 간섭하고 나선다.
8		도토리	도토리 키 재기	정도나 수준이 고만고만한 사람들끼리 서로 다툰다.
9		고추	작은 고추가 더 맵다	몸집이 작은 사람이 큰 사람보다 재주가 뛰어나고 야무지다.
10		콩	콩 심은 데 콩 나고 팥 심은 데 팥 난다	모든 일은 근본에 따라 그에 걸맞은 결과가 나타난다.
11		호박	호박이 넝쿨째로 굴러떨어졌다	뜻밖의 좋은 물건이나 행운을 만났다.

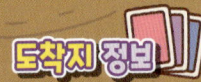

속담은 옛날부터 사람들이 삶에서 얻은 경험과 교훈 등을 간결하게 표현한 말로, 속담 속에는 조상들의 삶 속에서 자주 볼 수 있는 것들과 연관된 것을 알 수 있습니다. 그 중 과일이나 채소가 들어간 속담은 무엇이 있을지 찾아보고 속담에 대해 정리해 봅니다.

Step 01 도형 삽입하기

도형을 선택한 후 삽입할 수 있습니다.

① Excel 2021 프로그램을 실행한 후 [열기]–[찾아보기]에서 '6강_예제.xlsx'를 불러옵니다.

② [삽입] 탭–[일러스트레이션] 그룹의 [도형]을 클릭한 후 '사각형'의 '사각형: 둥근 모서리(▢)'를 클릭합니다. 커서가 +모양으로 바뀌면 'B2:D2'셀에 드래그하여 삽입합니다.

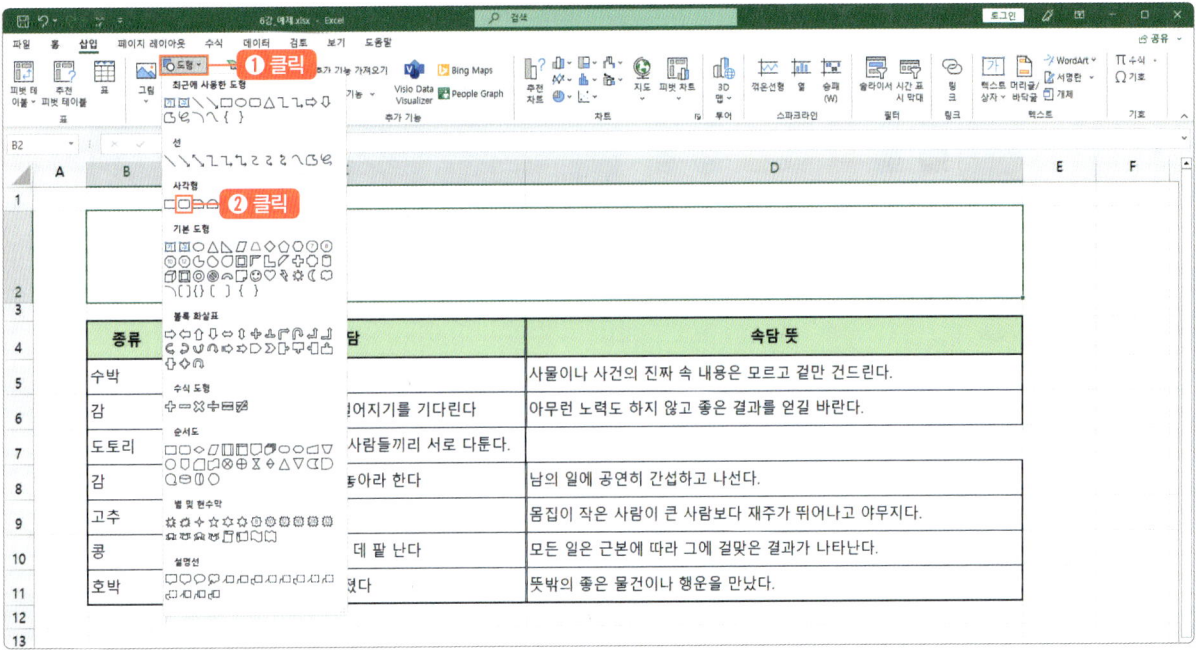

③ 이어서 Alt 키를 누른 채로 조절점을 드래그하여 셀에 맞춰 크기를 조절합니다.

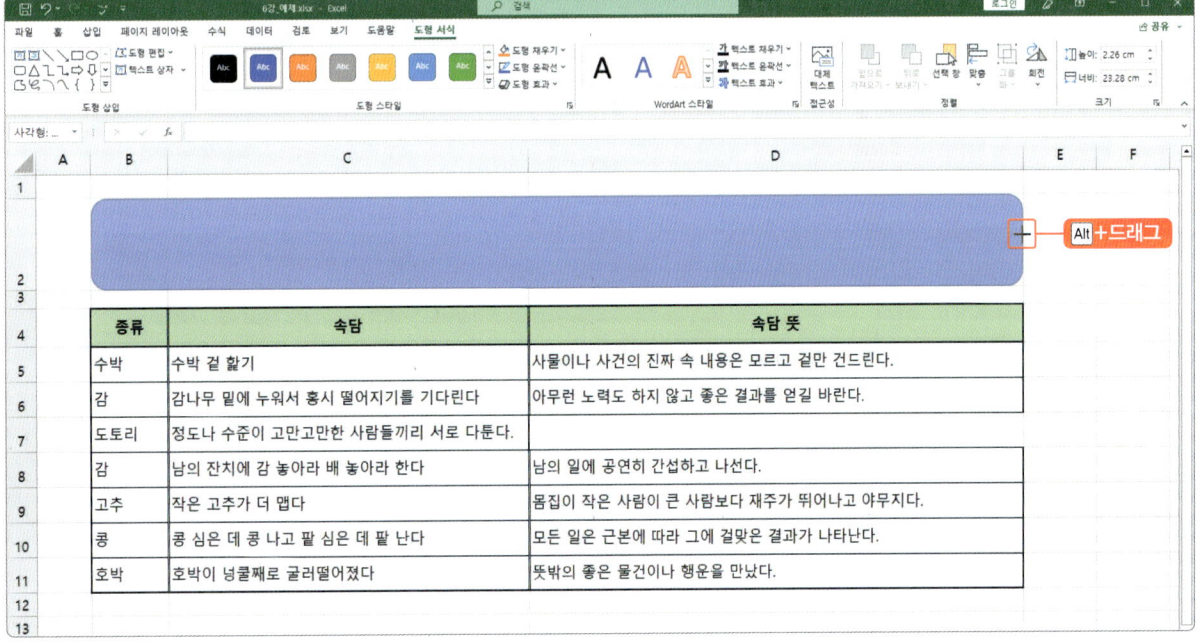

Step 02 도형 서식 지정하기

삽입한 도형의 서식을 지정해 봅니다.

① 삽입한 도형을 클릭한 후 [도형 서식] 탭-[도형 스타일] 그룹의 '자세히 버튼(▼)'을 클릭하여 '보통 효과 - 녹색, 강조 6'을 클릭합니다.

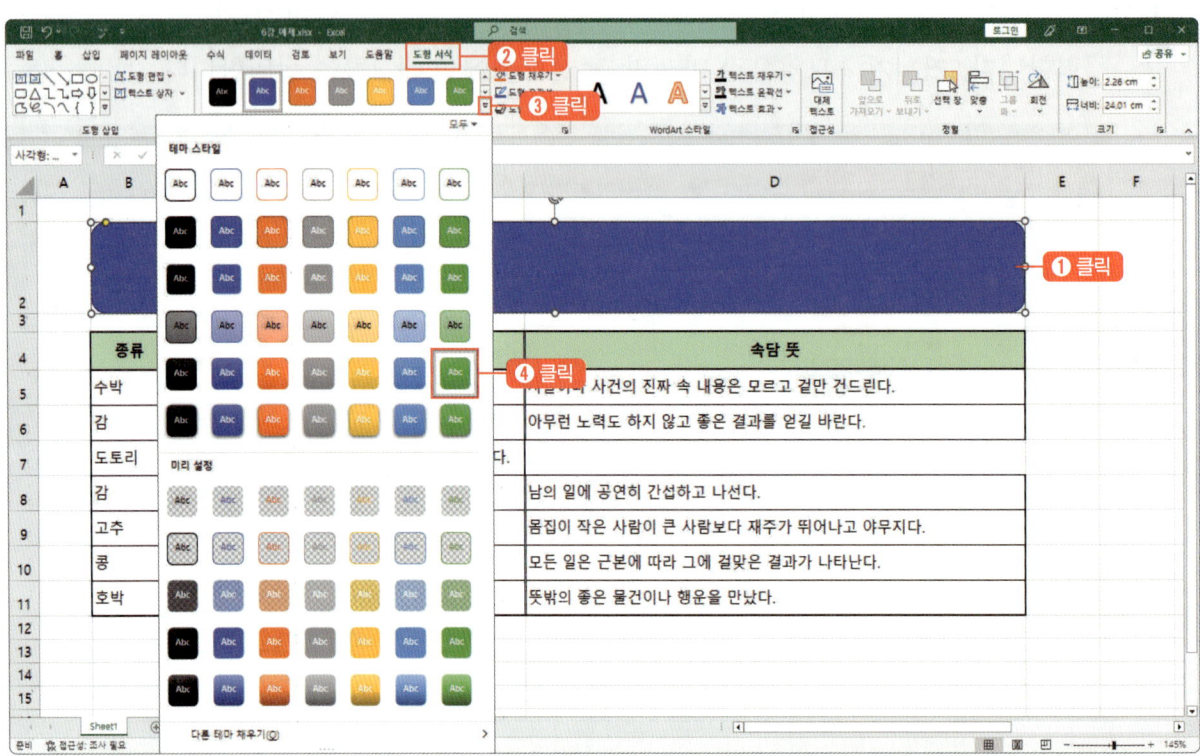

② '과일과 채소 속담 알아보기'를 입력하고 텍스트를 드래그한 후 [홈] 탭에서 글자 크기를 '24', 맞춤을 '가운데 맞춤'으로 지정합니다.

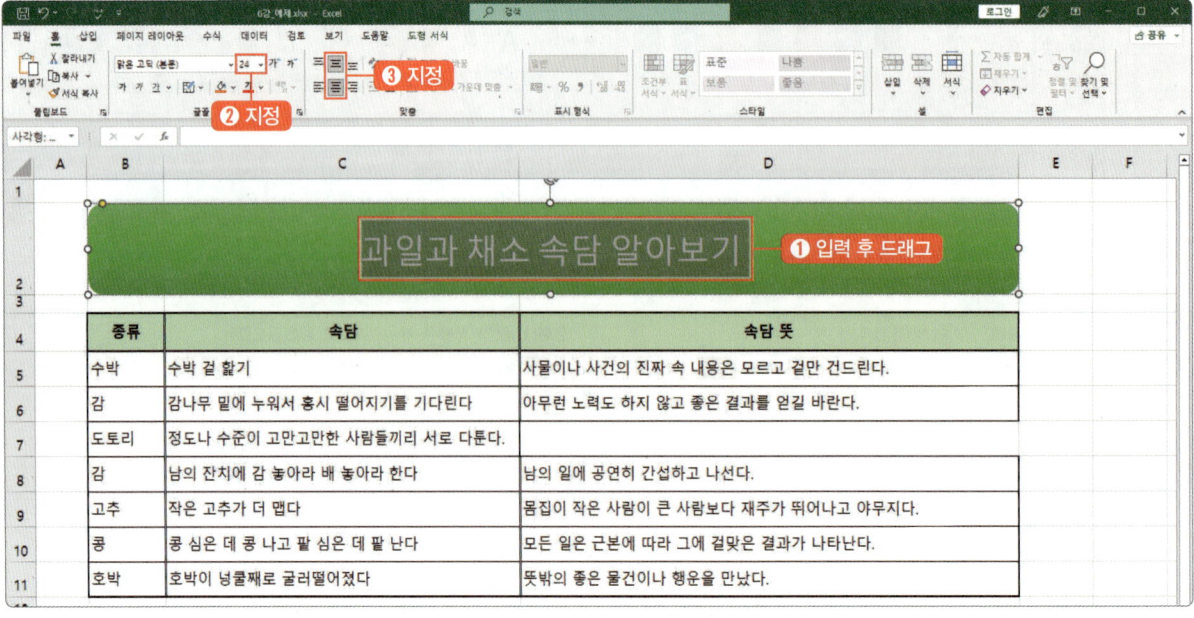

Step 03 셀 삽입하기

셀을 원하는 위치에 삽입해 봅니다.

① 'C7'셀을 클릭하고 마우스 오른쪽 버튼을 클릭한 후 바로가기 메뉴-[삽입]을 클릭합니다. 이어서 [삽입] 대화 상자가 실행되면 '셀을 오른쪽으로 밀기'를 선택한 후 [확인]을 클릭합니다.

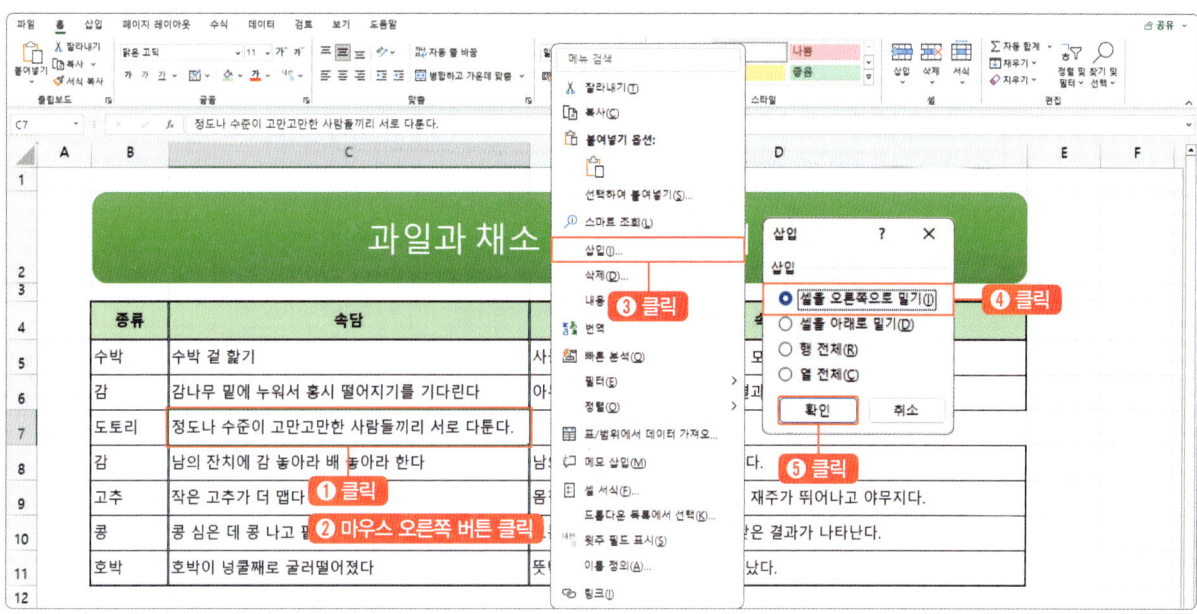

② 삽입된 'C7'셀에 '도토리 키 재기'를 입력하고 'C6'셀을 복사한 후 'C7'셀에서 바로가기 메뉴의 '붙여넣기 옵션:'-[(서식)]을 클릭하여 붙여넣습니다.

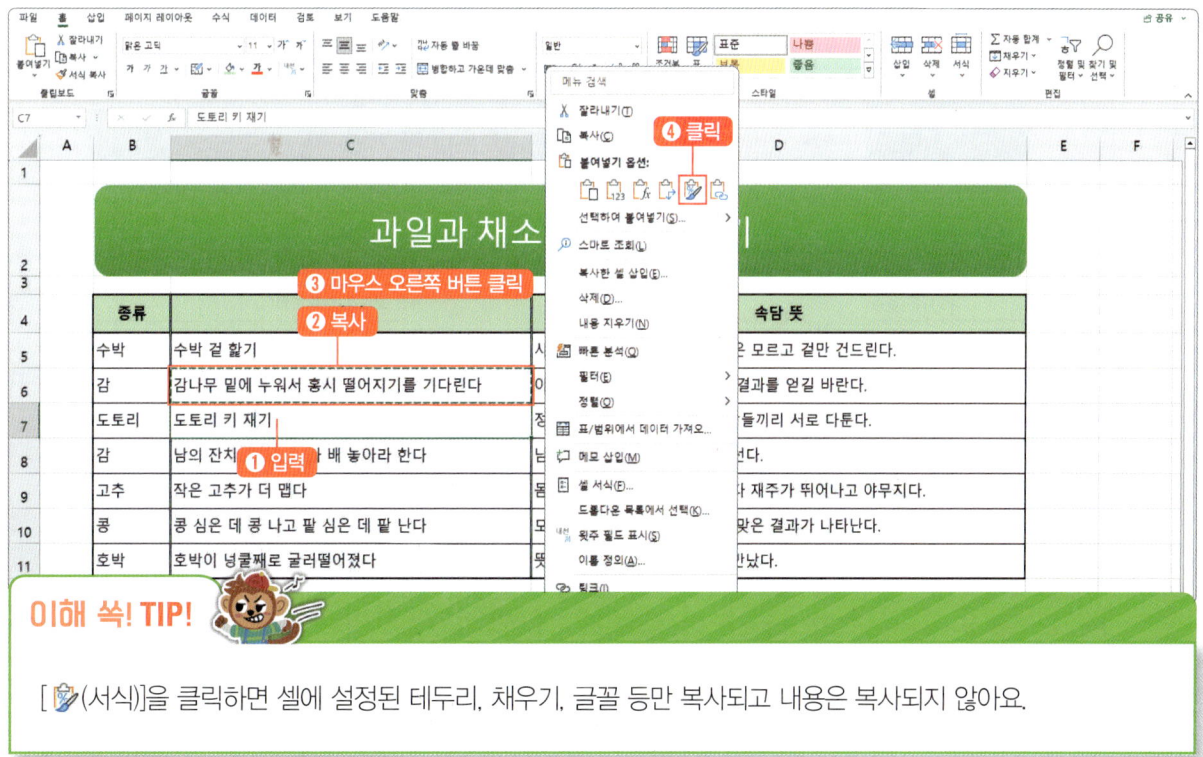

이해 쏙! TIP!

[(서식)]을 클릭하면 셀에 설정된 테두리, 채우기, 글꼴 등만 복사되고 내용은 복사되지 않아요.

GAME 06 맛있는 속담 _ **039**

③ 이어서 'B8:D8'셀을 드래그하여 선택한 후 Ctrl + X 키를 눌러 셀을 잘라냅니다.

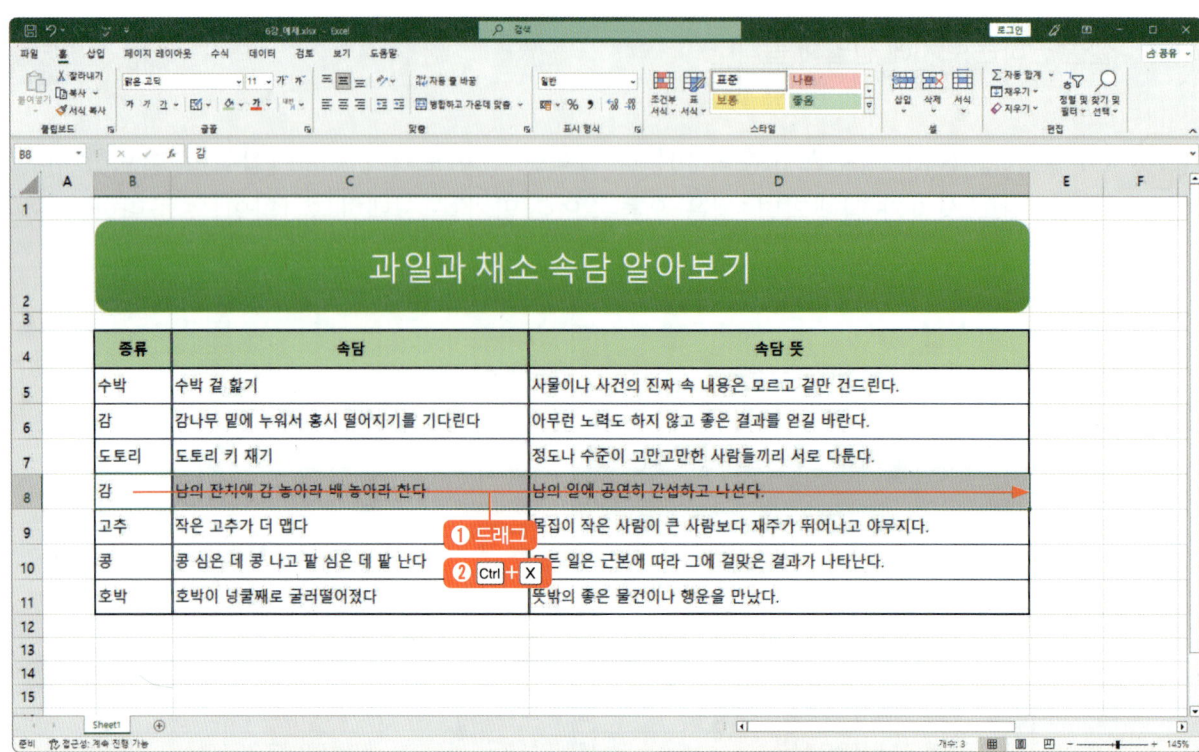

④ 'B7'셀에서 마우스 오른쪽 버튼을 클릭하여 [잘라낸 셀 삽입]을 클릭합니다. [삽입] 대화 상자가 실행되면 '셀을 아래로 밀기'를 클릭하고 [확인]을 클릭합니다.

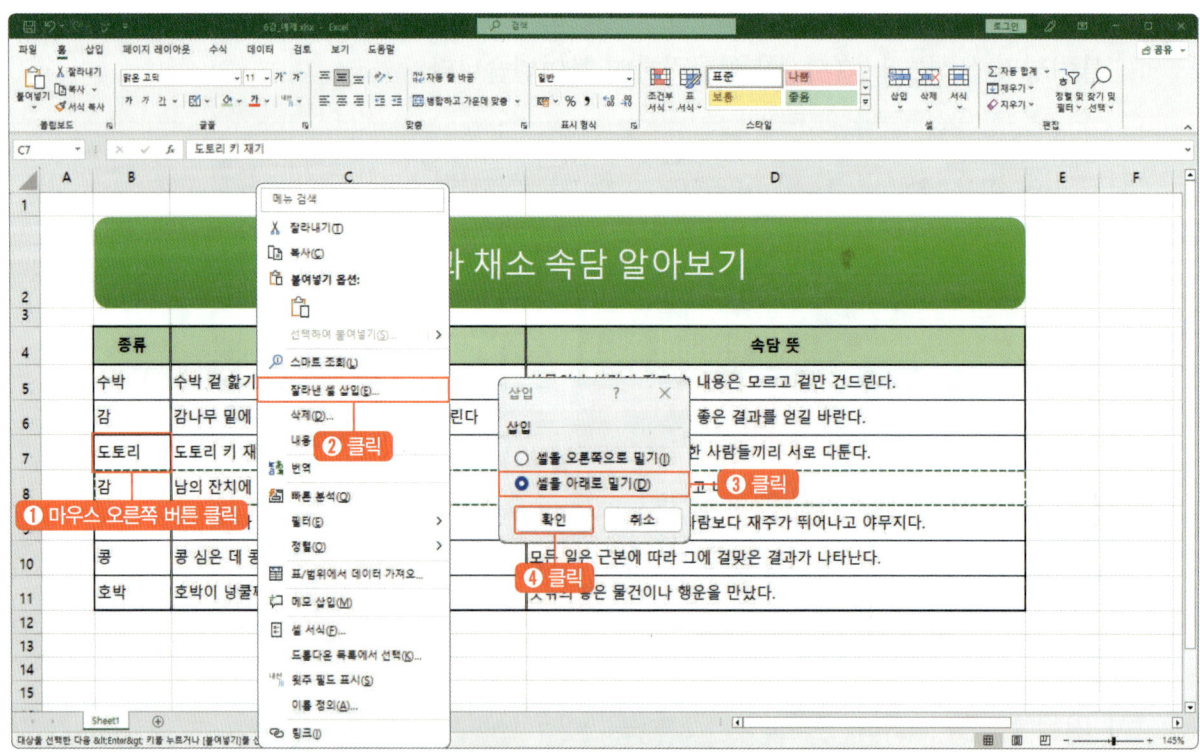

⑤ [파일] 탭-[다른 이름으로 저장하기]를 통해 완성된 파일을 저장합니다.

1 파일을 불러온 후 도형을 삽입하여 '무지개 시'를 완성해 보세요.

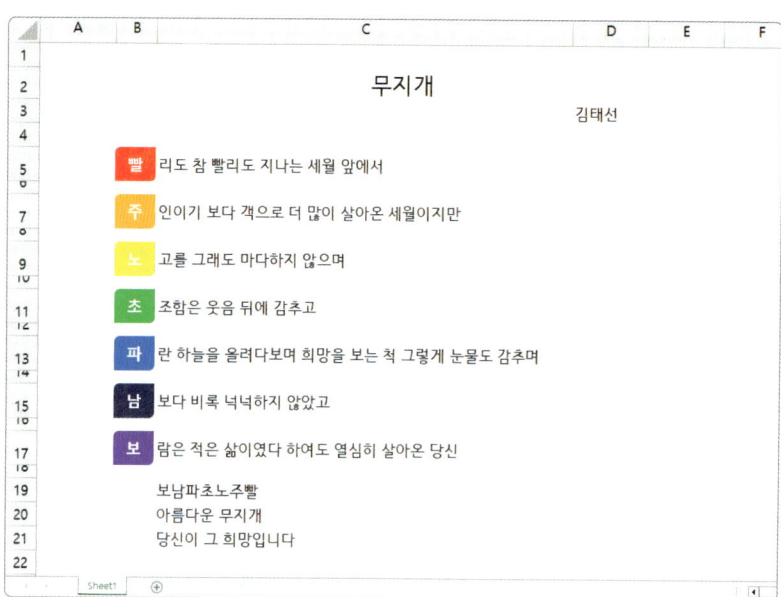

Hint
① '둥근 대각선 방향 모서리', '임의의 색'
② '맑은 고딕', '11pt', '굵게'
③ '눈금선' 표시 해제

2 파일을 불러온 후 셀을 삽입하여 '노벨상'을 완성해 보세요.

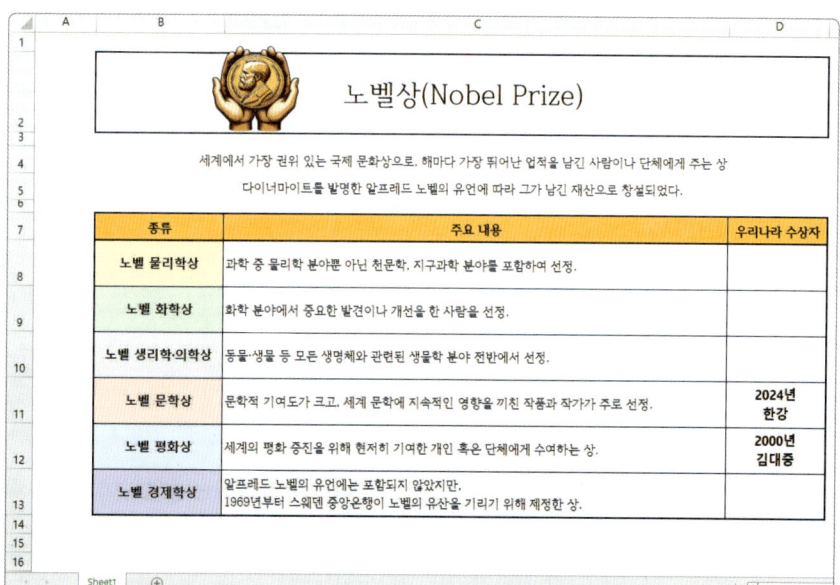

Hint
① '7행 삽입
② [채우기] – '황금색, 강조 4'
③ [테두리] – '굵은 바깥쪽 테두리'

GAME 07 어디에 살까요?

| 학습목표 |
- 셀 포인터를 이동할 수 있습니다.
- 셀 또는 범위에 이름을 정의할 수 있습니다.
- 링크를 연결할 수 있습니다.

오늘의 도착지점

🔑 예제 파일 : 7강_예제.xlsx   🔑 완성 파일 : 7강_완성.xlsx

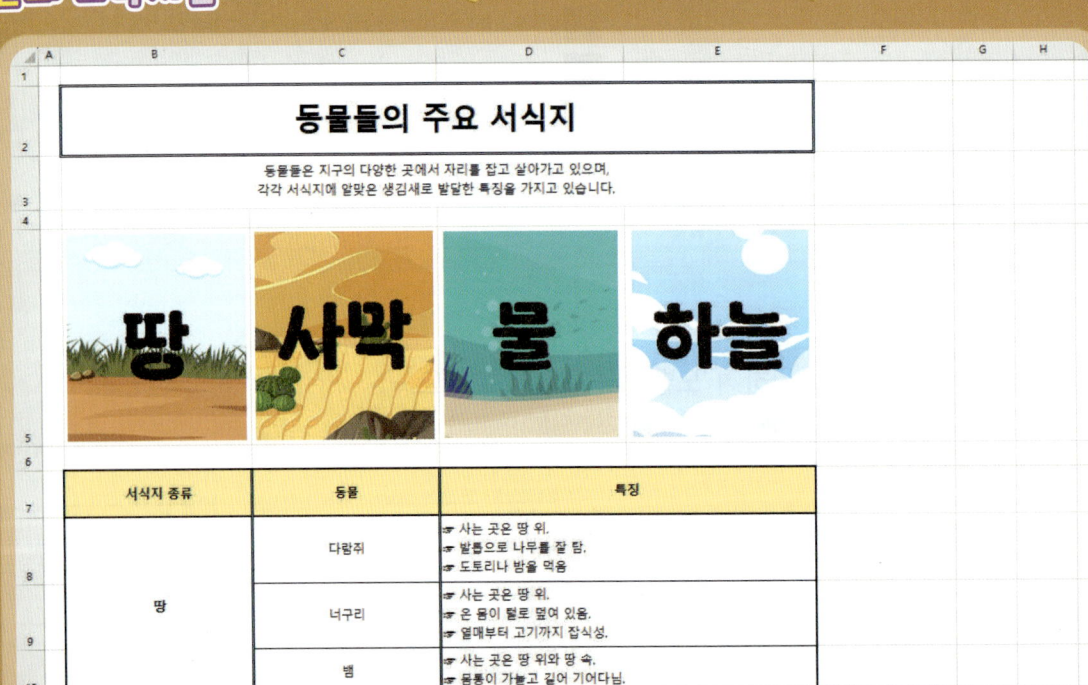

도착지 정보

서식지란 먹이를 얻거나 은신처를 구하는 중요한 장소로 어떤 생물들이 주로 살고 있는 자연 환경을 뜻합니다. 오랜 시간 동안 동물들은 살아가는 환경에 따라 변화하며 특정 신체기관을 발달시켜왔습니다. 서식지에 따라 동물들의 특성을 알아보기 위해 링크 기능을 활용해 봅니다.

Step 01 셀 포인터 이동하기

이동 기능으로 원하는 셀에 포인터를 이동해 봅니다.

① Excel 2021 프로그램을 실행한 후 [열기]-[찾아보기]에서 '7강_예제.xlsx'를 불러옵니다.

② [홈] 탭-[편집] 그룹의 [찾기 및 선택]-[이동]을 클릭하고 [이동] 대화 상자가 실행되면 참조에 'E19'을 입력하고 [확인]을 클릭합니다.

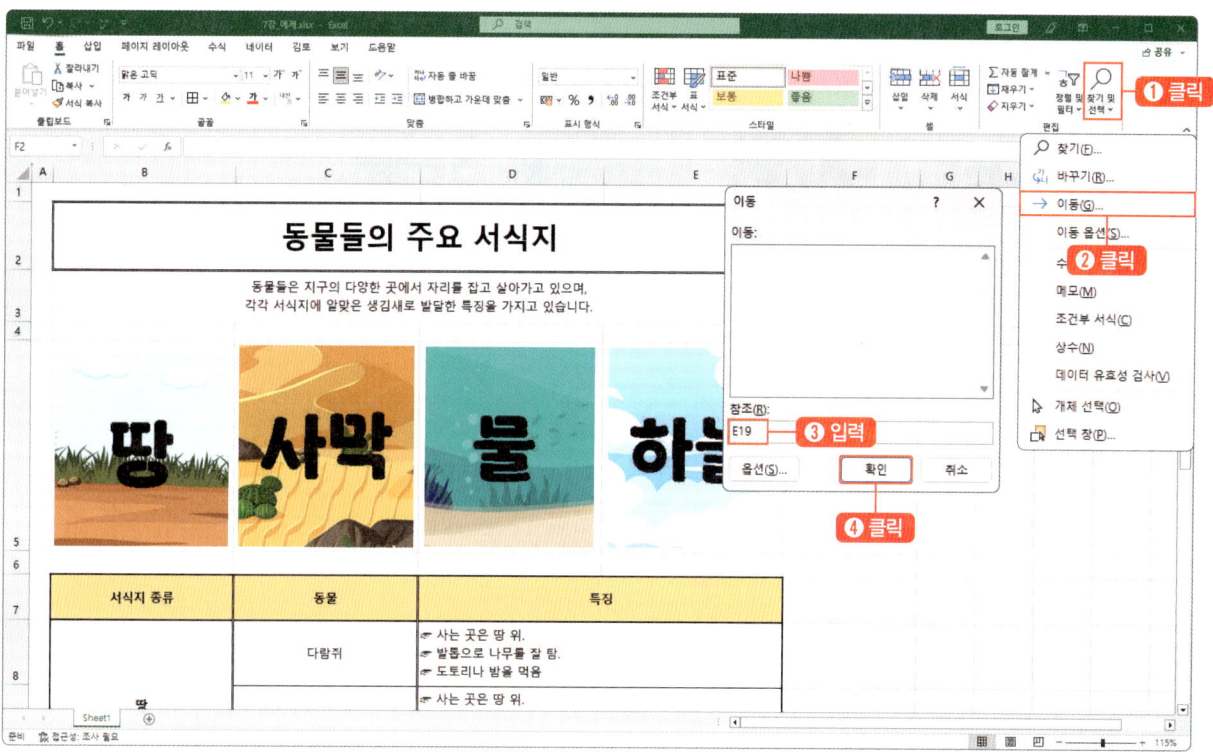

③ 원하는 위치에 셀 포인터가 이동한 것을 확인합니다.

Step 02 이름 정의하기

셀 또는 범위에 이름을 정의해 봅니다.

① 'B8'셀을 클릭한 후 '이름 상자'를 클릭하고 '땅'을 입력한 후 Enter 키를 누릅니다.

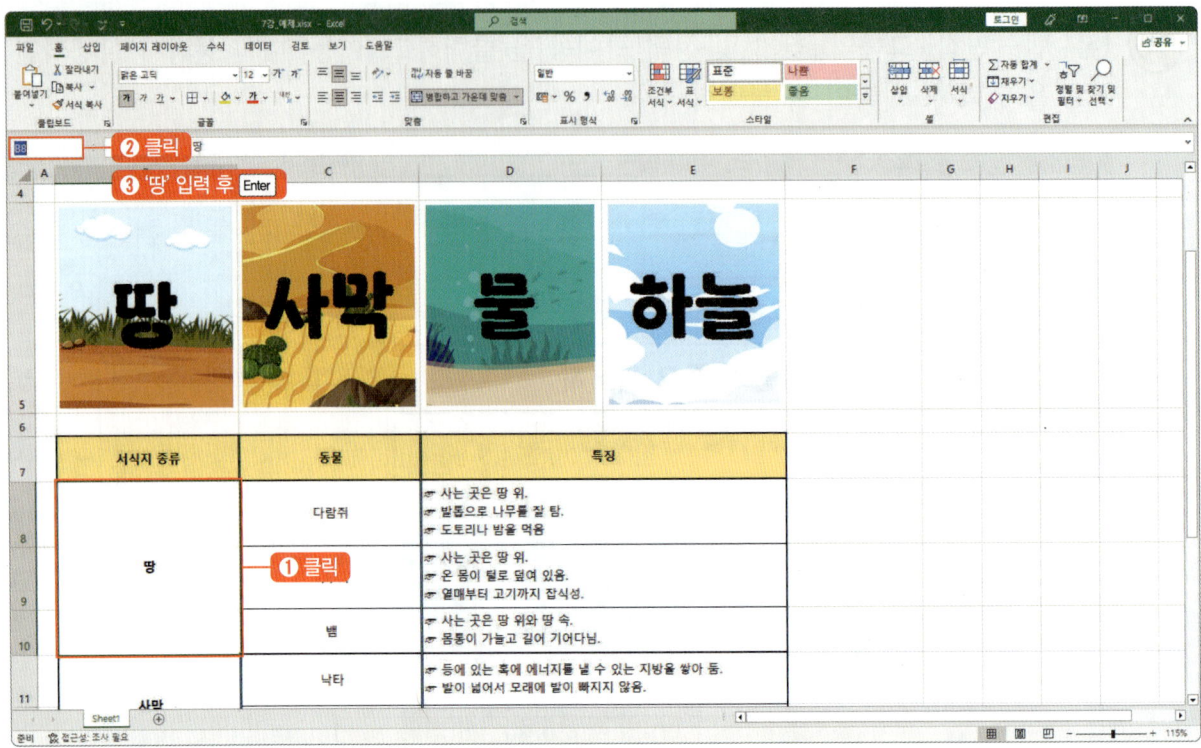

② ①과 같은 방법으로 'B11'셀의 이름을 '사막', 'B13'셀의 이름을 '물', 'B16'셀의 이름을 '하늘'로 입력합니다.

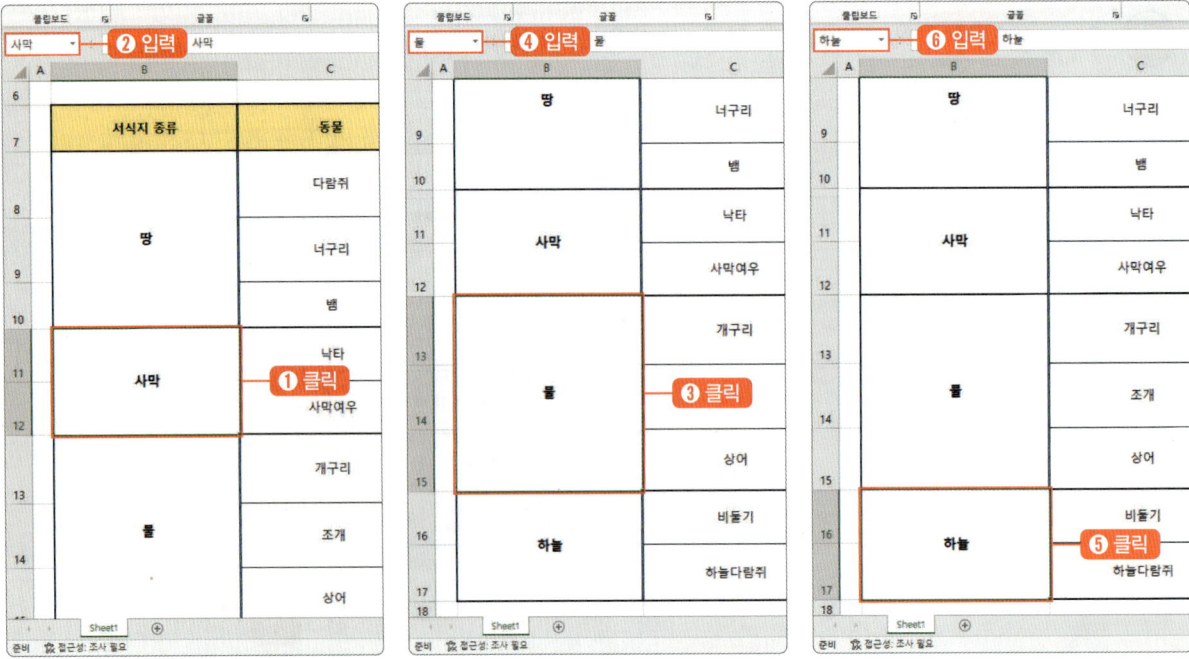

Step 03 링크 연결하기

이름이 정의된 셀로 링크를 연결해 봅니다.

① '땅' 그림을 클릭하고 마우스 오른쪽 버튼을 클릭하여 바로가기 메뉴의 [링크]를 클릭합니다.

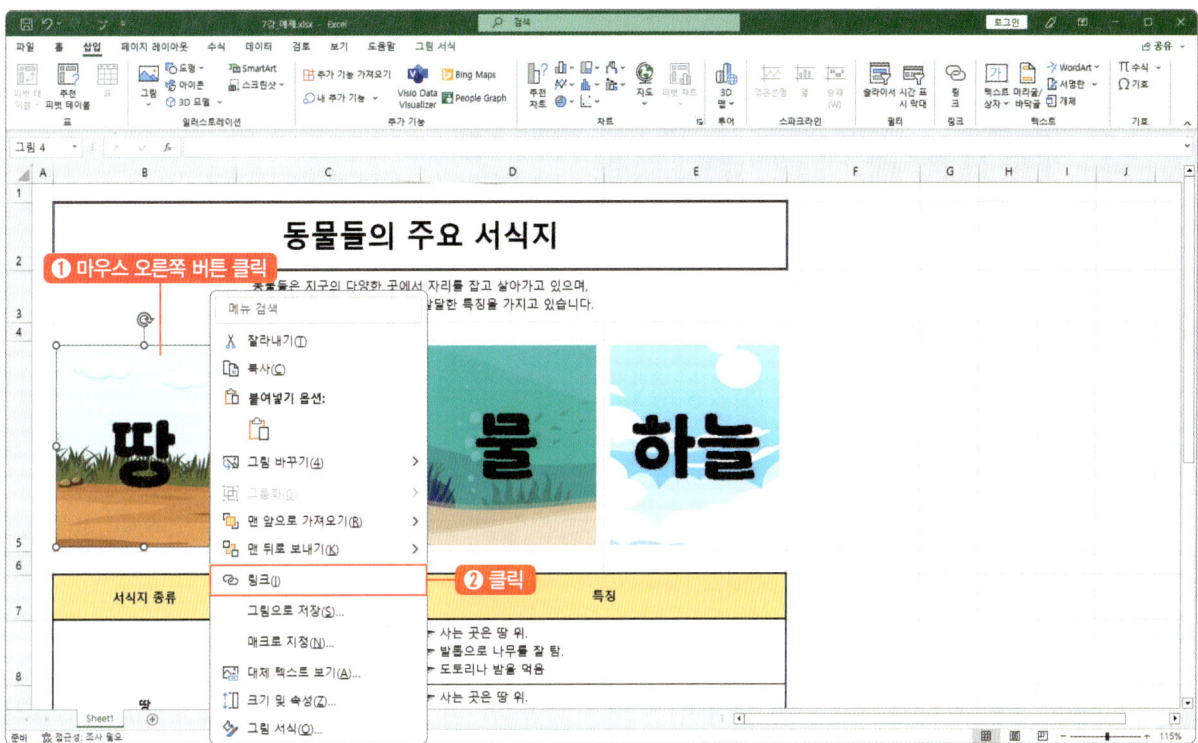

② [하이퍼링크 삽입] 대화 상자가 실행되면 [현재 문서]를 클릭하고 '이 문서에서 위치 선택'을 '땅'으로 선택한 후 [확인]을 클릭합니다.

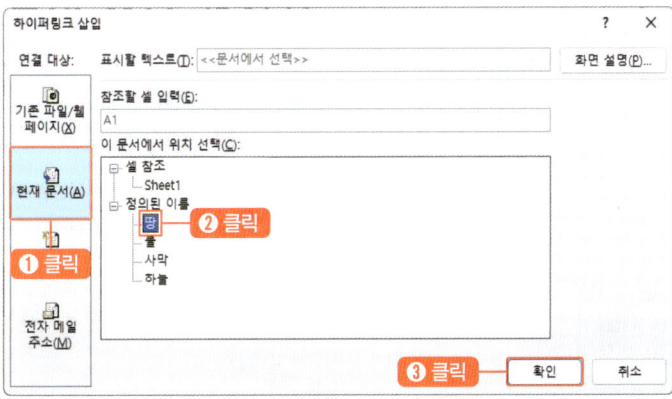

이해 쏙! TIP!

- [하이퍼링크] 단축키: Ctrl + K 키
- [삽입] 탭의 [링크]를 사용해서 하이퍼링크를 연결할 수 있어요.

③ ①~②와 같은 방법으로 '사막','물','하늘' 그림에도 링크를 연결한 후 그림을 클릭하여 지정한 위치로 포인터가 이동하는지 확인합니다.

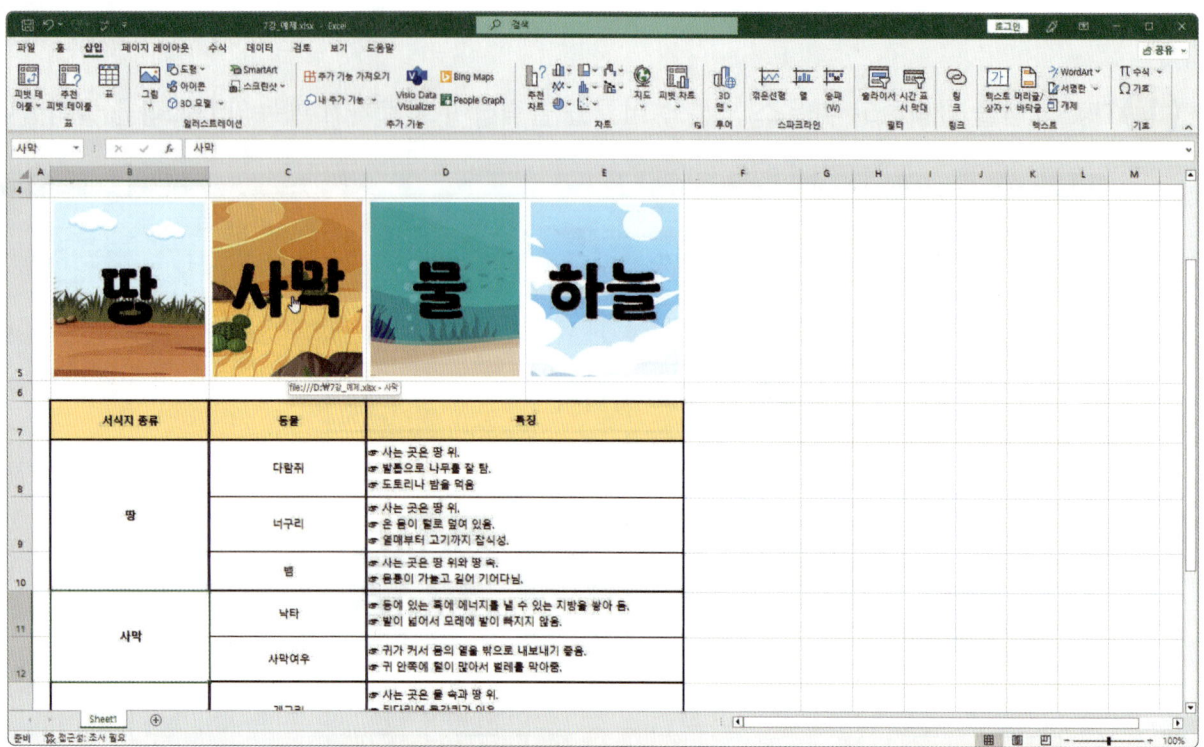

④ [파일] 탭-[다른 이름으로 저장하기]를 클릭합니다. [찾아보기]를 클릭하고 '다른 이름으로 저장하기' 대화 상자가 실행되면 저장 위치를 지정한 후 '파일 이름'을 입력하고 [저장]을 클릭합니다.

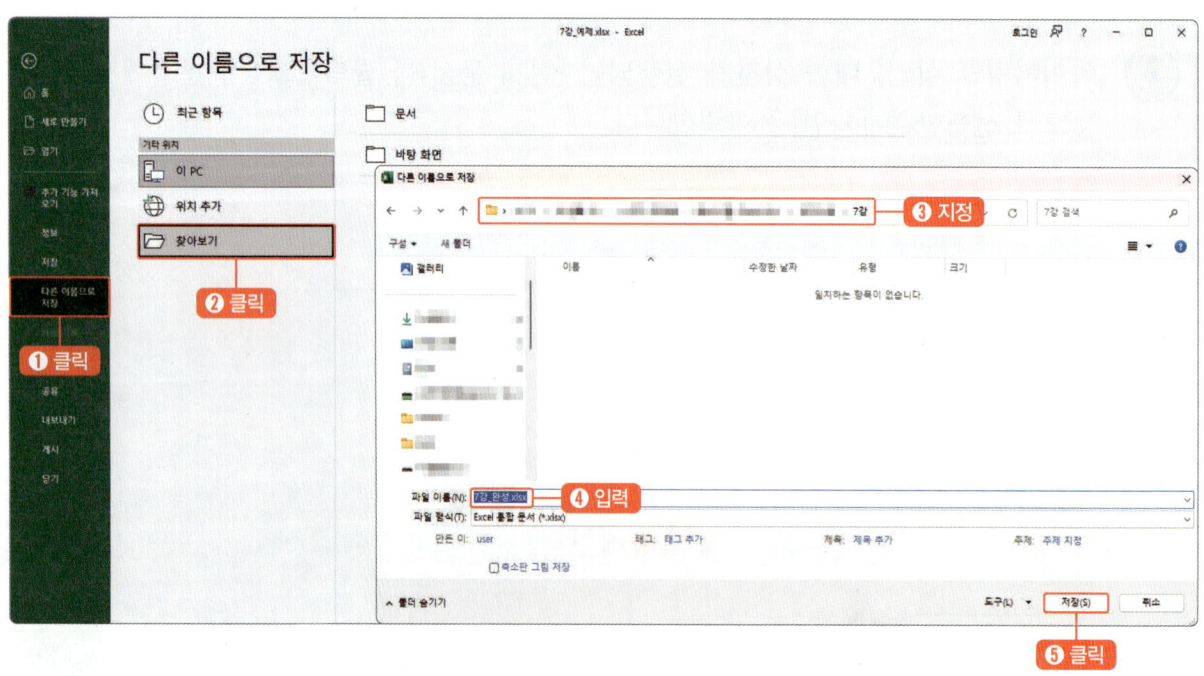

1 파일을 불러온 후 링크를 사용하여 '달의 위상변화'를 작성해 보세요.

🔑 예제 파일 : 7강_실력1(예제).xlsx   🔑 완성 파일 : 7강_실력1(완성).xlsx

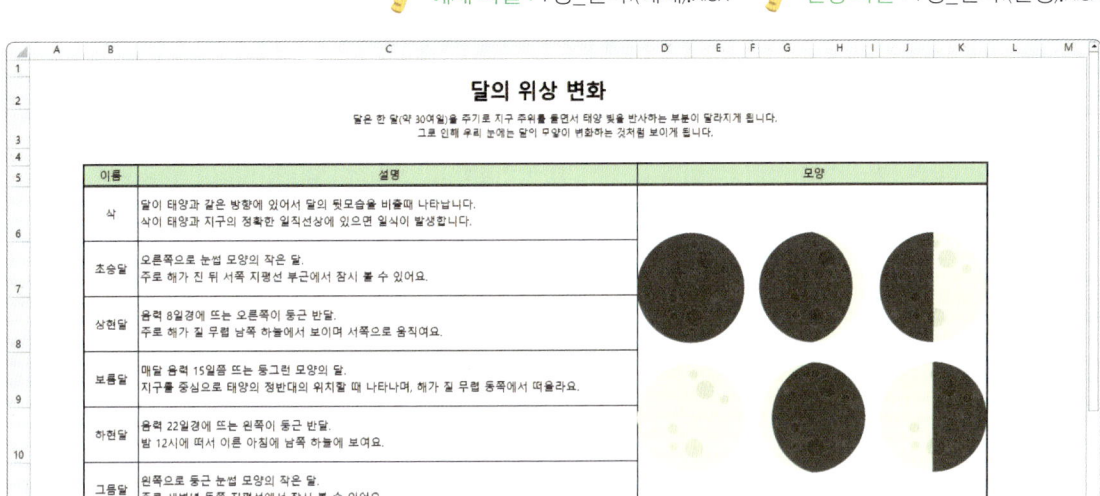

Hint

① 'B6:B11' – 셀 이름 변경 및 링크 연결

2 파일을 불러온 후 셀 이동 기능을 사용하여 '퀴즈대회'를 완성해 보세요.

🔑 예제 파일 : 7강_실력2(예제).xlsx   🔑 완성 파일 : 7강_실력2(완성).xlsx

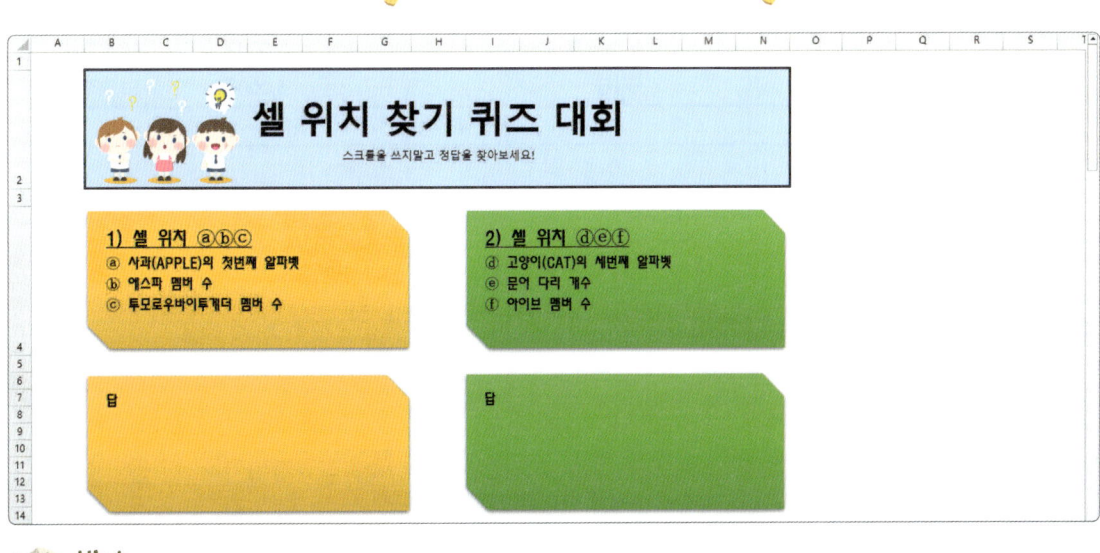

Hint

① [홈] 탭 – [편집] 그룹 – [찾기 및 선택] – '이동'

GAME 08 용돈기입장

| 학습목표 |
- 표시형식을 날짜로 지정할 수 있습니다.
- 표시형식을 회계로 지정할 수 있습니다.
- 표시형식을 사용자지정으로 변경할 수 있습니다.

오늘의 도착지점

예제 파일 : 8강_예제.xlsx   완성 파일 : 8강_완성.xlsx

해람이의 3월 용돈기입장

날짜	내용	수입	지출	합계
03월 01일	남은 용돈	2,000원		2,000원
03월 01일	이번달 용돈	30,000원		32,000원
03월 10일	마라탕		7,000원	25,000원
03월 15일	마루 생일선물		5,000원	20,000원
03월 15일	연필, 지우개		2,500원	17,500원
03월 20일	아이스크림		1,000원	16,500원
03월 27일	저금		5,000원	11,500원
이달의 반성	용돈을 더 아껴서 써야겠다.			

도착지 정보

용돈기입장은 날짜와 내용, 사용한 금액들을 적어 나의 소비 습관을 알 수 있게 됩니다. 내역들을 통해 불필요한 지출을 찾게 되고 소비 계획을 세우고 실천할 수 있어 미래를 위한 저축도 하게 됩니다. 엑셀을 활용하여 용돈기입장을 작성해 봅니다.

Step 01 날짜 표시 형식

데이터를 입력하여 날짜 형식으로 표시되도록 합니다.

① Excel 2021 프로그램을 실행한 후 [열기]-[찾아보기]에서 '8강_예제.xlsx'를 불러옵니다.

② 'B5'셀에 '3-1'을 입력한 후 Enter 키를 누릅니다.

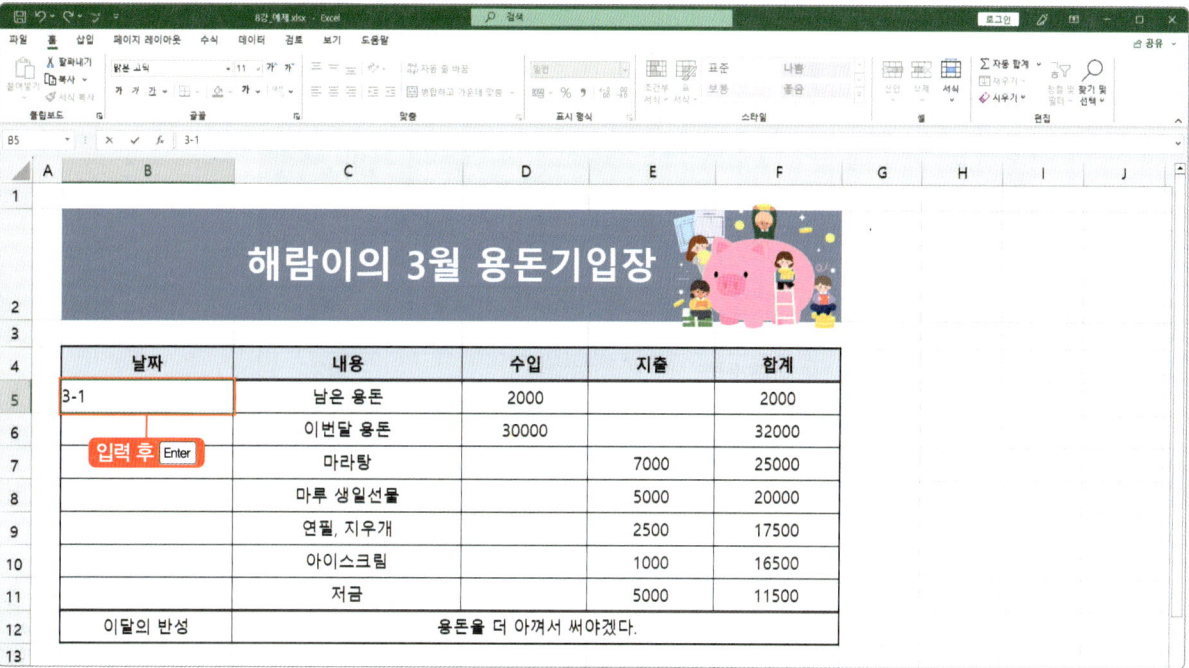

③ 나머지 'B'열에도 ②와 같은 방법으로 데이터를 입력해 봅니다.

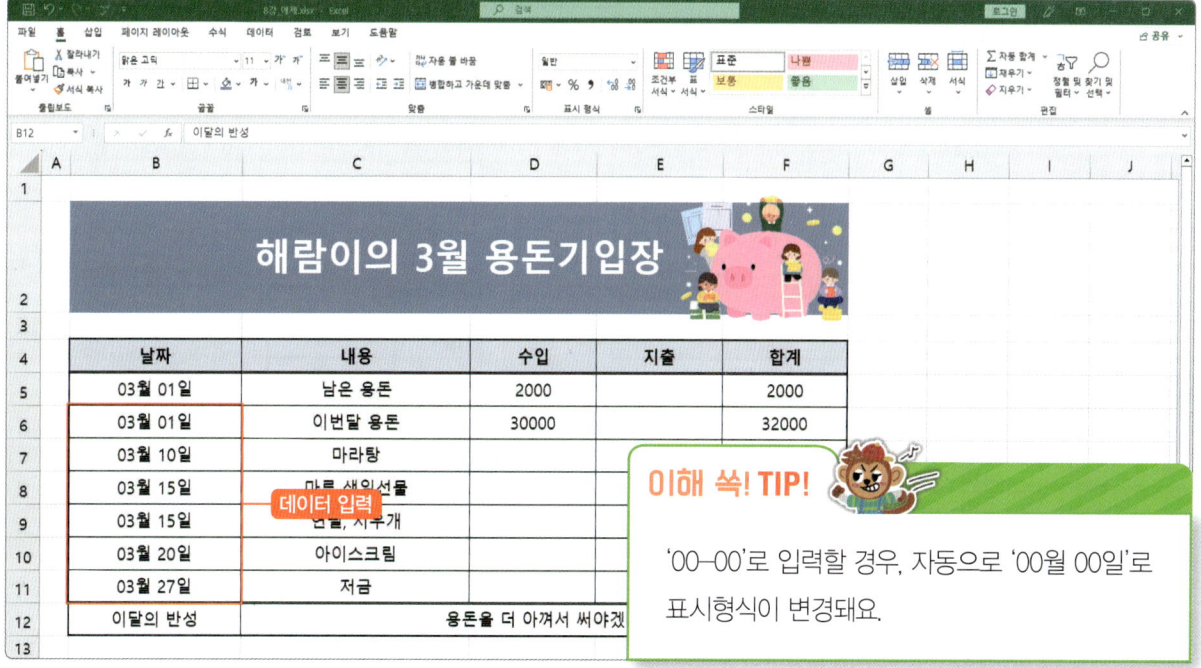

이해 쏙! TIP!

'00-00'로 입력할 경우, 자동으로 '00월 00일'로 표시형식이 변경돼요.

Step 02 회계 표시 형식

숫자로 이루어진 데이터의 표시형식을 회계로 지정합니다.

① 'D5:D11'셀을 드래그하여 선택한 후 [홈] 탭의 [표시 형식] 그룹에서 [쉼표 스타일]을 클릭합니다.

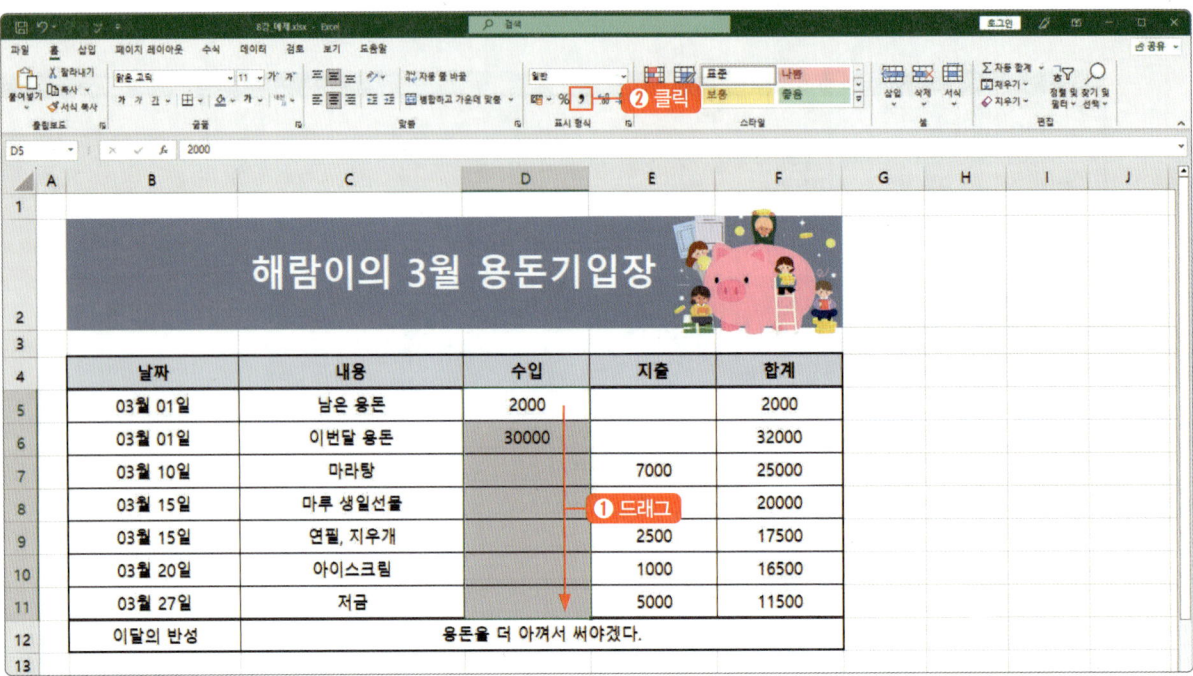

② 'E5:F11'셀을 드래그하여 선택한 후 [홈] 탭-[표시 형식] 그룹의 목록 버튼을 클릭하여 '회계'를 클릭합니다.

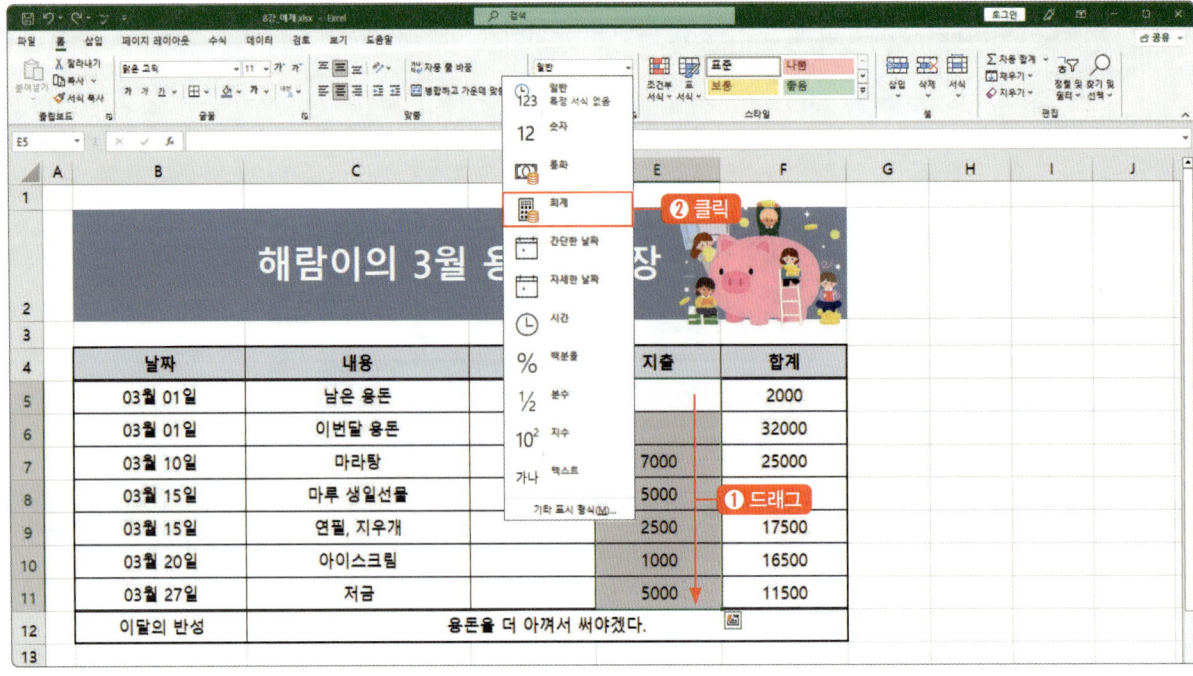

③ 다시 'E5:E11'셀을 드래그하여 선택한 후 [홈] 탭의 [표시 형식]에서 자세히(⌐)를 클릭합니다. [셀 서식] 대화 상자가 열리면 기호에서 '없음'을 선택한 후 [확인]을 클릭합니다.

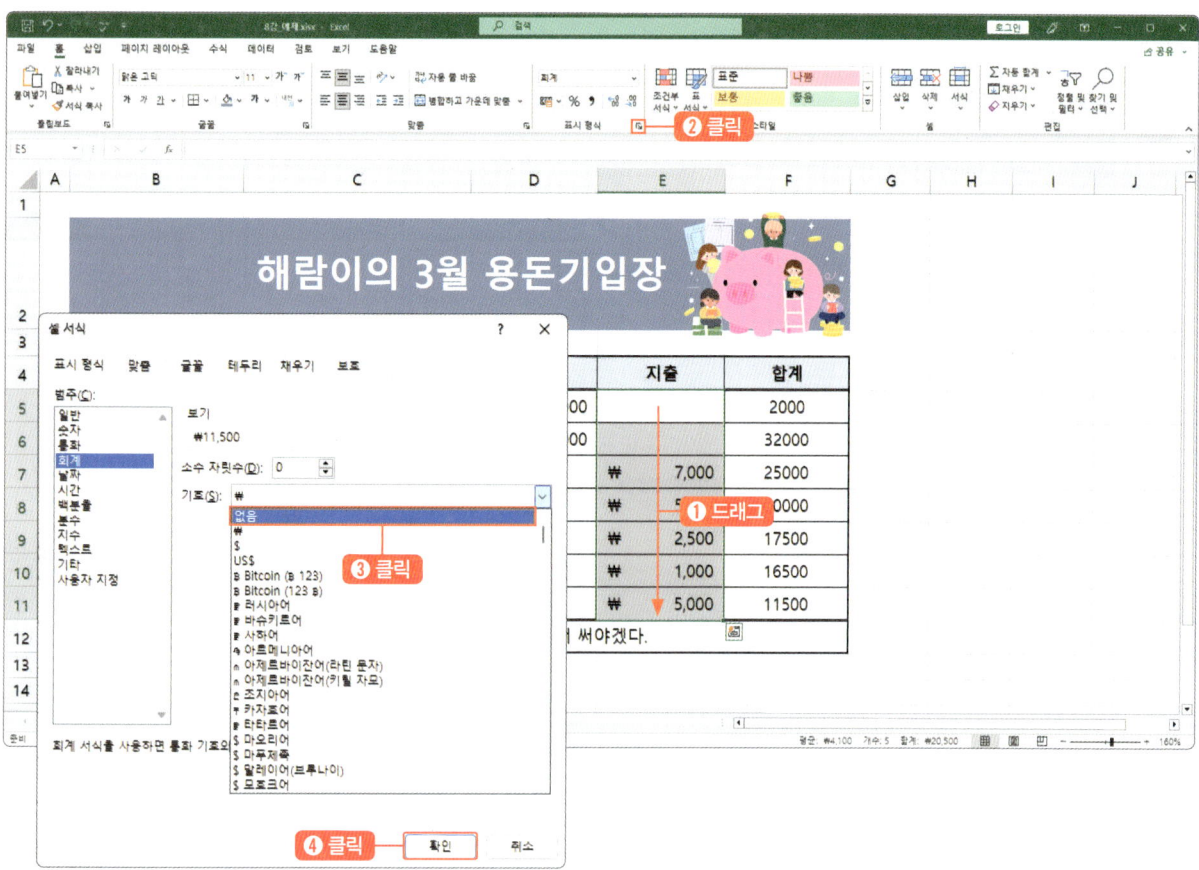

④ 'F5:F11'셀을 드래그한 후 ①~②와 같은 방법으로 표시 형식을 변경합니다.

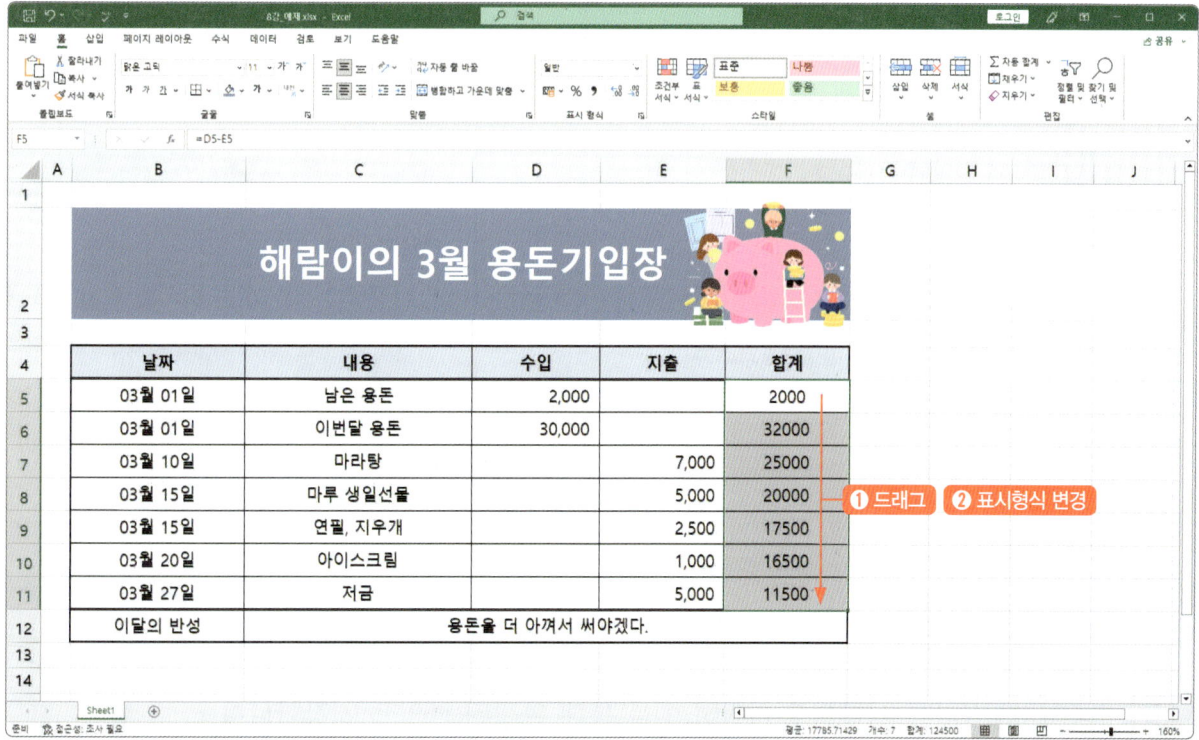

GAME 08 용돈기입장 _ **051**

Step 03 사용자 지정 표시 형식

사용자 지정 표시 형식으로 변경해 봅니다.

① 'D5:F11' 셀을 드래그하여 선택한 후 [홈] 탭-[표시 형식] 그룹의 자세히(⤡)를 클릭합니다. [셀 서식] 대화 상자가 실행되면 범주에서 '사용자 지정'을 클릭합니다.

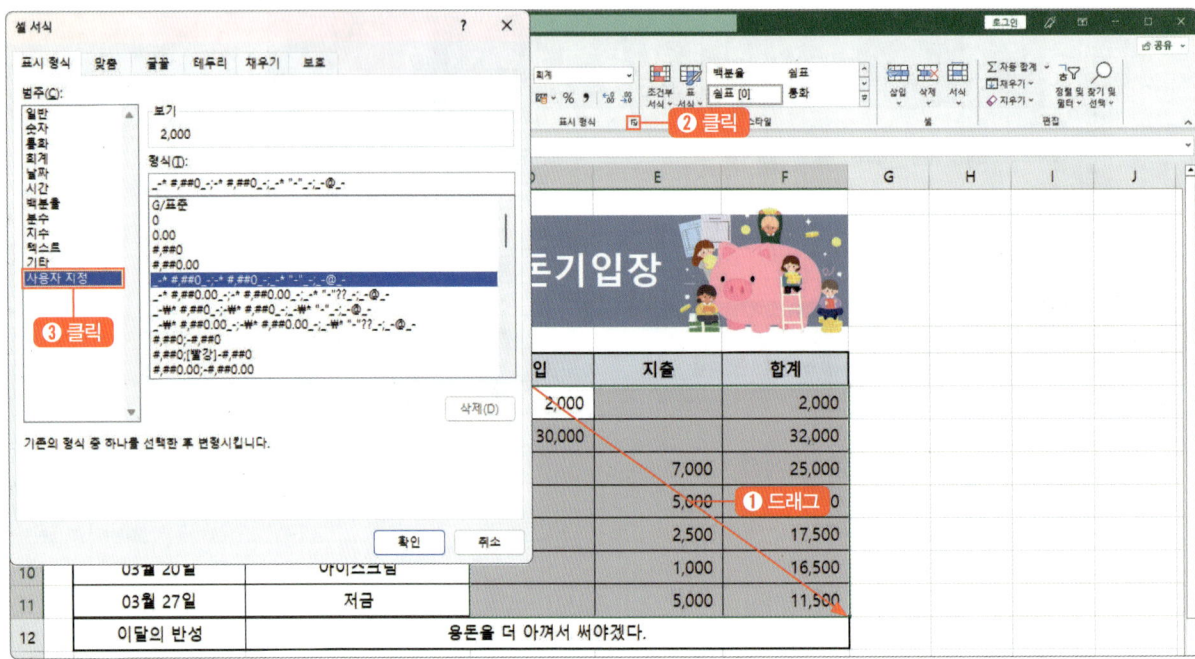

② 형식 입력칸에 '#,##0"원"'을 입력하고 [확인]을 클릭한 후 변경된 내용을 확인합니다.

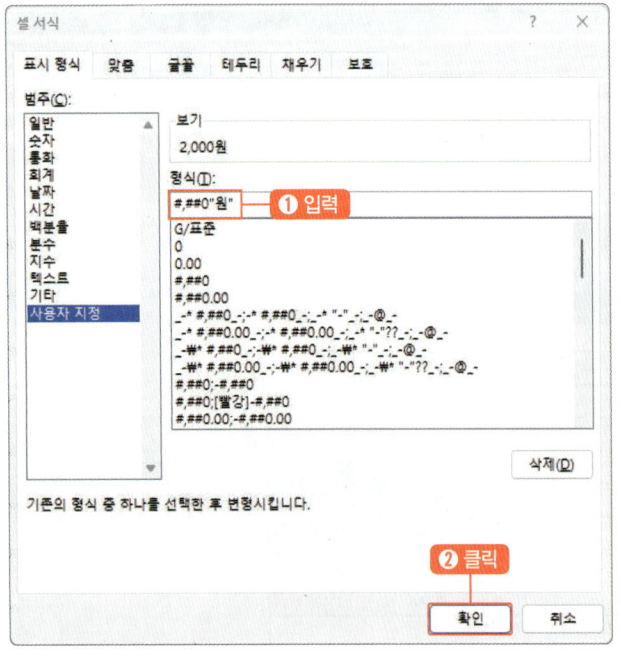

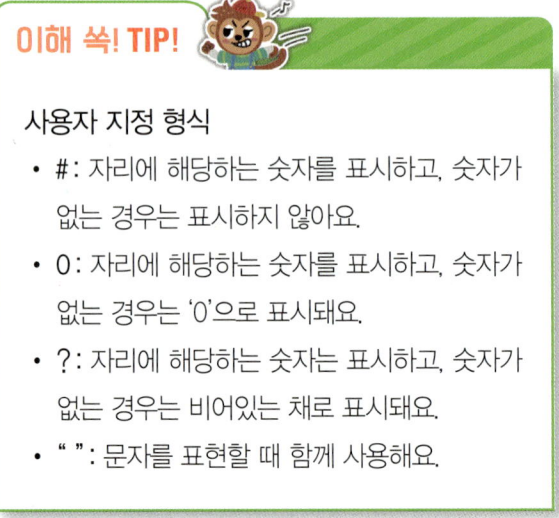

이해 쏙! TIP!

사용자 지정 형식
- #: 자리에 해당하는 숫자를 표시하고, 숫자가 없는 경우는 표시하지 않아요.
- 0: 자리에 해당하는 숫자를 표시하고, 숫자가 없는 경우는 '0'으로 표시돼요.
- ?: 자리에 해당하는 숫자는 표시하고, 숫자가 없는 경우는 비어있는 채로 표시돼요.
- " ": 문자를 표현할 때 함께 사용해요.

③ [파일] 탭-[다른 이름으로 저장하기]를 통해 완성된 파일을 저장합니다.

1 파일을 불러온 후 표시형식을 변경하여 '절기'를 완성해 보세요.

🔑 예제 파일 : 8강_실력1(예제).xlsx   🔑 완성 파일 : 8강_실력1(완성).xlsx

Hint

① 'C5:C28' – 표시형식 : 'yyyy"년" mm"월" dd"일"'

2 파일을 불러온 후 표시형식을 바꾸어 '우리나라 화폐와 상징'을 완성해 보세요.

🔑 예제 파일 : 8강_실력2(예제).xlsx   🔑 완성 파일 : 8강_실력2(완성).xlsx

Hint

① 'C5:C12' – 표시형식 : '#,##0"원"'

GAME 09 출석부

| 학습목표 | • 워크시트를 복사하고 이름을 변경할 수 있습니다.
• 오름차순 정렬을 할 수 있습니다.
• 내림차순 정렬을 할 수 있습니다.

오늘의 도착지점

예제 파일 : 9강_예제.xlsx   완성 파일 : 9강_완성.xlsx

출석번호	이름	키	성별	키번호
	4학년 6반 출석부			
10	유상연	132.8	여	20
15	진하영	134.3	여	19
4	박소현	135.6	여	18
9	오규빈	136.4	남	17
2	김지호	136.5	남	16
17	최진영	137.2	여	15
16	최범수	137.3	남	14
14	조영준	137.8	남	13
6	서준혁	138.7	남	12
1	김인찬	139.2	남	11
18	하동호	139.4	남	10
12	이인영	139.9	여	9
3	박다훈	140.3	남	8
19	홍경복	140.6	여	7
20	황지예	141.8	여	6
8	양희성	142.1	남	5
7	신상미	142.5	여	4
5	서강준	143.2	남	3
11	이윤우	146.2	남	2
13	이호창	152.3	남	1

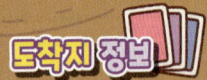

학교나 학원에서 많은 학생들의 정보를 정리하려면 어떤 방법을 사용할까요? 이름이나 생일 등의 일정한 기준에 따라 나열하는 정렬을 사용합니다. 순서대로 정렬하면 알아보기 쉽고, 빨리 찾을 수 있기 때문입니다. 엑셀의 정렬 기능을 사용하여 출석부를 작성해 봅니다.

Step 01 워크시트 이름 변경/복사하기

워크시트의 이름을 변경하고 복사해 봅니다.

① Excel 2021 프로그램을 실행한 후 [열기]–[찾아보기]에서 '9강_예제.xlsx'를 불러옵니다.

② 워크시트 이름('Sheet1')에서 마우스 오른쪽 버튼을 클릭하여 바로 가기 메뉴의 [이름 바꾸기]를 클릭한 후 '출석부'를 입력하고 Enter 키를 누릅니다.

이해 쏙! TIP!
워크시트 이름을 더블클릭하여 바꿀 수도 있어요

③ 워크시트 이름('출석부')에서 마우스 오른쪽 버튼을 클릭하여 바로 가기 메뉴의 [이동/복사]를 클릭합니다. [이동/복사] 대화 상자가 실행되면 '(끝으로 이동)'을 클릭하고, '복사본 만들기'를 체크한 후 [확인]을 클릭합니다.

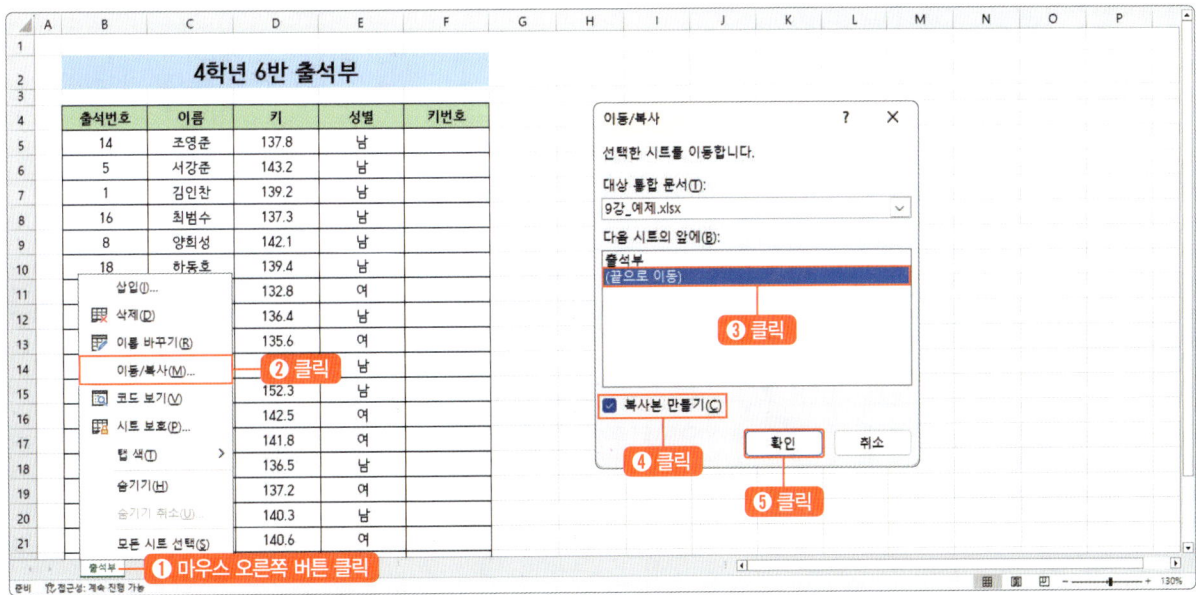

Step 02 오름차순으로 정렬하기

이름을 기준으로 오름차순 정렬을 실행해 봅니다.

① '출석부' 워크시트의 'B5:F24'셀을 드래그하여 선택한 후 [데이터] 탭-[정렬 및 필터] 그룹의 [정렬]을 클릭합니다.

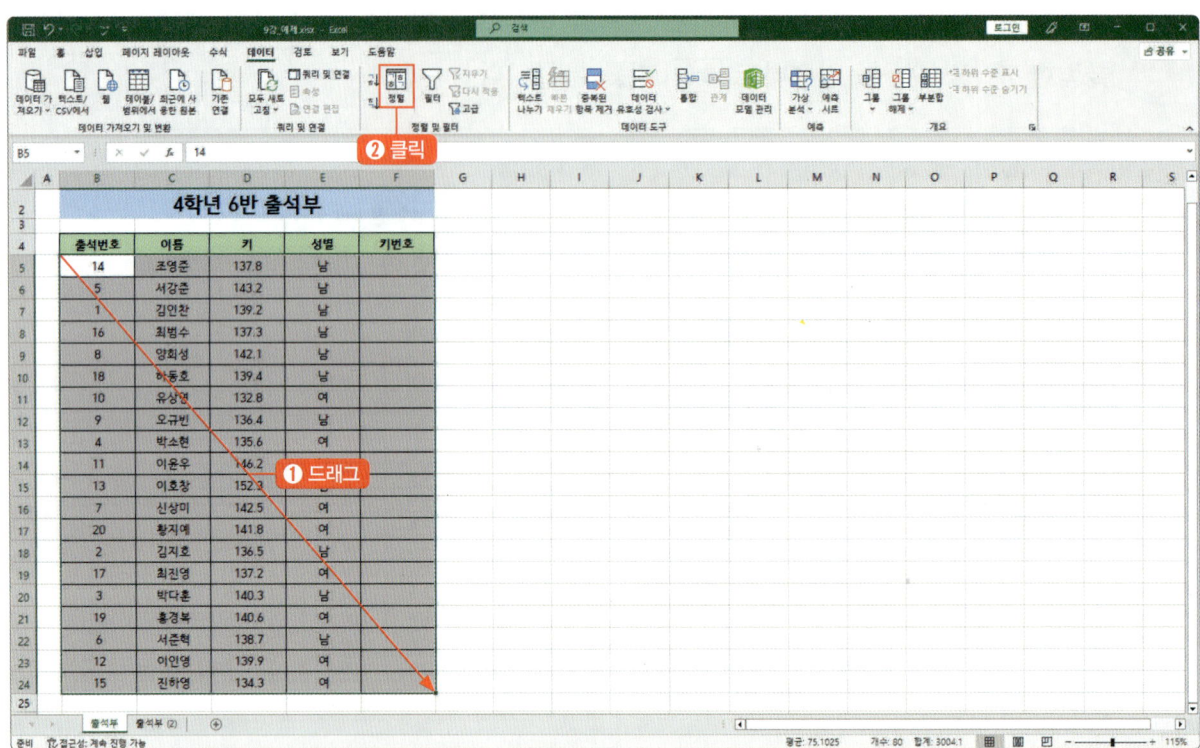

② [정렬] 대화 상자에서 정렬 기준을 '이름', '셀 값', '오름차순'으로 선택한 후 [확인]을 클릭한 후 정렬된 내용을 확인합니다.

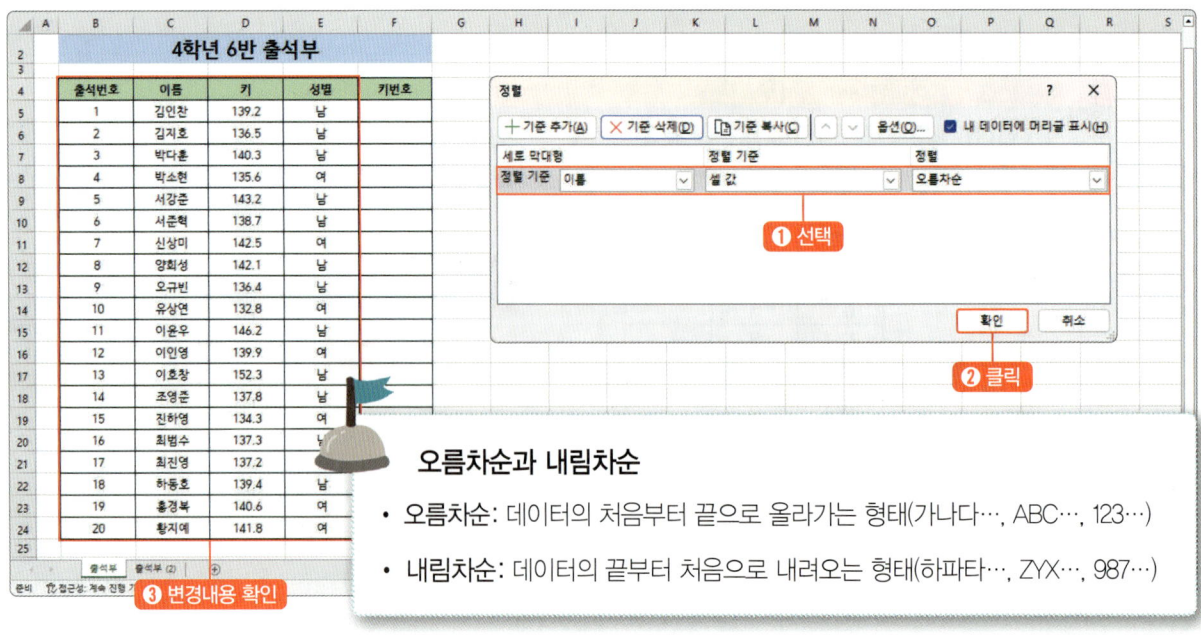

오름차순과 내림차순
- 오름차순: 데이터의 처음부터 끝으로 올라가는 형태(가나다…, ABC…, 123…)
- 내림차순: 데이터의 끝부터 처음으로 내려오는 형태(하파타…, ZYX…, 987…)

Step 03 내림차순 정렬하기

키를 기준으로 내림차순 정렬을 실행해 봅니다.

① '출석부 (2)' 워크시트의 'B4:F24'셀을 드래그하여 선택한 후 [데이터] 탭-[정렬 및 필터] 그룹에서 [정렬]을 클릭합니다. [정렬] 대화 상자가 실행되면 정렬 기준을 '키', '셀 값', '내림차순'으로 선택한 후 [확인]을 클릭합니다.

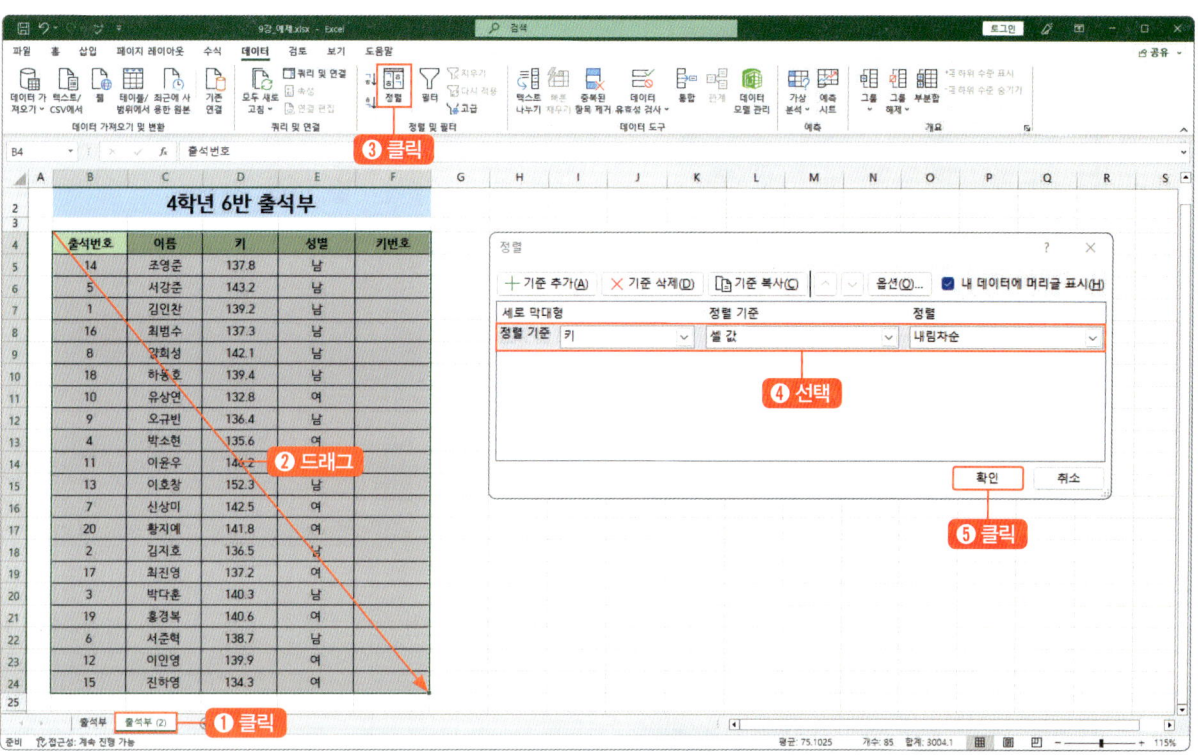

② 키 순으로 내림차순 정렬이 되었는지 확인한 후 'F5'셀에 '1'을 입력한 후 Ctrl 키를 누른 채 채우기 핸들로 번호를 입력합니다.

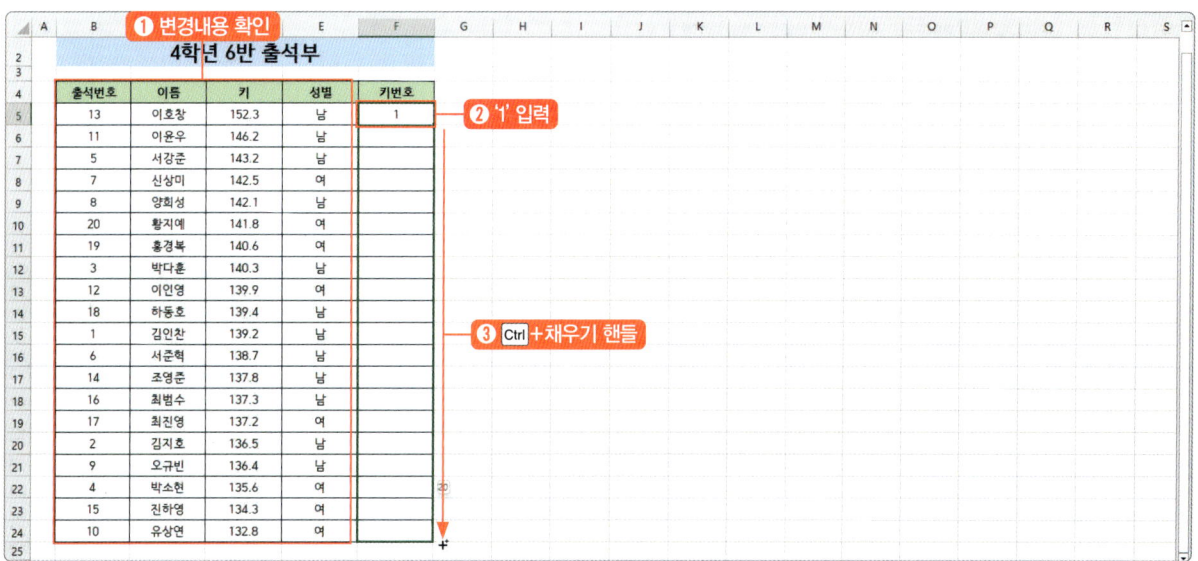

③ 'B4:F24'셀을 드래그하여 선택한 후 [데이터] 탭-[정렬 및 필터] 그룹에서 [정렬]을 클릭합니다. [정렬] 대화 상자가 실행되면 정렬 기준을 '키번호', '셀 값', '내림차순'으로 선택한 후 [확인]을 클릭합니다.

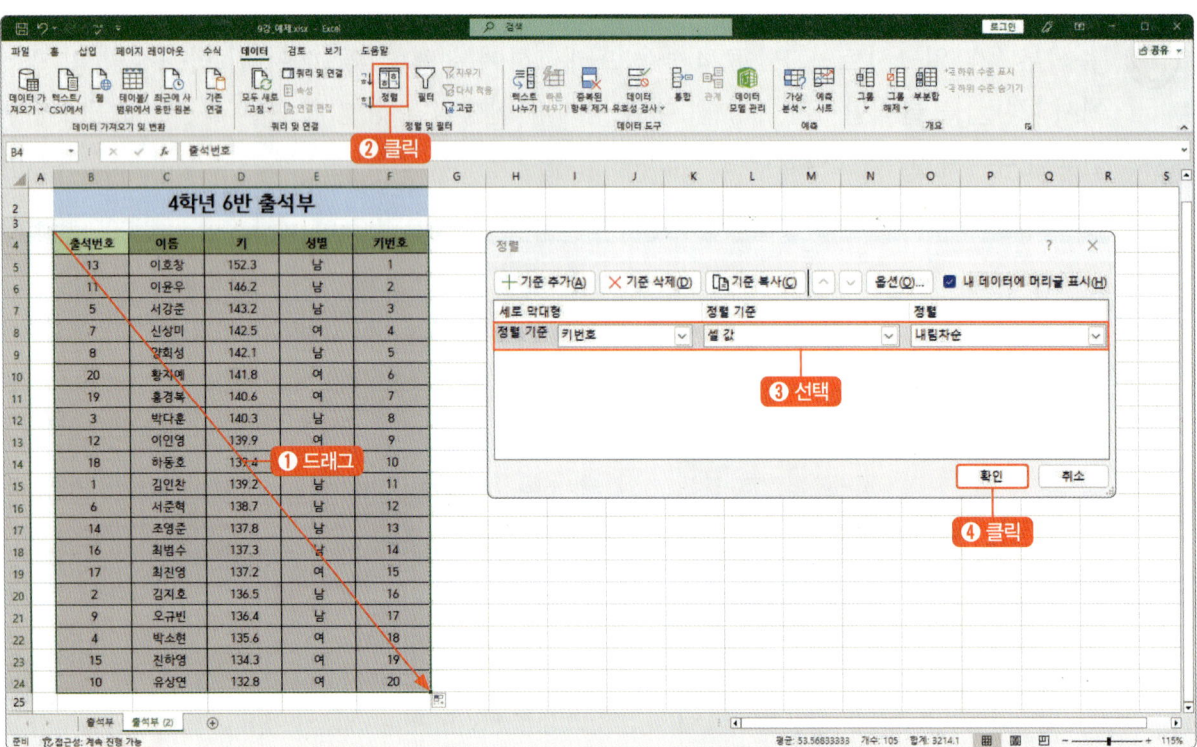

④ 키번호를 내림차순으로 정렬하여 변경된 내용을 확인한 후 [파일] 탭-[다른 이름으로 저장]을 클릭하여 완성된 파일을 저장합니다.

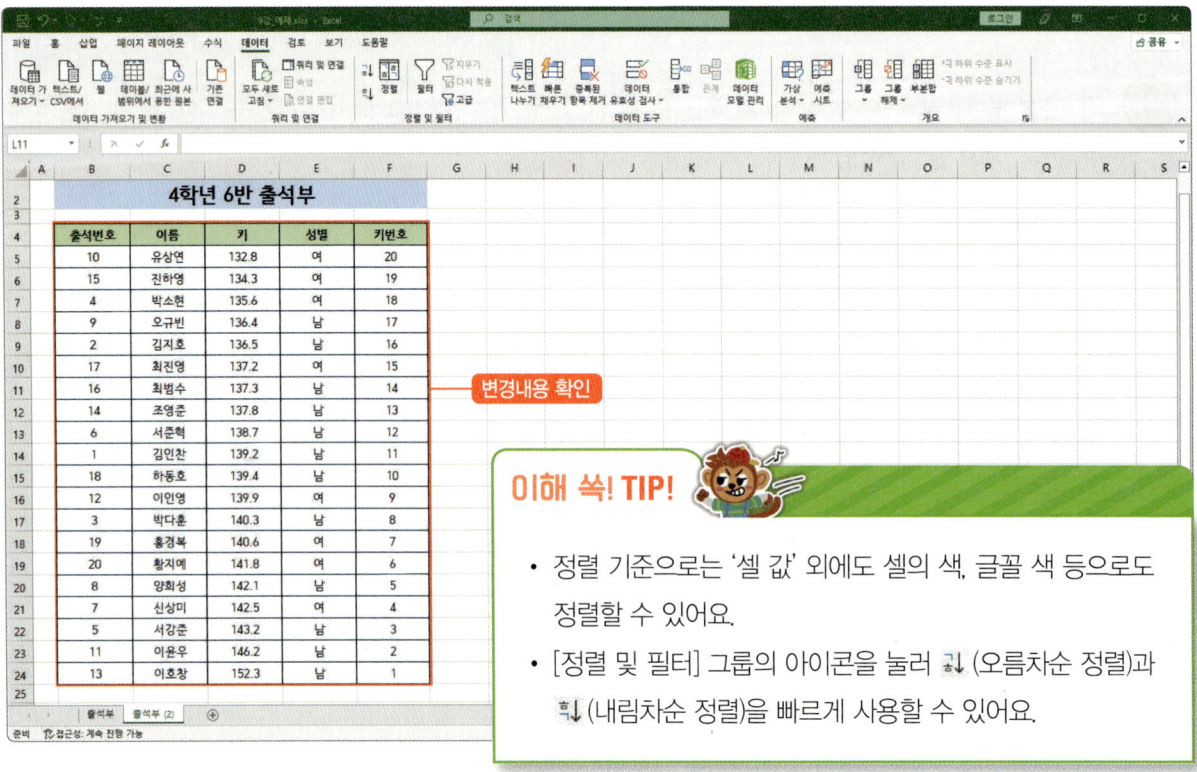

이해 쏙! TIP!

- 정렬 기준으로는 '셀 값' 외에도 셀의 색, 글꼴 색 등으로도 정렬할 수 있어요.
- [정렬 및 필터] 그룹의 아이콘을 눌러 ↓(오름차순 정렬)과 ↓(내림차순 정렬)을 빠르게 사용할 수 있어요.

1 파일을 불러온 후 정렬을 사용하여 '우리나라 100대 명산'을 완성해 보세요.

🔑 예제 파일 : 9강_실력1(예제).xlsx 🔑 완성 파일 : 9강_실력1(완성).xlsx

Hint
① 'Sheet1' → '100대 명산'
② [정렬] – '높이(m)', '셀 값', '오름차순'

2 파일을 불러온 후 시트 복사와 정렬을 사용하여 '분식 메뉴판'을 완성해 보세요.

🔑 예제 파일 : 9강_실력2(예제).xlsx 🔑 완성 파일 : 9강_실력2(완성).xlsx

Hint
① 'Sheet1' → '맵기'　② '시트 복사' – '종류'
③ [정렬] – '맵기 정도', '글꼴 색', '빨강', '위에 표시'　④ [정렬] – '종류', '셀 값', '내림차순'

GAME 10 엑셀로 사칙연산

| 학습목표 |
- 셀을 참조하여 덧셈과 뺄셈을 계산할 수 있습니다.
- 셀을 참조하여 곱셈과 나눗셈을 계산할 수 있습니다.
- 셀의 소수점 자리 수를 변경할 수 있습니다.

오늘의 도착지점

🔑 예제 파일 : 10강_예제.xlsx 🔑 완성 파일 : 10강_완성.xlsx

수1	수2	덧셈	뺄셈	곱셈	나눗셈
90	3	93	87	270	30.00
520	24	544	496	12480	21.67
27	20	47	7	540	1.35
83	52	135	31	4316	1.60
5400	54	5454	5346	291600	100.00
98	14	112	84	1372	7.00

도착지 정보

덧셈, 뺄셈, 곱셈, 나눗셈으로 된 네 가지 셈법을 이용한 계산을 사칙연산이라고 부릅니다. 더하기, 빼기, 곱하기, 나누기로도 부르는 이 계산법은 우리 생활에서도 주로 사용합니다. 엑셀 기능을 활용하여 더 쉽고 빠르게 계산해 봅니다.

Step 01 덧셈과 뺄셈 하기

셀을 참조하여 덧셈과 뺄셈을 해 봅니다.

① Excel 2021 프로그램을 실행한 후 [열기]-[찾아보기]에서 '10강_예제.xlsx'를 불러옵니다.

② 'D5'셀을 클릭한 후 '='을 입력한 후 'B5'셀을 클릭합니다. 이어서 '+'를 입력하고 'C5'셀을 클릭한 후 Enter 키를 누릅니다.

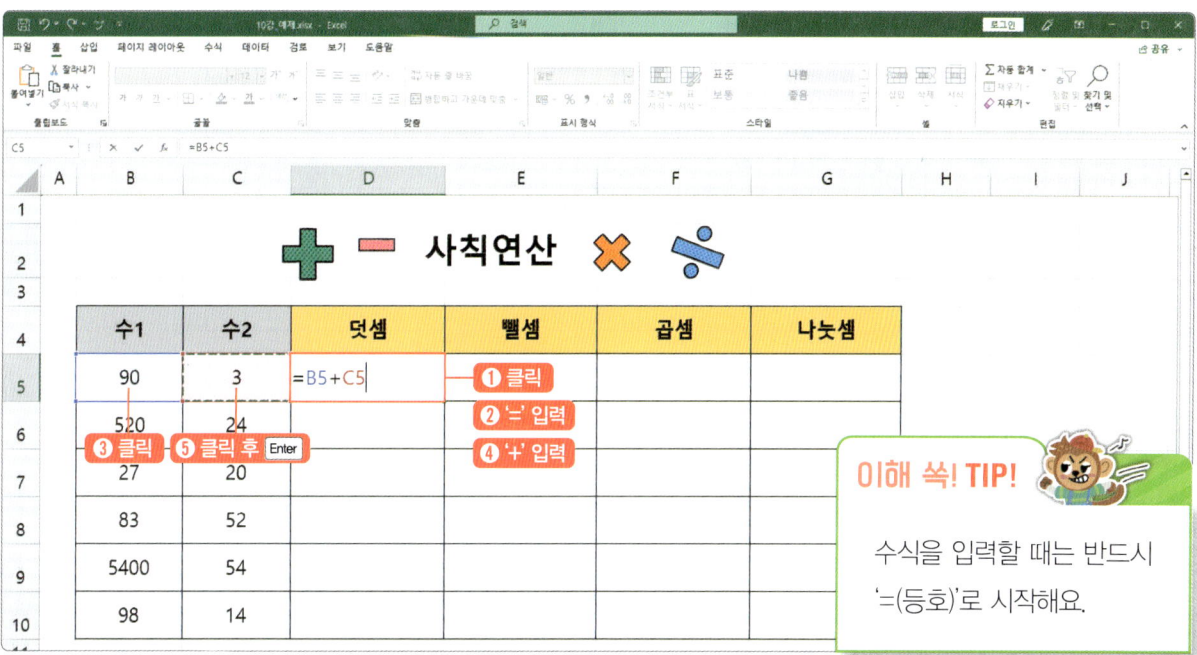

이해 쏙! TIP! 수식을 입력할 때는 반드시 '=(등호)'로 시작해요.

③ 'D5'셀의 채우기 핸들을 'D10'셀까지 드래그합니다.

④ 이어서 'E5'셀을 클릭한 후 '='을 입력하고 'B5'셀을 클릭합니다. '−'를 입력한 후 'C5'셀을 클릭하고 Enter 키를 누릅니다.

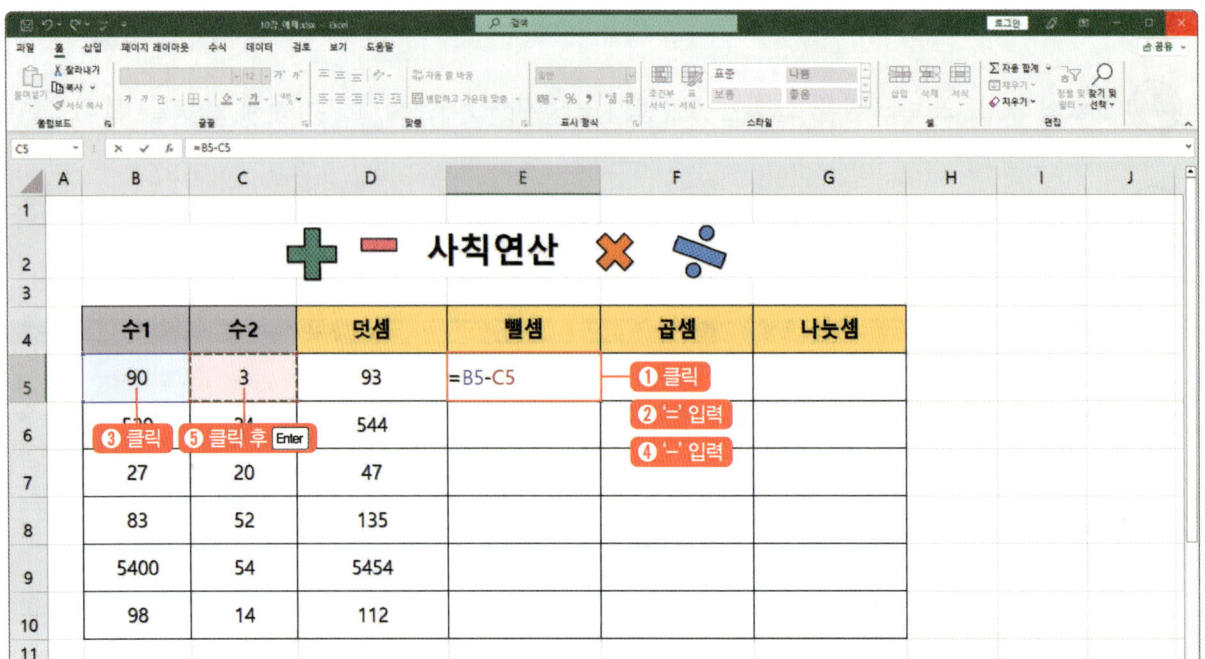

⑤ 'E5'셀의 채우기 핸들을 더블클릭하여 'E10'셀까지 채웁니다.

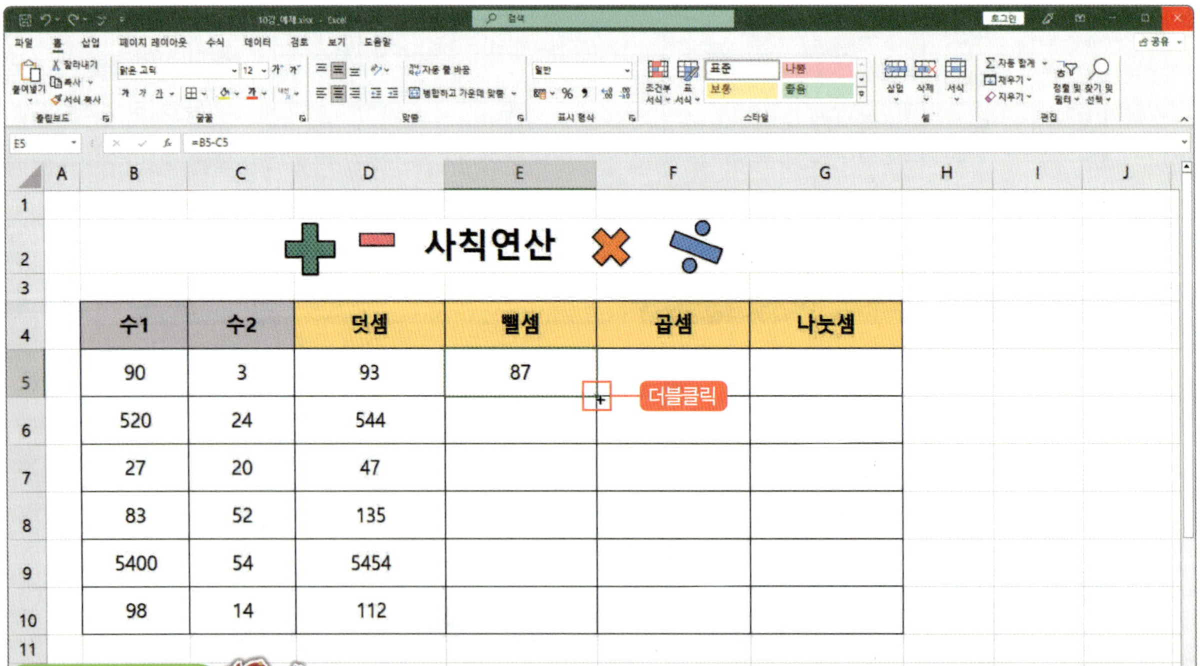

이해 쏙! TIP!

- 수식에 참조된 셀의 데이터를 변경하면 수식을 작성한 셀의 값도 자동으로 변경돼요.
- 수식에 사용된 셀의 주소를 직접 입력해도 돼요.
- 수식이 입력된 셀의 데이터를 자동채우기하면 참조된 위치도 채우기 방향에 따라 함께 이동해요.

Step 02 곱셈과 나눗셈하기

셀을 참조하여 곱셈과 나눗셈을 해 봅니다.

① 'F5'셀을 클릭한 후 '='을 입력하고 'B5'셀을 클릭합니다. 이어서 '*'를 입력한 후 'C5'셀을 클릭하고 Enter 키를 누릅니다.

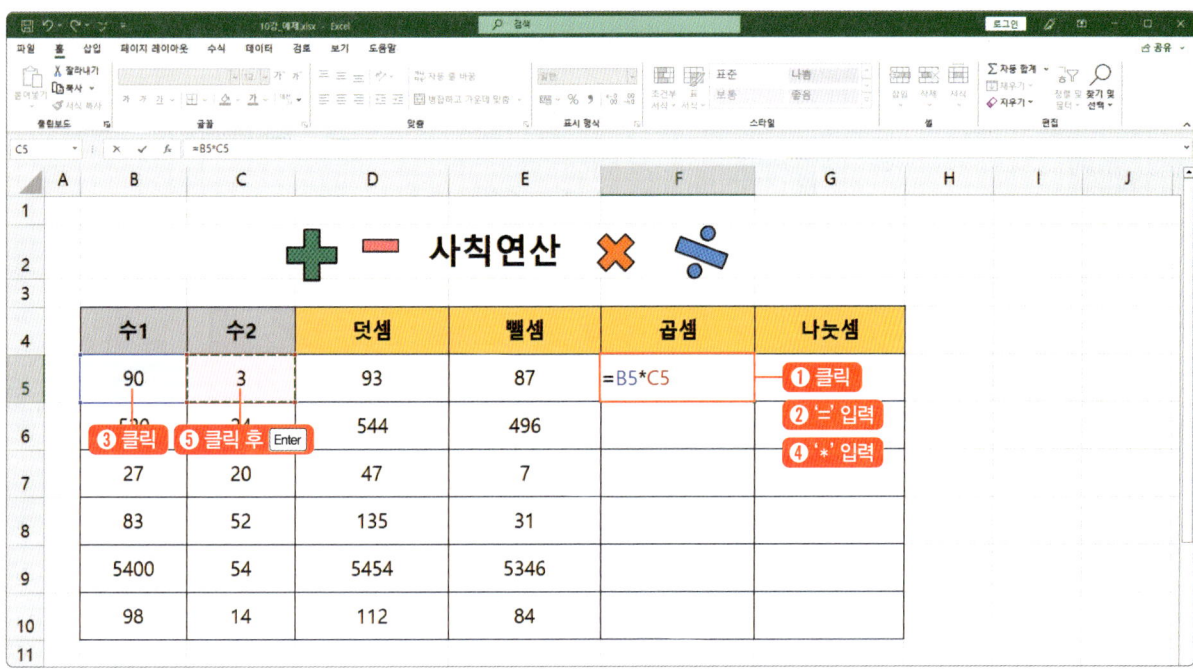

② 'G5'셀을 클릭한 후 '='을 입력하고 'B5'셀을 클릭합니다. 이어서 '/'를 입력하고 'C5'셀을 클릭한 후 Enter 키를 누릅니다.

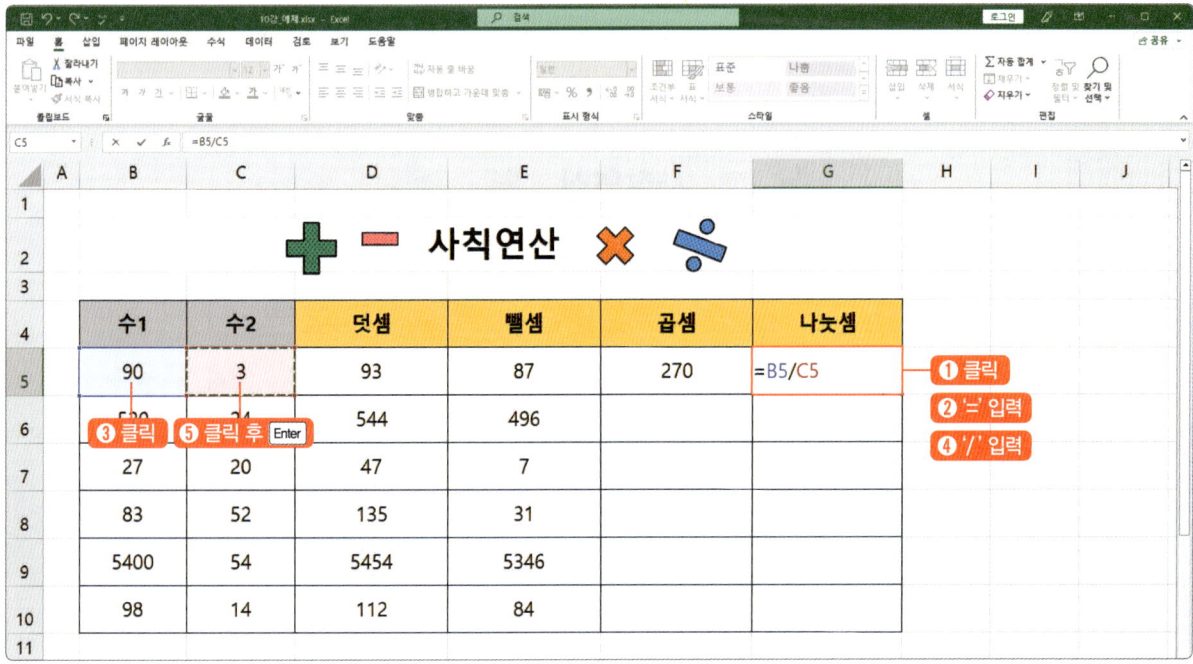

Step 03 소수점 자릿수 변경하기

표시 형식을 사용하여 소수점 자릿수를 변경해 봅니다.

① 'F5:G5'셀을 드래그한 후 채우기핸들을 'F10:G10'까지 드래그합니다.

② 'G5:G10'셀을 드래그한 후 [홈] 탭-[표시 형식] 그룹의 '자릿수 줄임'을 반복해 클릭하여 소숫점 둘째 자리까지 표시합니다.

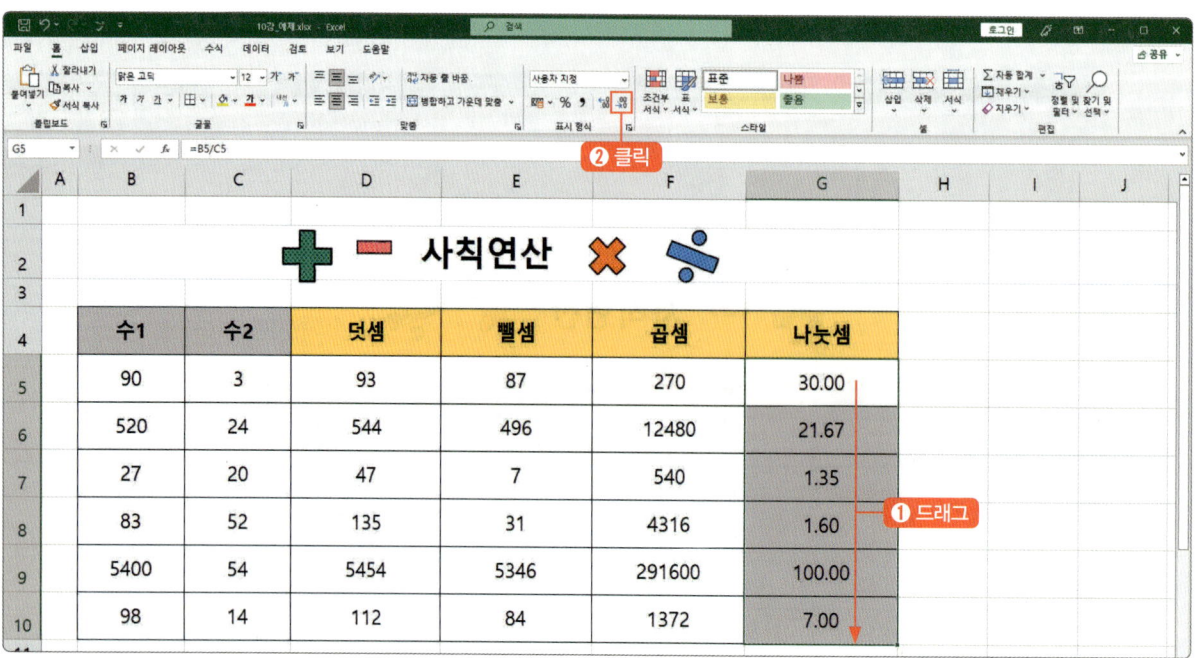

③ [파일] 탭-[다른 이름으로 저장]을 클릭하여 완성된 파일을 저장합니다.

실력 UP! 한 칸 더 GO! GO!

1 파일을 불러온 후 수식을 사용하여 '사칙연산 알아보기'를 완성해 보세요.

🔑 예제 파일 : 10강_실력1(예제).xlsx 🔑 완성 파일 : 10강_실력1(완성).xlsx

사칙연산 알아보기

	인원	물건 1 1명씩 가져가는 수량	물건2 전체가 나눠가지는 수량	물건 1 총 수량	물건 2 각자 가져가는 수량
1반	21	5	152	105	7.238095238
2반	17	2	148	34	8.705882353
3반	24	10	269	240	11.20833333
4반	19	3	248	57	13.05263158
총 인원	81				

🎲 **Hint**
① 'C10' – '=C6+C7+C8+C9'   ② 'G6' = 'C6*D6', 채우기 핸들   ③ 'H6' = 'E6/C6', 채우기 핸들

2 파일을 불러온 후 소수점 자릿수를 변경하여 '숨은 숫자 찾기'를 완성해 보세요.

🔑 예제 파일 : 10강_실력2(예제).xlsx 🔑 완성 파일 : 10강_실력2(완성).xlsx

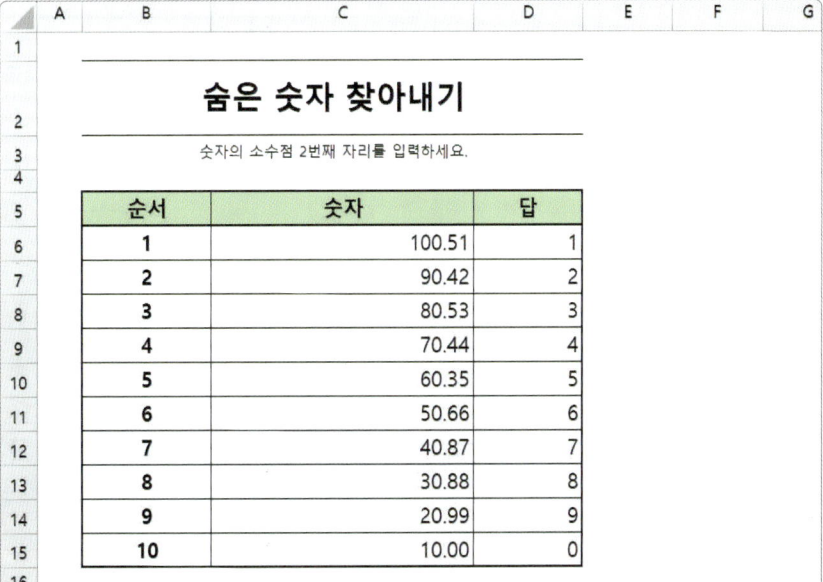

🎲 **Hint**
① 'C6:C15' – '자릿수 늘림'

11 우리말 날짜

| 학습목표 |
- TODAY 함수를 사용할 수 있습니다.
- 셀을 참조하여 날짜를 입력할 수 있습니다.
- 다양한 방법으로 날짜를 입력할 수 있습니다.

오늘의 도착지점

예제 파일 : 11강_예제.xlsx   완성 파일 : 11강_완성.xlsx

우리말	의미	다른말	예시
		미래와 과거를 나타내는 우리말	
그끄저께	3일 전	재재작일, 삼작일	2024-12-24
그제	2일 전	재작일	2024-12-25
어제	1일 전	작일	2024-12-26
오늘	오늘	금일	2024-12-27
내일	1일 후	명일	2024-12-28
모레	2일 후	-	2024-12-29
글피	3일 후	-	2024-12-30
그글피	4일 후	-	2024-12-31

도착지 정보

우리말은 예로부터 우리의 문화나 정서를 표현해온 말로 일상에서 자주 사용하는 말입니다. 시간의 변화를 나타내는 어제,오늘,내일을 제외한 단어를 알아보고, 엑셀의 함수 기능을 활용하여 오늘 날짜와 예시를 추가해 봅니다.

Step 01 TODAY 함수 사용하기

함수를 이용하여 자동으로 오늘 날짜를 입력해 봅니다.

① Excel 2021 프로그램을 실행한 후 [열기]-[찾아보기]에서 '11강_예제.xlsx'를 불러옵니다.

② 'E8'셀을 클릭한 후 [수식] 탭-[함수 삽입]을 클릭합니다.

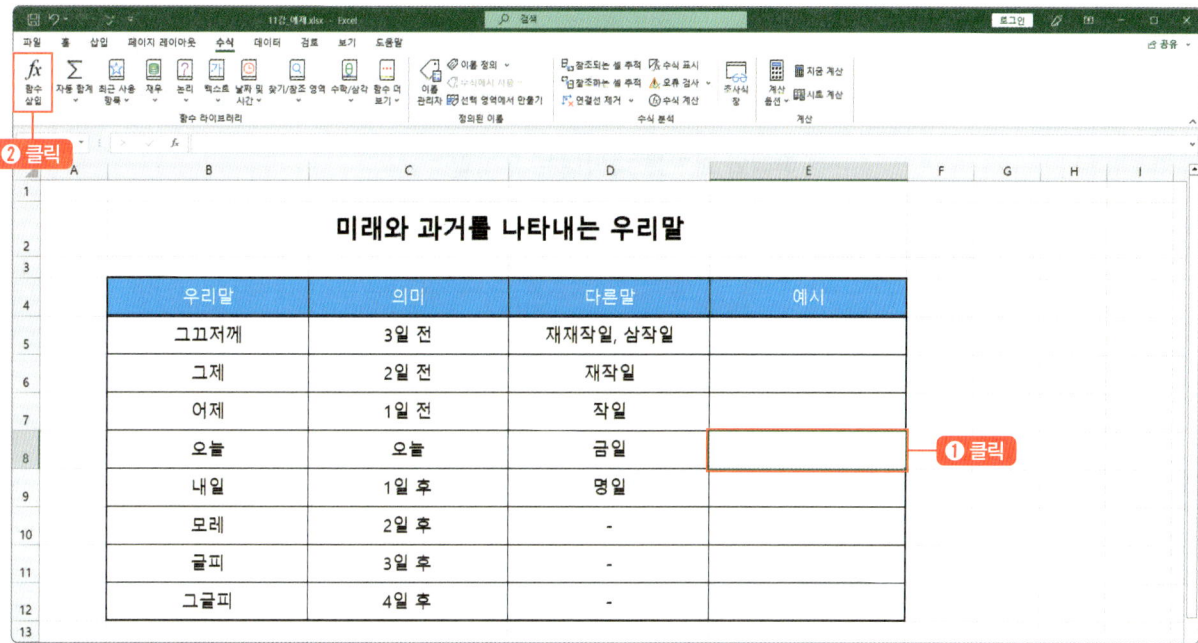

③ [함수 마법사] 대화 상자가 실행되면 범주 선택을 '날짜/시간'으로, 함수 선택에서 'TODAY'로 선택하고 [확인]을 클릭합니다. 이어서 [함수 인수] 대화 상자가 실행되면 [확인]을 클릭합니다.

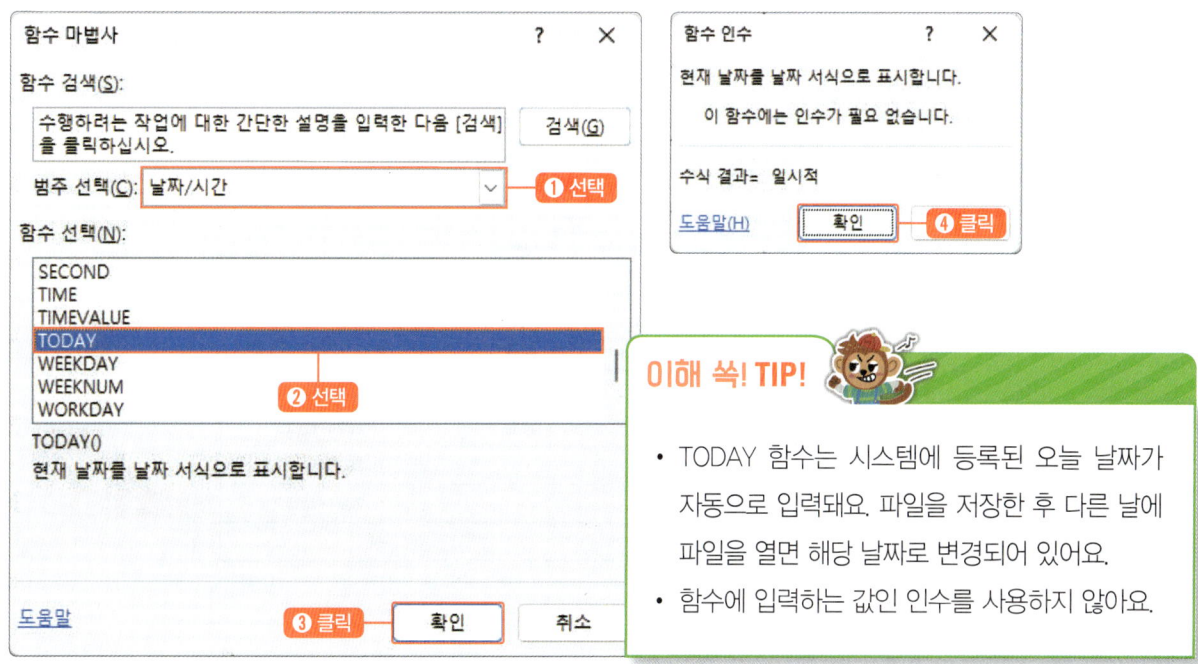

이해 쏙! TIP!
- TODAY 함수는 시스템에 등록된 오늘 날짜가 자동으로 입력돼요. 파일을 저장한 후 다른 날에 파일을 열면 해당 날짜로 변경되어 있어요.
- 함수에 입력하는 값인 인수를 사용하지 않아요.

Step 02 셀을 참조하여 날짜 입력하기

함수가 입력되어있는 셀을 참조하여 날짜를 입력해 봅니다.

① 'E9'셀을 클릭하고 '='을 입력한 후 'E8'셀을 클릭합니다. 이어서 '+1'을 입력한 후 Enter 키를 누릅니다.

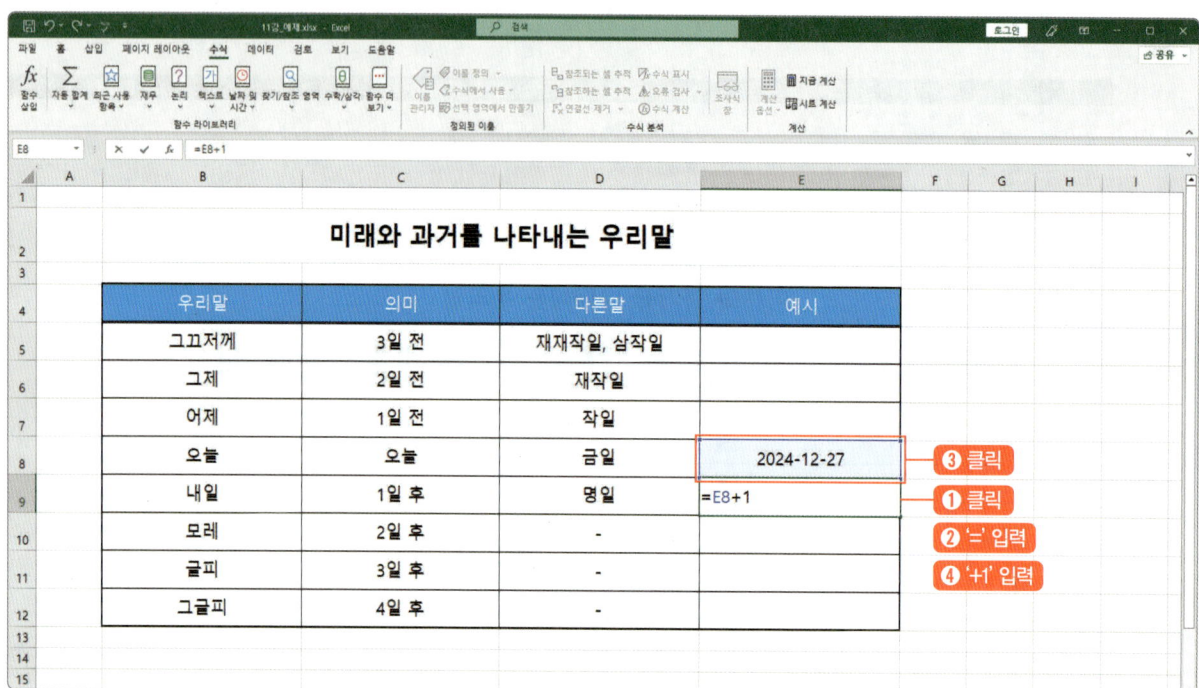

② ①과 같은 방법으로 'E10:E12'셀에 해당하는 날짜를 입력하고 Enter 키를 누릅니다.

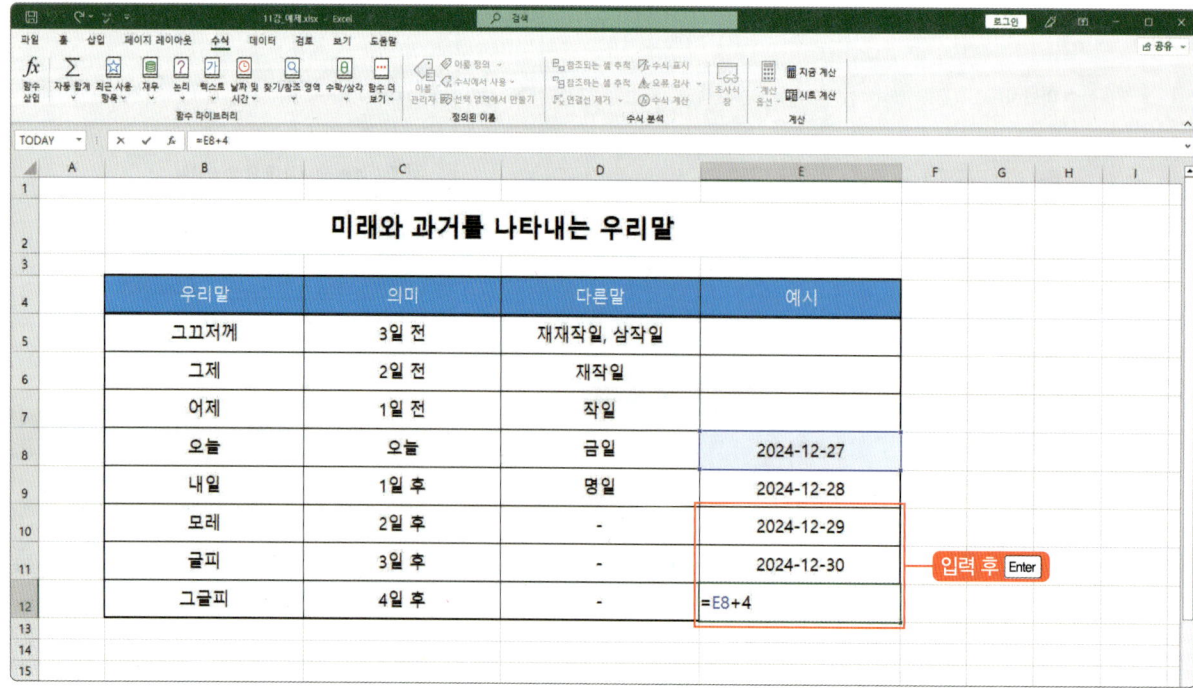

Step 03 함수와 숫자로 날짜 입력하기

TODAY 함수와 숫자를 사용하여 날짜를 입력해 봅니다.

① 'E7'셀을 클릭한 후 [수식] 탭-[함수 삽입]을 클릭합니다. [함수 마법사] 대화 상자가 실행되면 범주 선택에서 '최근에 사용한 함수'를, 함수 선택에서 'TODAY'를 선택한 후 [확인]을 클릭합니다.

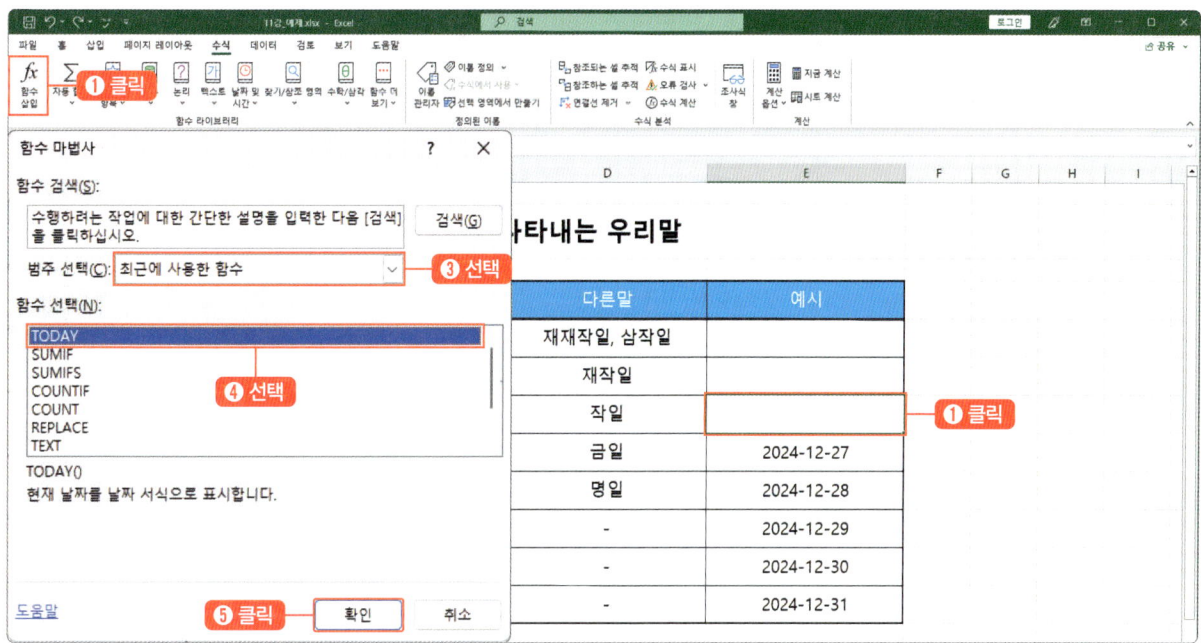

② 이어서 수식 입력줄에 입력된 '=TODAY( )'를 클릭하여 커서를 위치시키고 '-1'을 입력한 후 [함수 인수] 대화 상자에서 [확인]을 클릭합니다.

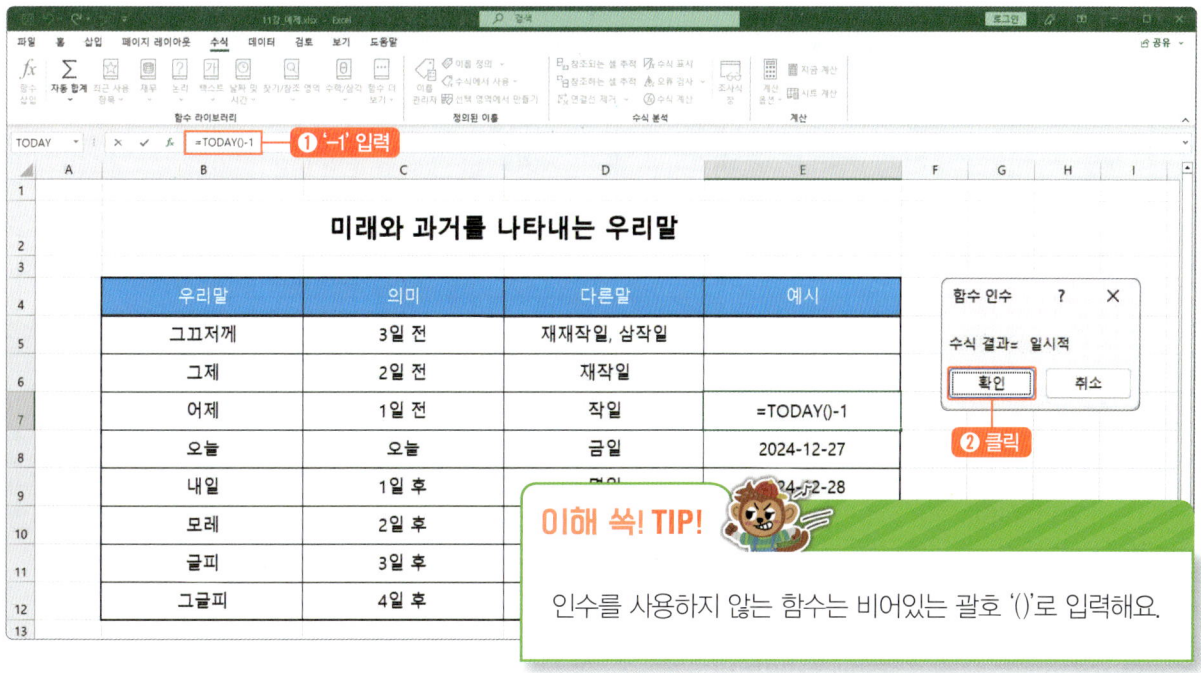

이해 쏙! TIP!
인수를 사용하지 않는 함수는 비어있는 괄호 '( )'로 입력해요.

③ 'E6'셀을 클릭한 후 '=TODAY()-2'를 입력하고 Enter 키를 누릅니다.

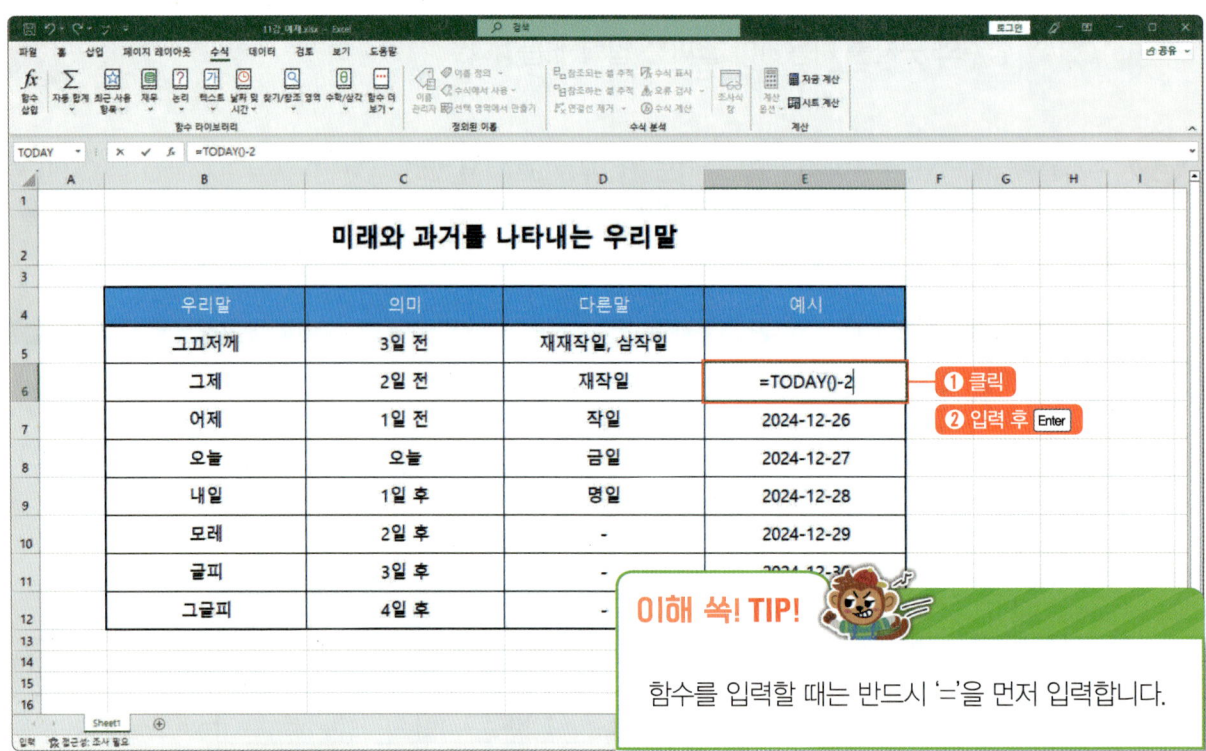

④ 'E5'셀을 선택한 후 ①~③과 같은 방법으로 함수와 숫자를 입력하여 날짜를 확인합니다.

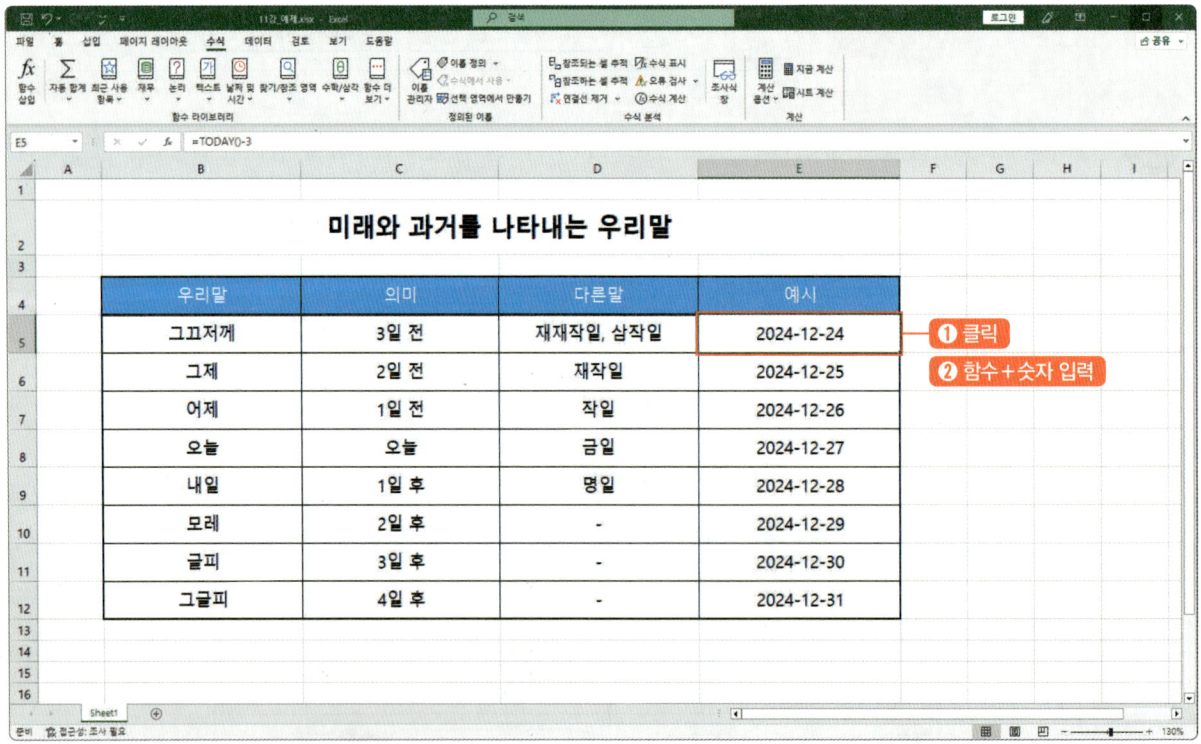

⑤ [파일]-[다른 이름으로 저장]을 눌러 완성된 파일을 저장합니다.

1 파일을 불러온 후 TODAY 함수를 사용하여 '태어난지 몇일째'를 완성해 보세요.

예제 파일 : 11강_실력1(예제).xlsx   완성 파일 : 11강_실력1(완성).xlsx

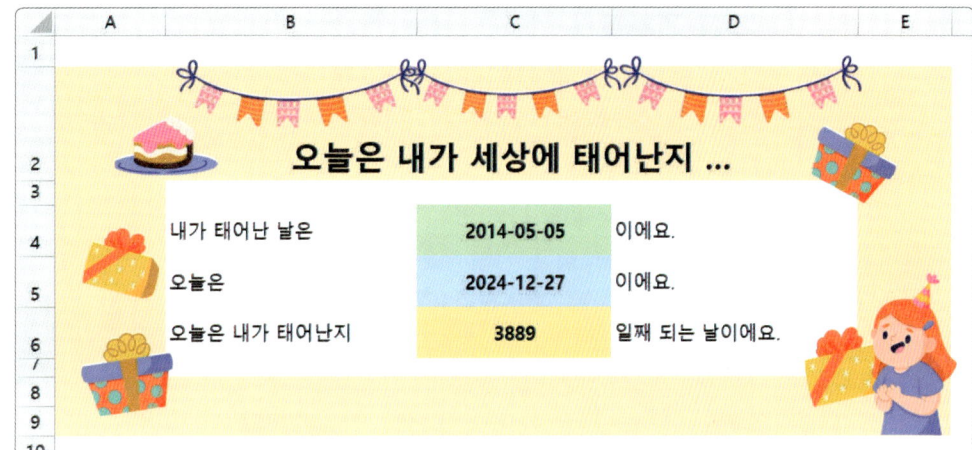

Hint
① 'C4' – 내 생일 입력
② 'C5' – '=TODAY()'
③ 'C6' – '=C5-C4'

2 파일을 불러온 후 TODAY 함수와 셀 참조를 사용하여 'D-day 계산기'를 완성해 보세요.

예제 파일 : 11강_실력2(예제).xlsx   완성 파일 : 11강_실력2(완성).xlsx

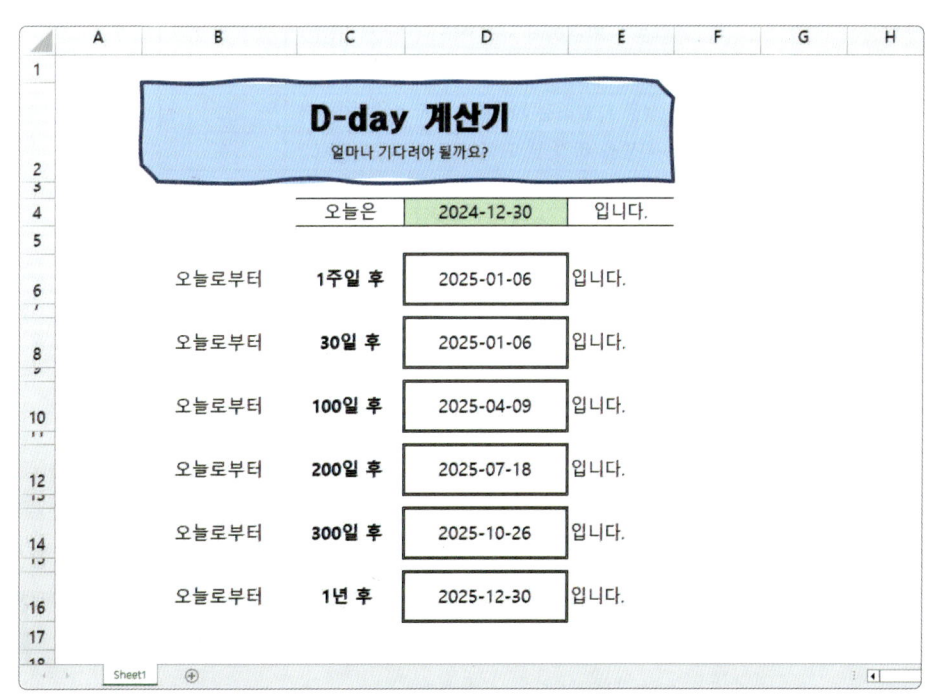

Hint
① 'D4' – '=TODAY()'
② 'D6' – '=TODAY()+7'
③ 'D8' – '=TODAY()+30'
④ 'D10' – '=TODAY()+100'
⑤ 'D12' – '=TODAY()+200'
⑥ 'D14' – '=TODAY()+300'
⑦ 'D16' – '=TODAY()+365'

GAME 12 독서계획 체크리스트

| 학습목표 |
- 데이터 유효성 검사 조건을 지정할 수 있습니다.
- 열 너비를 자동으로 조절할 수 있습니다.
- 보기 형식을 변경할 수 있습니다.

오늘의 도착지점

예제 파일 : 12강_예제.xlsx   완성 파일 : 12강_완성.xlsx

순서	도서명	독서 계획일	성공여부
1	우리들의 최애 카드	2025-01-10	O
2	북극곰을 도와주세요	2025-01-13	X
3	지피지기 챗GPT	2025-01-15	O
4	제주도가 지도에서 사라졌다	2025-01-27	O
5	우리 교실은 명화 미술관	2025-01-30	X
6	책을 사랑하는 사람들	2025-01-31	O
7	차별을 이겨 낸 교실	2025-02-02	X
8	언제나 다정죽집	2025-02-04	O
9	동백꽃, 울다	2025-02-07	O
10	요즘 토끼 타령	2025-02-10	X

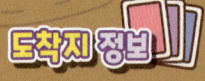

계획한 일을 잊어버리지 않고 실천하기 위해서는 잘 보이는 곳에 적어두거나 실천 여부를 표시해 나가는 것이 좋습니다. 초등학생 추천 도서 목록 안에서 읽고 싶은 책을 골라 리스트로 만들고 독서 실천 여부를 표시해 봅니다.

Step 01 데이터 유효성 검사

제한 대상을 목록으로 지정하여 데이터 유효성을 검사해 봅니다.

① Excel 2021 프로그램을 실행한 후 [열기]-[찾아보기]에서 '12강_예제.xlsx'를 불러옵니다.

② 'C5:C14'셀을 드래그하여 선택한 후 [데이터] 탭-[데이터 도구] 그룹의 [데이터 유효성 검사]-[데이터 유효성 검사]를 클릭합니다.

③ [데이터 유효성] 대화 상자가 실행되면 제한 대상을 '목록'으로 선택합니다. 이어서 원본의 입력 칸을 클릭한 후 '참고' 시트를 클릭하여 'D6:D35' 셀을 드래그하고 [확인]을 클릭합니다.

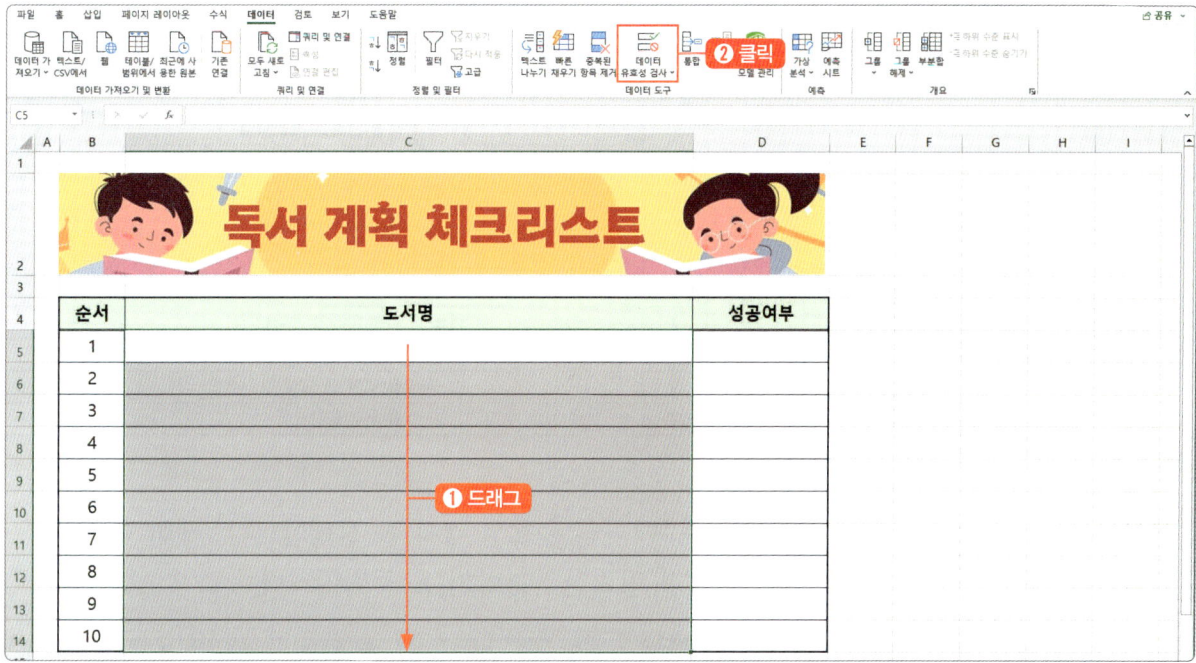

GAME 12 독서계획 체크리스트 _073

④ 'C5'셀의 드롭 다운 단추를 클릭하여 읽고 싶은 도서명을 클릭합니다. 이어서 동일한 방법으로 'C6:C14'셀에 도서명을 입력합니다.

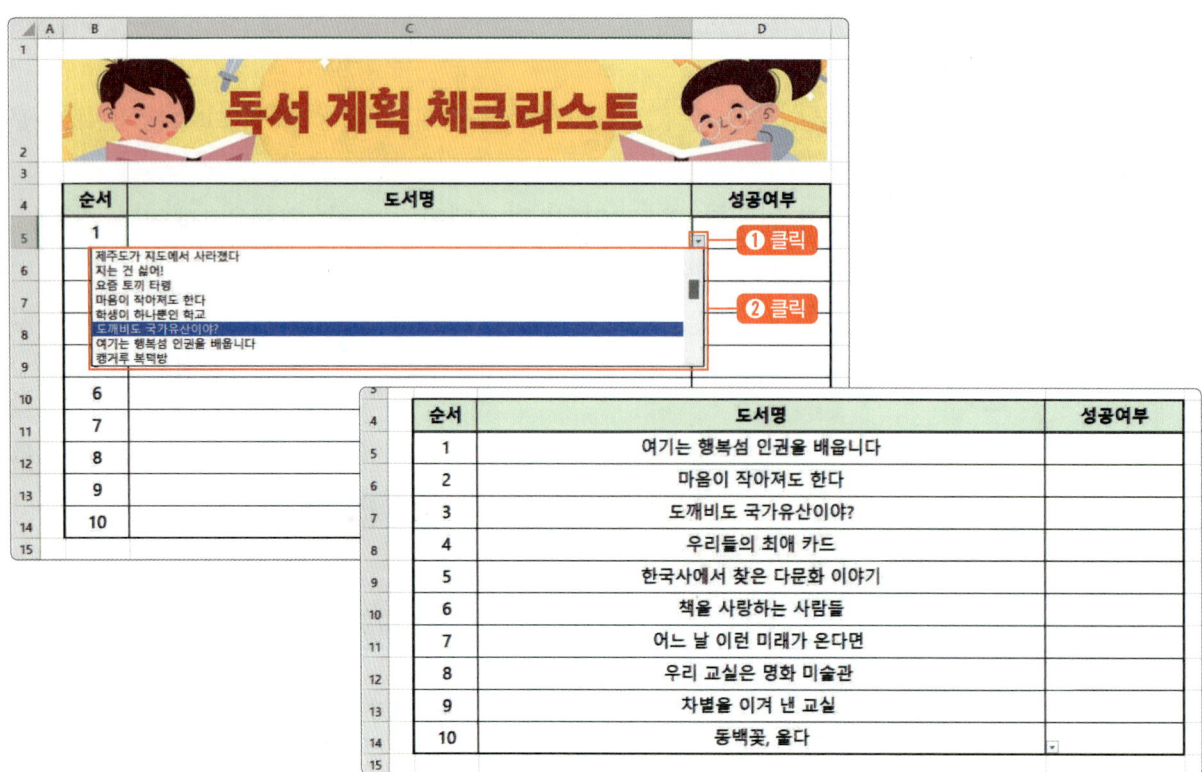

⑤ ②와 같은 방법으로 'D5:D14'셀에 [데이터 유효성 검사]를 실행합니다. 제한 대상을 '목록'으로 선택하고, 원본의 입력칸에 'O, X'를 입력한 후 [확인]을 클릭합니다.

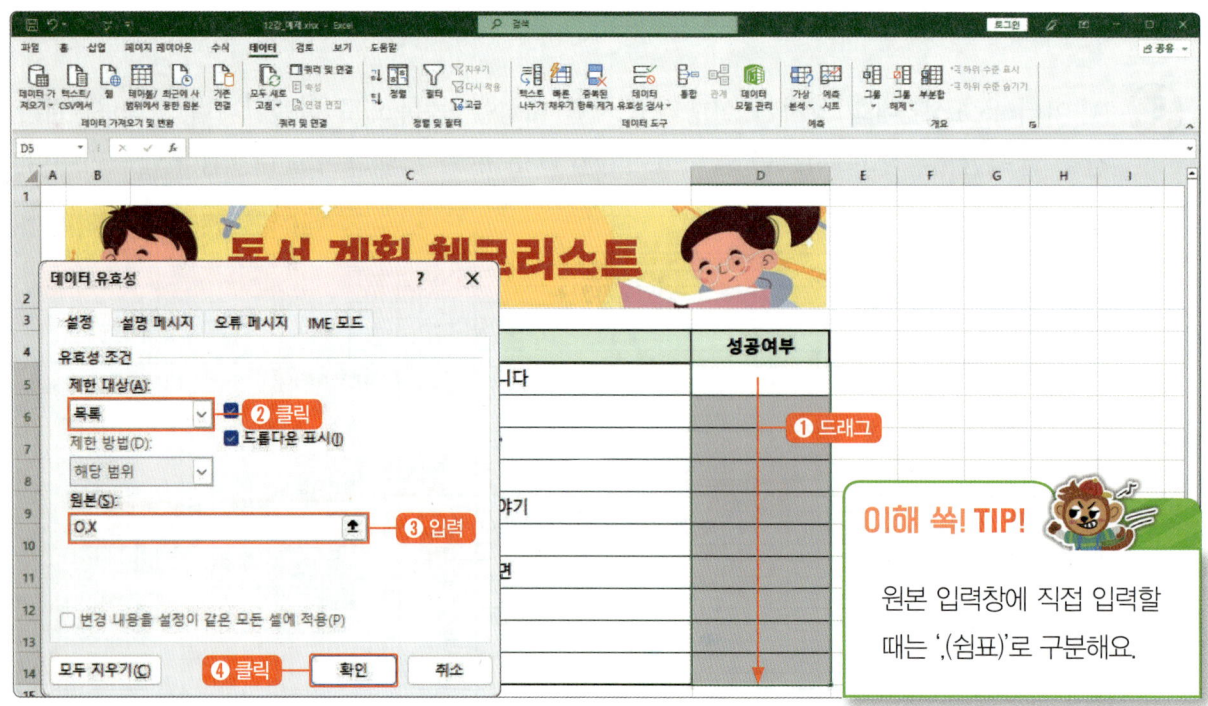

이해 쏙! TIP!
원본 입력창에 직접 입력할 때는 ','(쉼표)로 구분해요.

⑥ ④와 같은 방법으로 'D5:D14'셀에 드롭다운 메뉴의 'O', 'X'를 입력합니다.

Step 02 열 너비 조절하기

데이터의 길이에 맞춰 열 너비를 자동으로 조절해 봅니다.

① 열 머리글의 'C'와 'D' 사이의 구분선에 마우스 포인터를 위치시킨 후 더블클릭합니다.

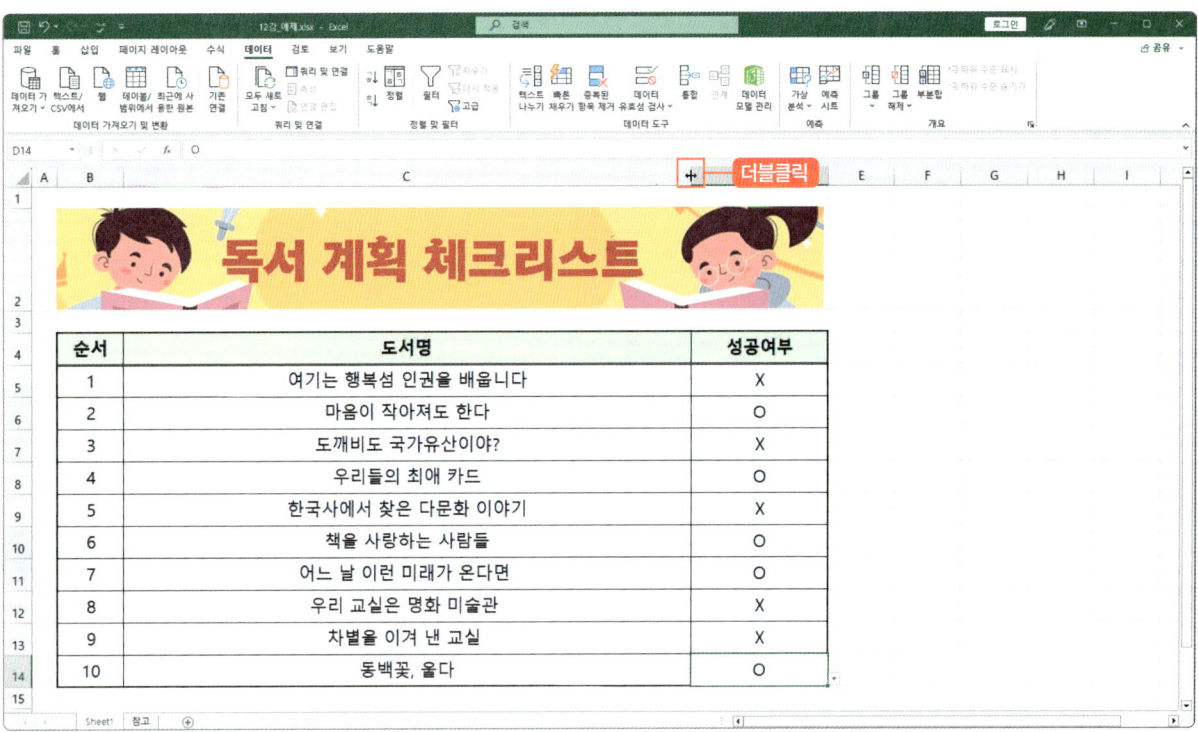

② 'B2'셀의 이미지를 셀 크기에 맞추어 변경합니다.

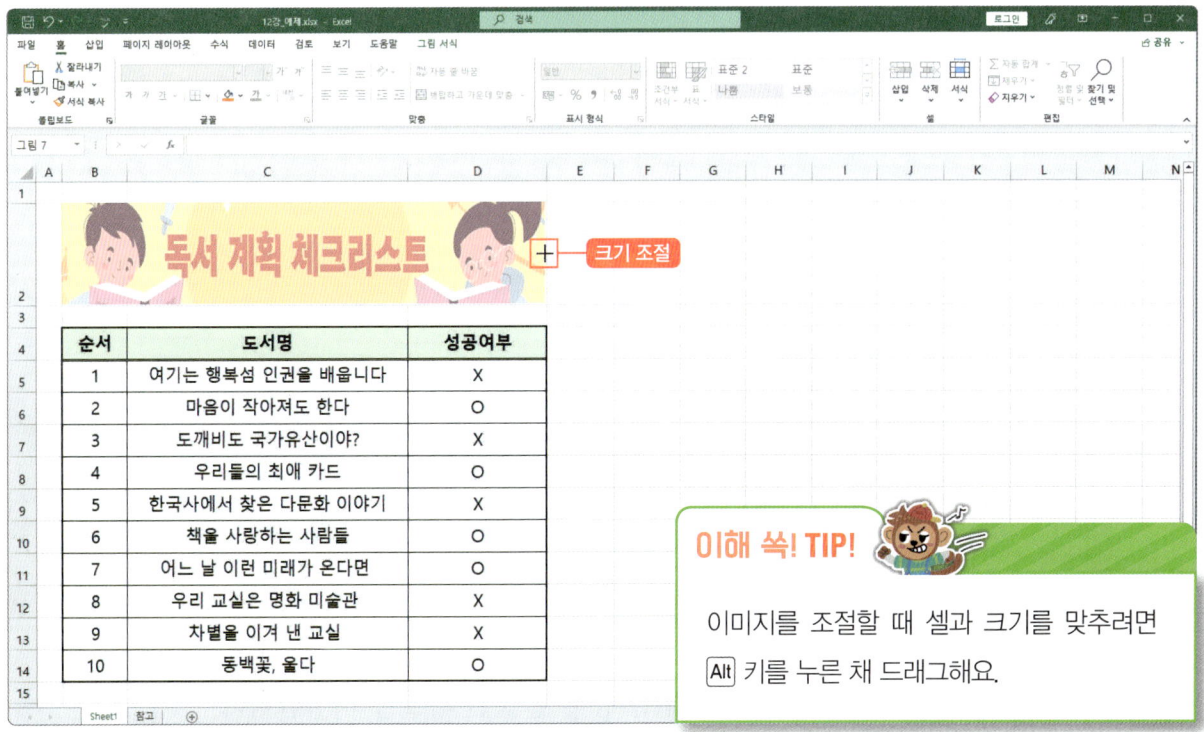

이해 쏙! TIP!

이미지를 조절할 때 셀과 크기를 맞추려면 Alt 키를 누른 채 드래그해요.

Step 03 페이지 레이아웃 보기

보기 형식을 페이지 레이아웃으로 변경하고 열 너비를 변경해 봅니다.

① [보기] 탭-[통합 문서 보기] 그룹에서 [페이지 레이아웃]을 클릭합니다.

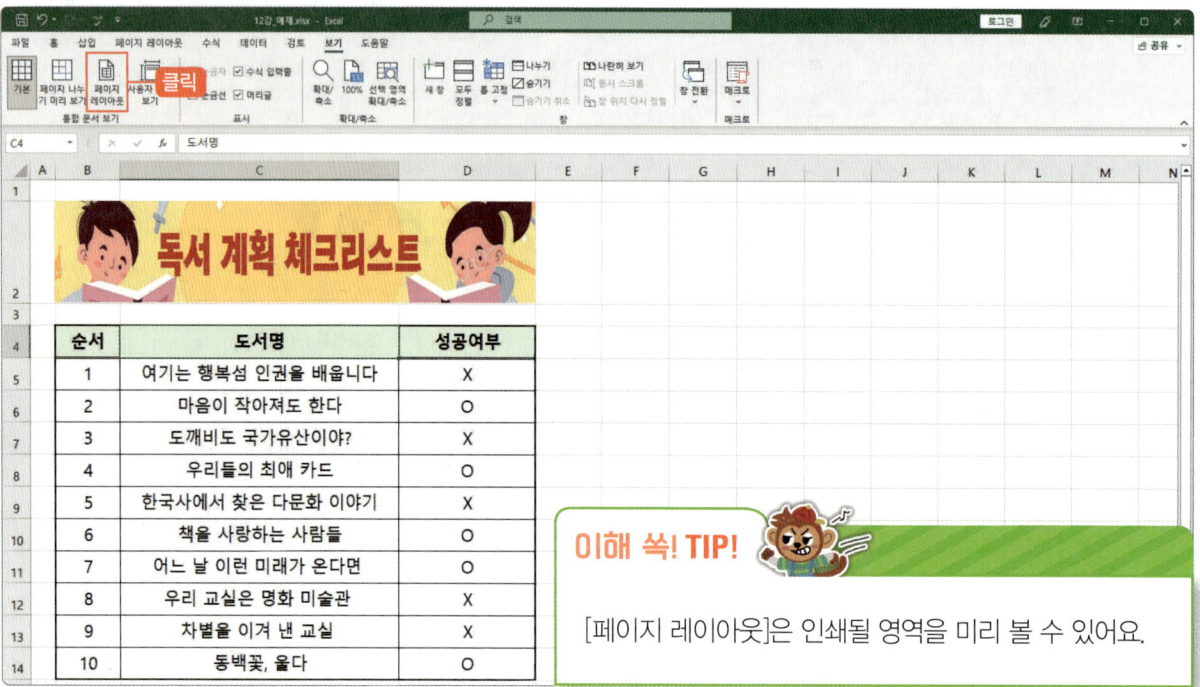

이해 쏙! TIP!
[페이지 레이아웃]은 인쇄될 영역을 미리 볼 수 있어요.

② 열 머리글의 사이를 드래그하며 열의 너비를 조절하고 수정합니다.

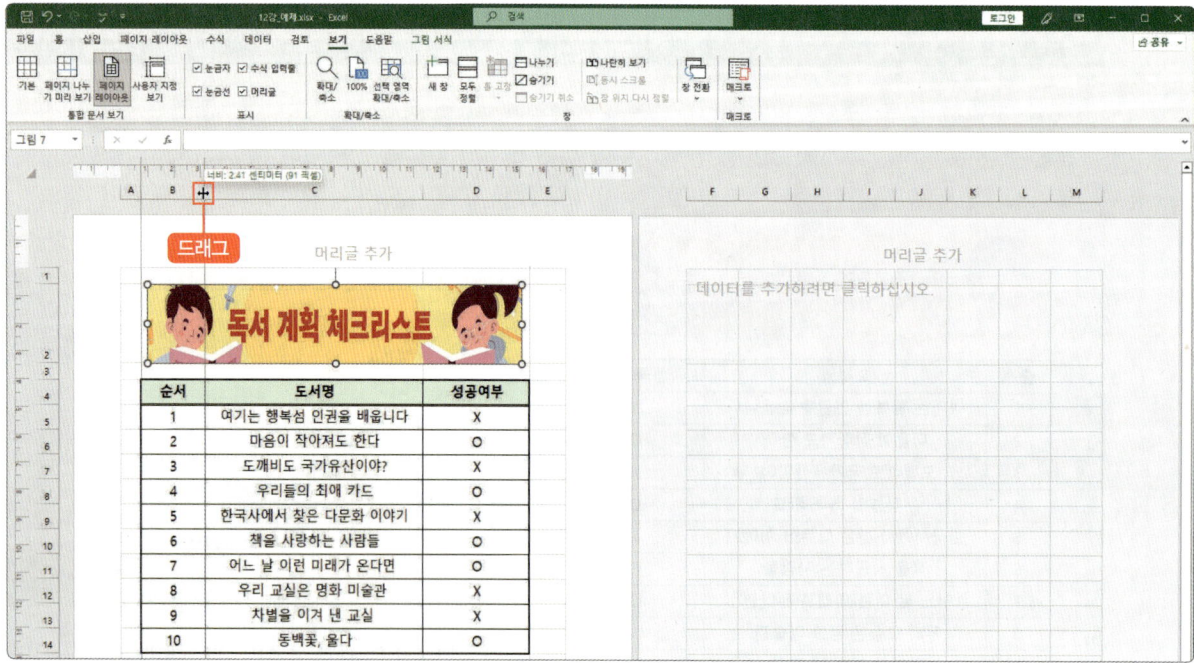

③ [파일] 탭-[다른 이름으로 저장하기]를 통해 완성된 파일을 저장합니다.

실력 UP! 한 칸 더 GO! GO!

1 파일을 불러온 후 데이터 유효성 검사를 이용하여 '촌수 알기'를 완성해 보세요.

🔑 예제 파일 : 12강_실력1(예제).xlsx   🔑 완성 파일 : 12강_실력1(완성).xlsx

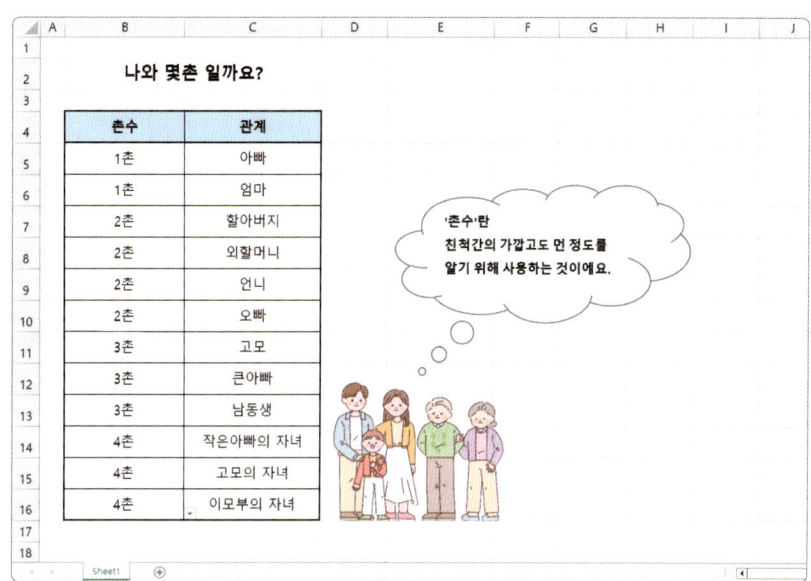

Hint
① 'B5:B16' – '목록', '1촌, 2촌, 3촌, 4촌'

2 파일을 불러온 후 데이터 유효성 검사를 이용하여 '토핑 고르기'를 완성해 보세요.

🔑 예제 파일 : 12강_실력2(예제).xlsx   🔑 완성 파일 : 12강_실력2(완성).xlsx

Hint
① 'C6:C7' – '목록', 'F6:F15'
② 'C8:C10' – '목록', 'G6:G13'
③ 'C11' – '목록', 'H6:H9'

GAME 13 고속도로 통행료

| 학습목표 |
- 자동 필터를 설정할 수 있습니다.
- 필터 조건 설정 및 해제를 할 수 있습니다.
- 틀고정을 할 수 있습니다.

오늘의 도착지점

🔑 예제 파일 : 13강_예제.xlsx   🔑 완성 파일 : 13강_완성.xlsx

고속도로 통행료

기준: 서울, 단위: 원

지역	1종(소형차)	2종(중형차)	3종(대형차)	4종(대형화물차)
강릉	10,700	10,900	11,300	14,900
경주	17,000	17,300	17,900	23,700
고창	14,100	14,400	14,900	19,600
곤지암	4,100	4,200	4,300	5,400
공주	9,100	9,300	9,600	12,600
광주	15,200	15,500	16,100	21,200
구미	11,400	11,600	12,100	15,800
군산	11,000	11,200	11,700	15,300
김천	11,900	12,100	12,600	16,500

도착지 정보

고속도로는 차들이 빠른 속도로 다닐 수 있도록 넓고 곧게 만든 도로입니다. 주로 중요한 도시들을 오갈 수 있게 연결한 후 거리에 따라 요금이 책정됩니다. 서울에서 출발하여 각 지역으로 이동할 때 고속도로 통행료를 알아보며 엑셀의 필터 기능을 활용해 봅니다.

Step 01 자동 필터 설정하기

해당하는 셀에 필터를 설정해 봅니다.

① Excel 2021 프로그램을 실행한 후 [열기]-[찾아보기]에서 '13강_예제.xlsx'를 불러옵니다.

② 'B4:F4'셀의 빈칸에 그림과 같이 입력합니다.

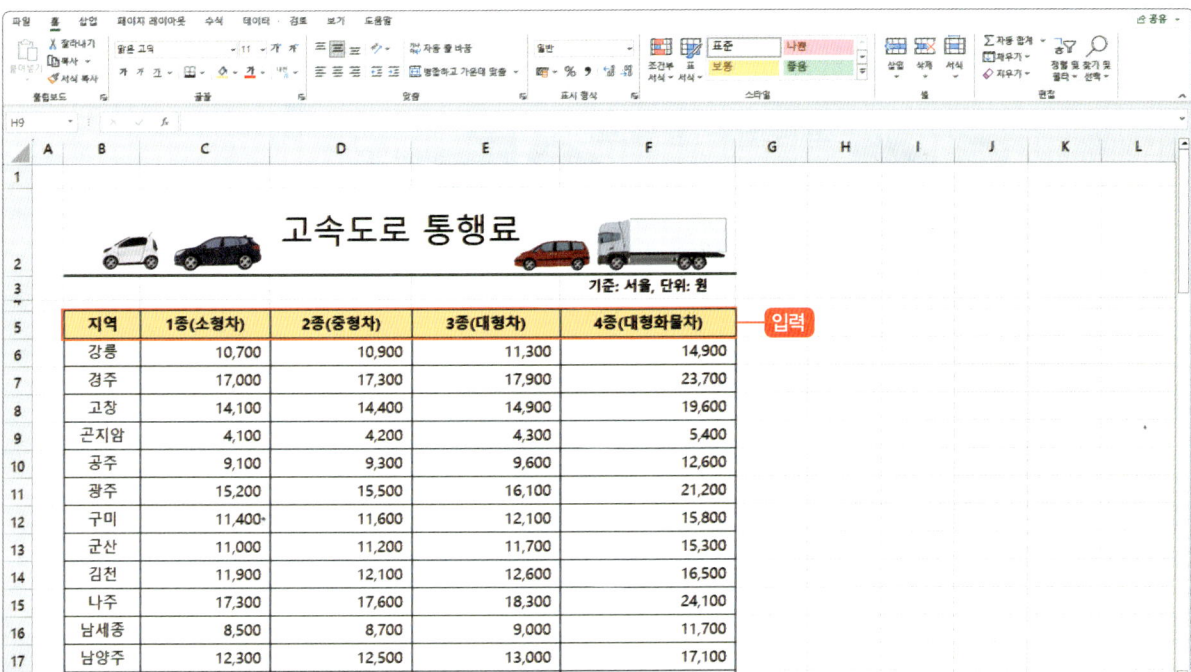

③ 'B4:F4'셀을 드래그하여 선택한 후 [데이터] 탭-[정렬 및 필터] 그룹의 [필터]를 클릭합니다.

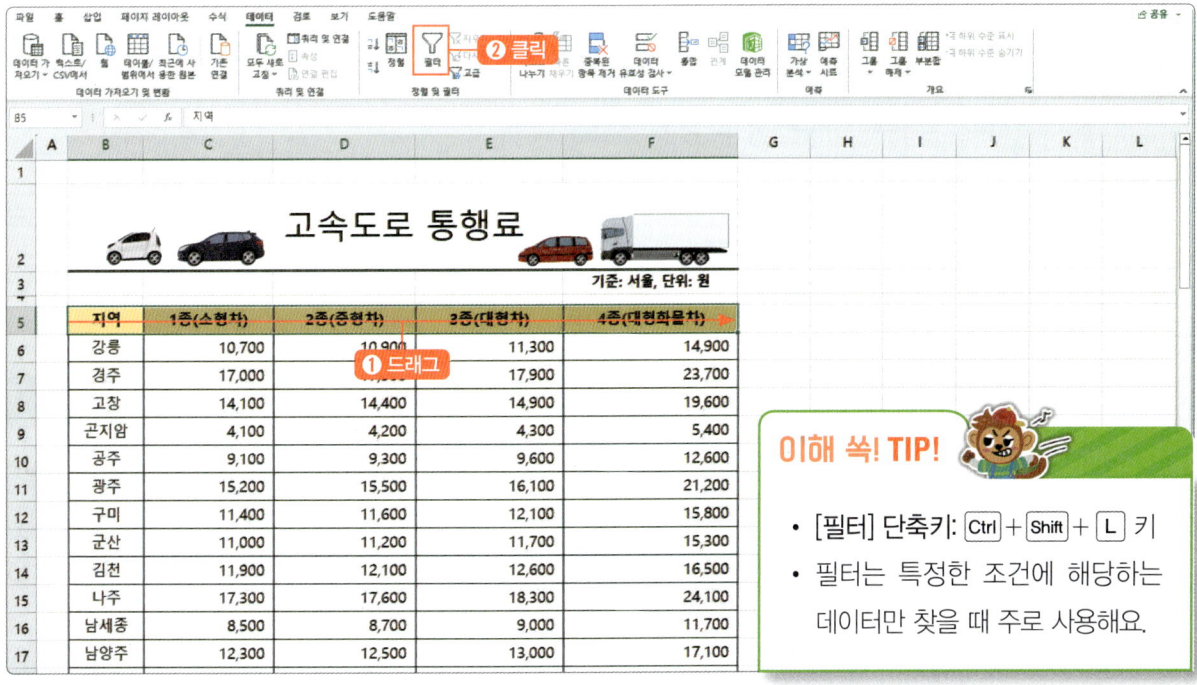

이해 쏙! TIP!

- [필터] 단축키: Ctrl + Shift + L 키
- 필터는 특정한 조건에 해당하는 데이터만 찾을 때 주로 사용해요.

GAME 13 고속도로 통행료 _ **079**

Step 02 필터 조건 적용 및 해제

데이터를 원하는 조건으로 필터링한 후 해제해 봅니다.

① 'C5'셀에 생성된 아래 화살표 버튼을 클릭한 후 [숫자 필터]-[작거나 같음]을 클릭합니다.

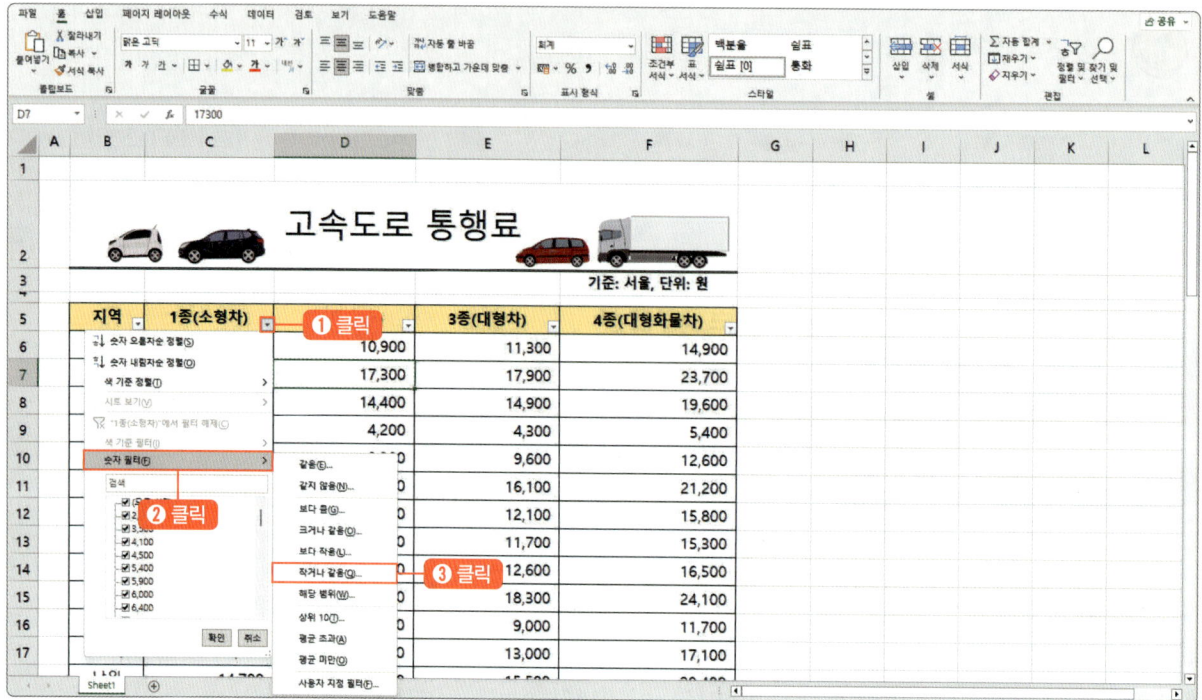

② [사용자 지정 자동 필터] 대화 상자가 실행되면 찾을 조건 입력칸에 '10000'을 입력하고 [확인]을 클릭합니다. 이어서 '1종(소형차)'의 내용을 확인합니다.

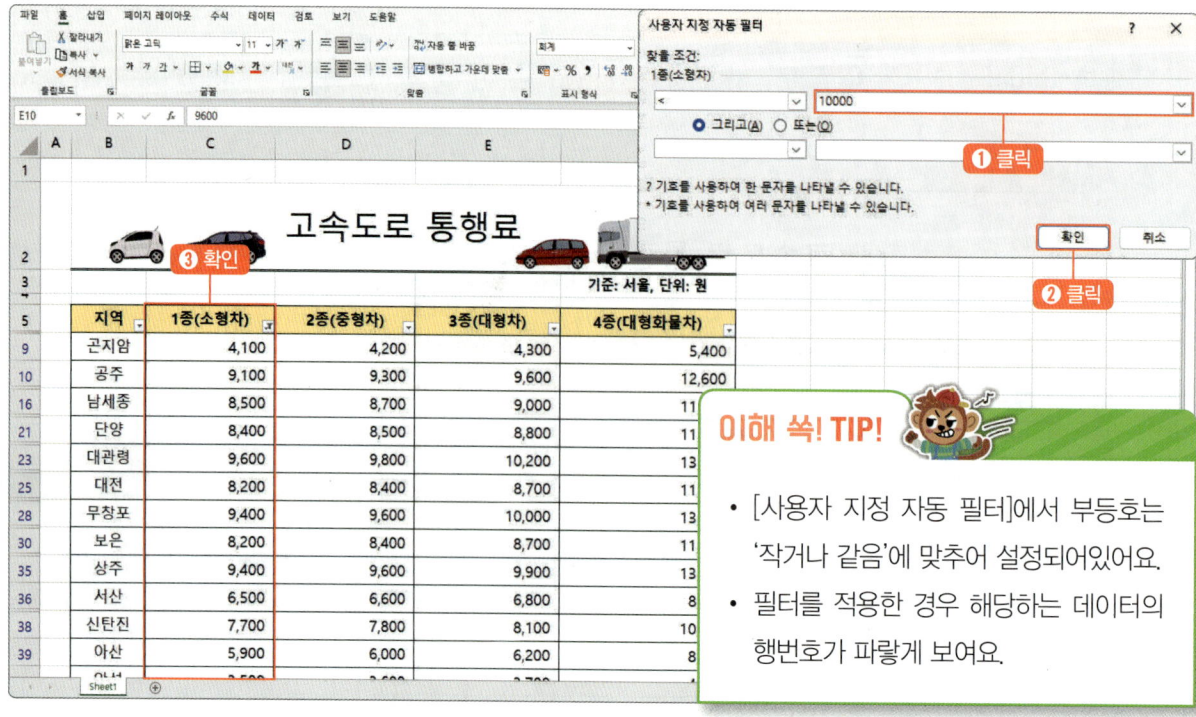

이해 쏙! TIP!

- [사용자 지정 자동 필터]에서 부등호는 '작거나 같음'에 맞추어 설정되어있어요.
- 필터를 적용한 경우 해당하는 데이터의 행번호가 파랗게 보여요.

③ 이어서 'D5'셀의 아래 화살표 버튼을 클릭한 후 그림과 같이 목록 중 일부의 체크박스를 해제하고 [확인]을 클릭합니다.

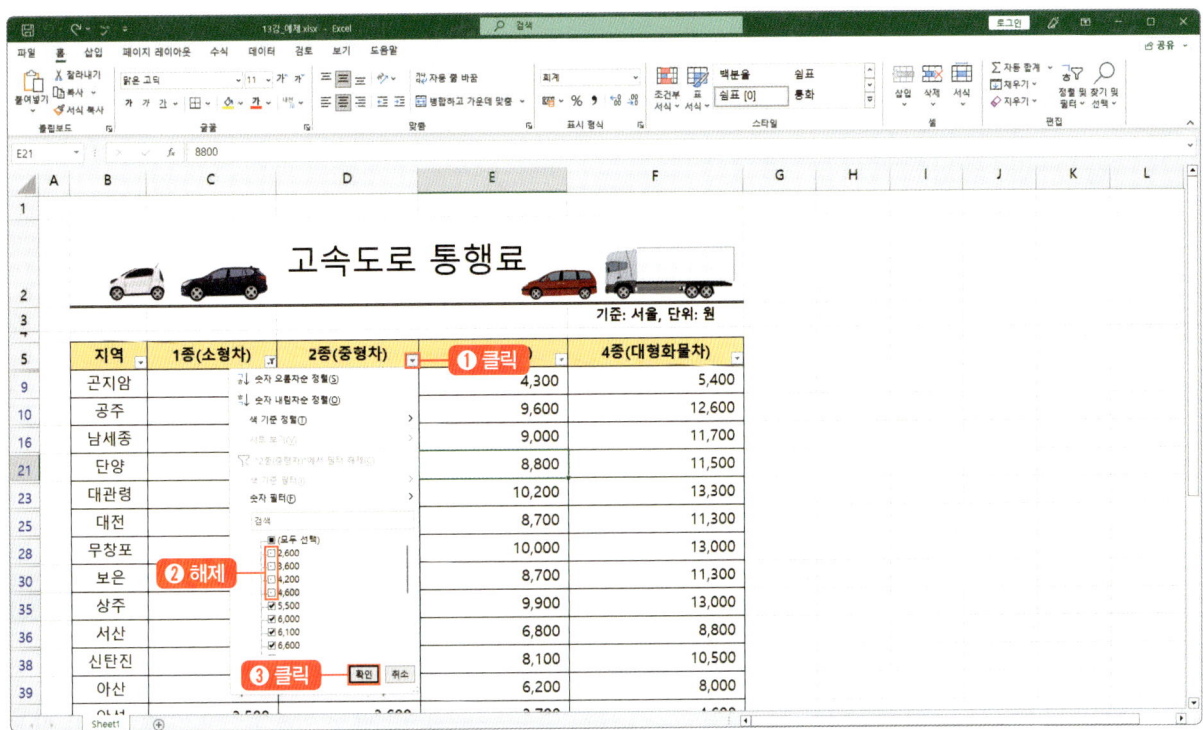

④ 변경된 목록을 확인한 후 필터를 설정했던 'C5'셀의 버튼을 클릭한 후 ["1종(소형차)"에서 필터 해제]를 클릭합니다.

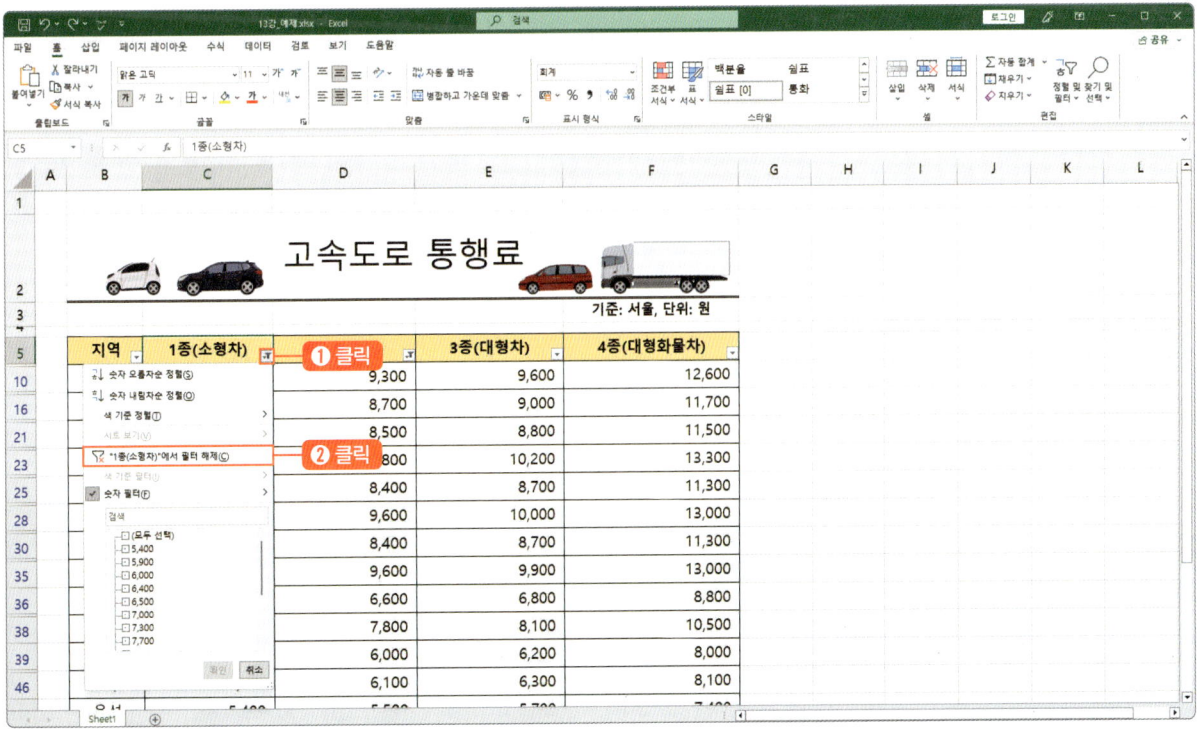

⑤ ④와 같은 방법으로 'D5'셀의 필터를 해제합니다.

Step 03 틀 고정하기

항목 부분을 계속 확인할 수 있도록 틀을 고정해 봅니다.

① 'C6'셀을 클릭한 후 [보기] 탭-[창] 그룹의 [틀 고정]-[틀 고정]을 클릭합니다.

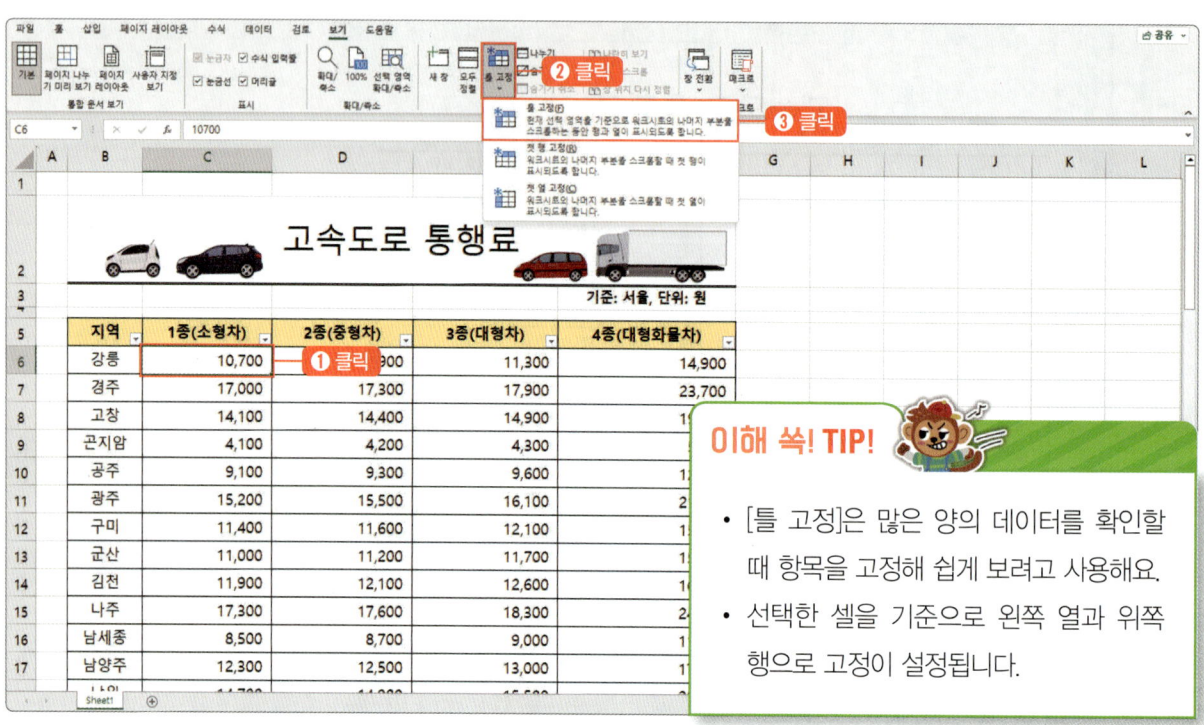

이해 쏙! TIP!
- [틀 고정]은 많은 양의 데이터를 확인할 때 항목을 고정해 쉽게 보려고 사용해요.
- 선택한 셀을 기준으로 왼쪽 열과 위쪽 행으로 고정이 설정됩니다.

② 'B'열과 'C'열 사이와 '5'행과 '6'행 사이에 생성된 선을 확인하고 스크롤 막대를 움직여 틀이 고정된 내용을 확인합니다.

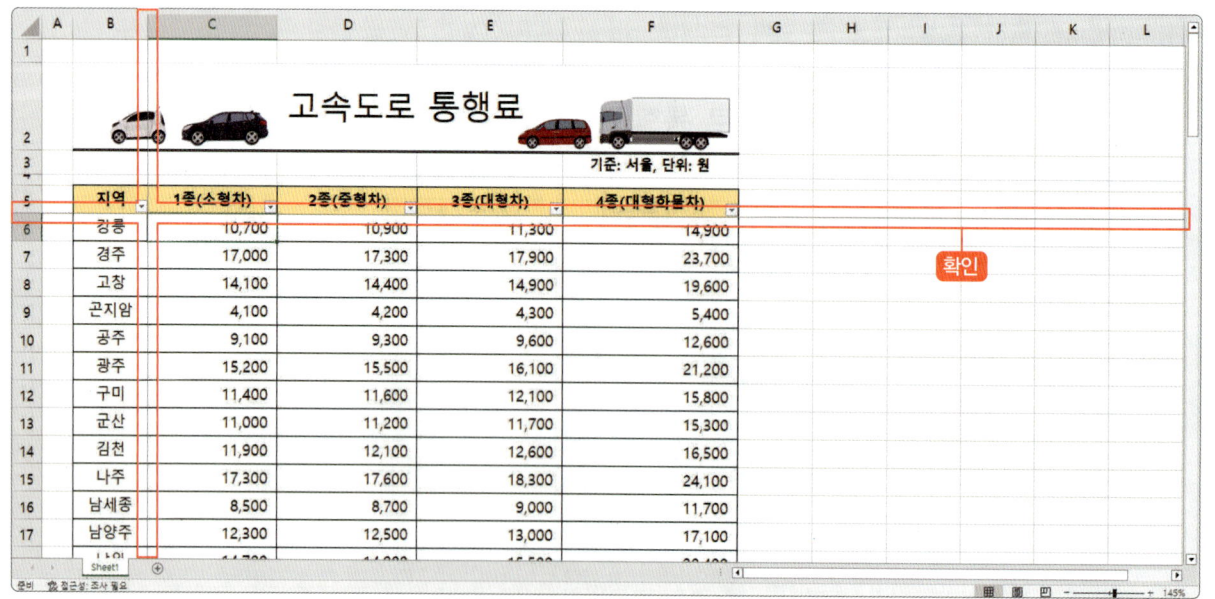

③ [파일] 탭-[다른 이름으로 저장하기]를 통해 완성된 파일을 저장합니다.

실력 UP! 한칸 더 GO! GO!

1 파일을 불러온 후 필터를 설정하여 '스마트폰 사용 현황'을 완성해 보세요.

예제 파일 : 13강_실력1(예제).xlsx   완성 파일 : 13강_실력1(완성).xlsx

4학년 스마트폰 사용 현황

이름	반	폰 종류	사용 시간	자주 쓰는 앱
명재현	1반	아이폰	2시간	숏츠
이리우	1반	아이폰	2시간	틱톡
장원영	1반	아이폰	3시간	틱톡
한태산	2반	갤럭시	1시간	숏츠
김운학	3반	갤럭시	2시간	틱톡
안유진	4반	갤럭시	4시간	숏츠

Hint
① [자동 필터] – 'SNS' 체크 해제

---

2 파일을 불러온 후 틀 고정을 설정하여 '월별 사고 건수'를 완성해 보세요.

예제 파일 : 13강_실력2(예제).xlsx   완성 파일 : 13강_실력2(완성).xlsx

2023년 월별 사고 건수

사고유형별	1월	2월	3월	4월	5월	6월	7월	8월	9월	10월	11월	12월	2023년
도로교통	14,480	13,284	16,000	16,336	17,552	16,716	16,578	17,212	17,860	17,333	17,748	17,197	198,296
화재	3,727	3,745	4,508	3,297	3,157	2,846	2,828	2,973	2,429	2,843	3,159	3,345	38,857
산불	38	114	229	108	33	11	-	2	13	25	22	596	
철도(열차)	2	5	2	1	2	4	4	3	7	6	1	3	40
철도(지하철)	2	4	2	2	2	4	-	3	-	3	3	2	27
가스 총괄	4	3	8	6	4	3	7	8	12	12	10	15	92
가스 폭발	2	1	1	2	2	1	-	2	3	3	3	8	28
가스 보일러	-	-	-	-	-	-	-	-	-	-	-	2	2
해양	267	232	325	313	343	354	385	391	465	415	306	272	4,068
유·도선(내수면)	-	-	-	-	-	-	-	1	2	1	-	-	4
유·도선(해수면)	6	2	4	-	1	-	-	1	3	1	-	-	18
환경오염	14	22	19	24	25	27	27	17	25	11	18	14	243
공단내시설	-	2	3	-	2	1	6	4	-	2	2	2	24
광산	3	5	1	2	1	1	1	2	-	4	1	1	22
전기(감전)	20	14	18	41	32	51	55	42	40	39	28	27	407
승강기	5	3	5	3	5	8	4	4	2	1	1	1	42
항공기	-	-	3	-	-	-	-	-	-	1	-	-	4
어린이놀이시설 중대사고	4	6	23	23	23	21	10	7	18	13	15	1	164
붕괴	182	96	124	182	218	195	730	404	166	110	237	185	2,829
수난(물놀이)	-	-	-	-	-	2	8	6	-	-	-	-	16
수난(익사 등)	524	405	496	441	567	770	2,208	1,646	826	504	306	346	9,039
등산	655	598	659	902	946	862	832	899	1,240	1,319	699	489	10,100
추락	307	347	373	437	489	472	450	466	481	465	395	326	5,008
농기계	40	44	89	65	117	114	83	93	98	130	68	38	979
자전거	94	107	170	210	228	229	172	222	220	219	159	108	2,138
레저(생활체육)	20	19	38	27	25	24	29	34	41	16	14	312	
합계	20,396	19,058	23,100	22,422	23,774	22,717	24,412	24,436	23,935	23,487	23,200	22,418	273,355

Hint
① 'C5' – [틀 고정]

GAME 14 댄스대회

| 학습목표 |
- 'AND' 조건의 고급 필터링을 할 수 있습니다.
- 'OR' 조건의 고급 필터링을 할 수 있습니다.
- 암호를 지정하여 파일을 저장할 수 있습니다.

오늘의 도착지점

🔑 예제 파일 : 14강_예제.xlsx   🔑 완성 파일 : 14강_완성.xlsx

접수번호	이름	생년월일	성별	지역	곡명
1	장원영	2014-03-05	여	서울	APT.
2	성한빈	2014-10-29	남	부산	첫 만남은 계획대로 되지 않아
3	안유진	2014-12-24	여	광주	Whiplash
4	홍은채	2014-07-07	여	서울	네모네모
5	허윤진	2015-07-08	여	대전	클락션 (Klaxon)
6	채형원	2013-01-01	남	대구	How Sweet
7	송은석	2014-09-07	남	포항	Super natural
8	한유진	2016-09-25	남	제주	HOME SWEET HOME

 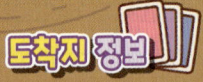

대회에는 많은 사람들이 모여 주제에 맞는 취미나 특기 등을 뽐내는 자리입니다. 여러 사람들이 모이는 만큼 대회를 관리하는 사람은 많은 양의 자료를 보기 위해 스프레드 시트를 사용하게 됩니다. 엑셀의 고급필터 기능을 이용하여 댄스대회 참가자들을 조건에 따라 확인해 봅니다.

Step 01 고급 필터링 ①

AND 조건으로 고급 필터링을 설정해 봅니다.

① Excel 2021 프로그램을 실행한 후 [열기]-[찾아보기]에서 '14강_예제.xlsx'를 불러옵니다.

② 'I7'셀에 '<2015-01-01'를, 'J7'셀에 '여'를 입력합니다.

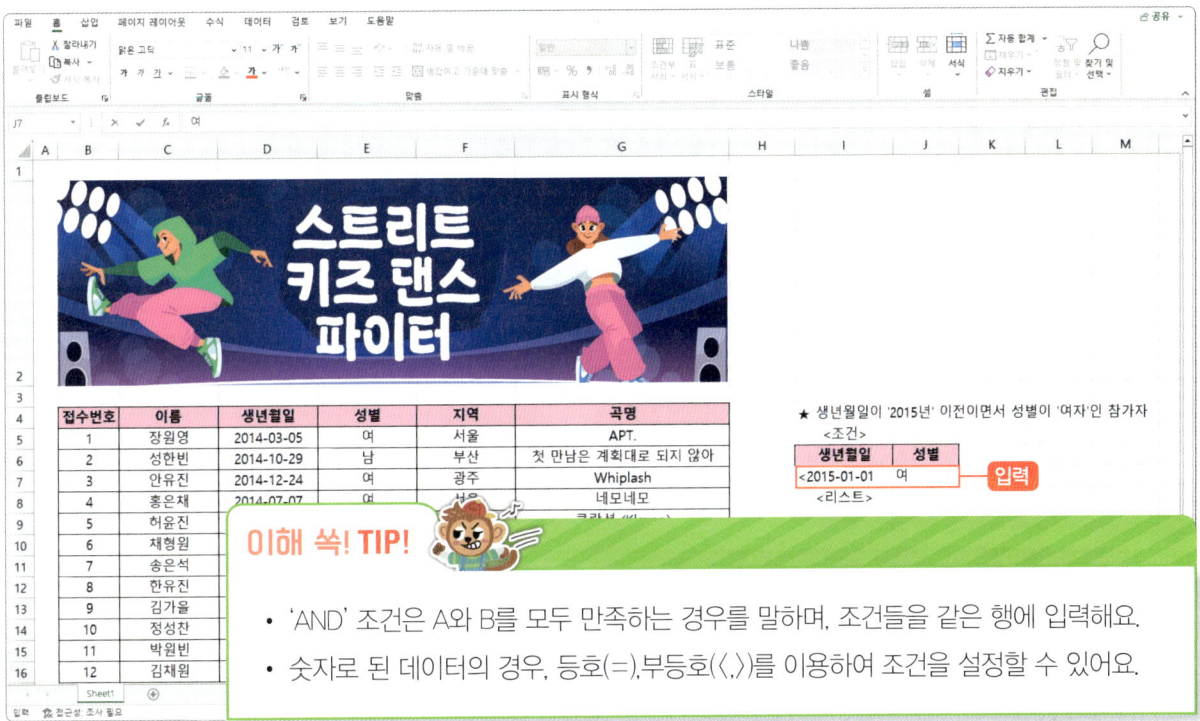

이해 쏙! TIP!
- 'AND' 조건은 A와 B를 모두 만족하는 경우를 말하며, 조건들을 같은 행에 입력해요.
- 숫자로 된 데이터의 경우, 등호(=),부등호(<,>)를 이용하여 조건을 설정할 수 있어요.

③ 'B4:G4' 셀을 드래그하고 Ctrl + C 키를 누른 후 'I9' 셀을 클릭하고 Ctrl + V 키를 누릅니다.

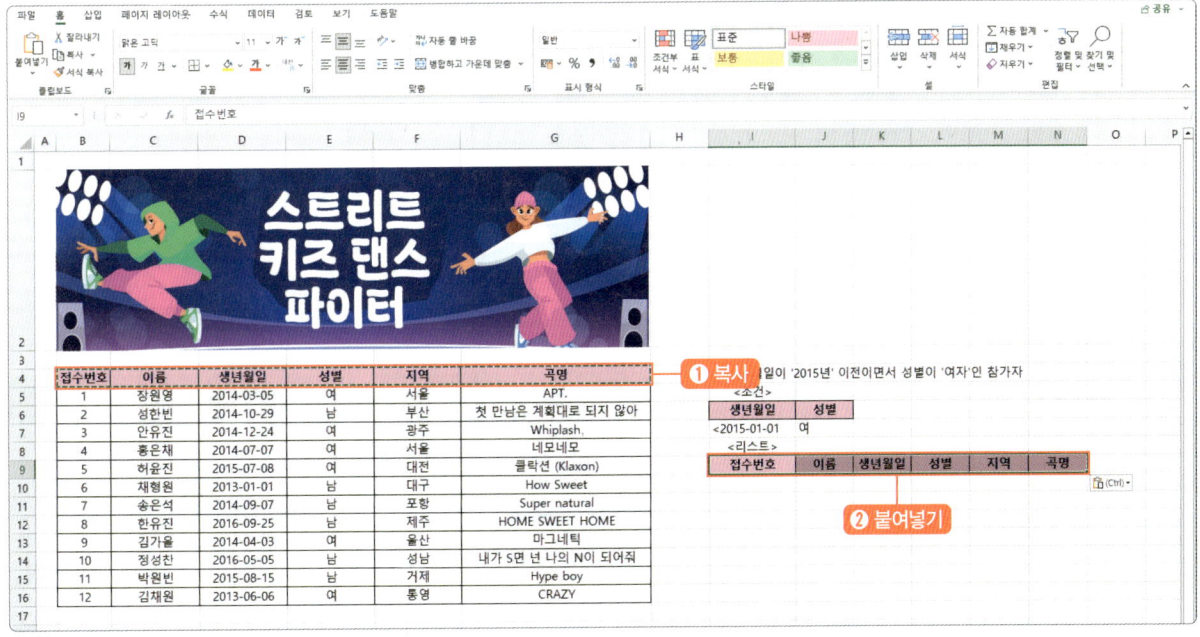

GAME 14 댄스대회 _ **085**

④ 'B4:G16' 셀을 드래그한 후 [데이터] 탭-[정렬 및 필터] 그룹의 [고급]을 클릭합니다.

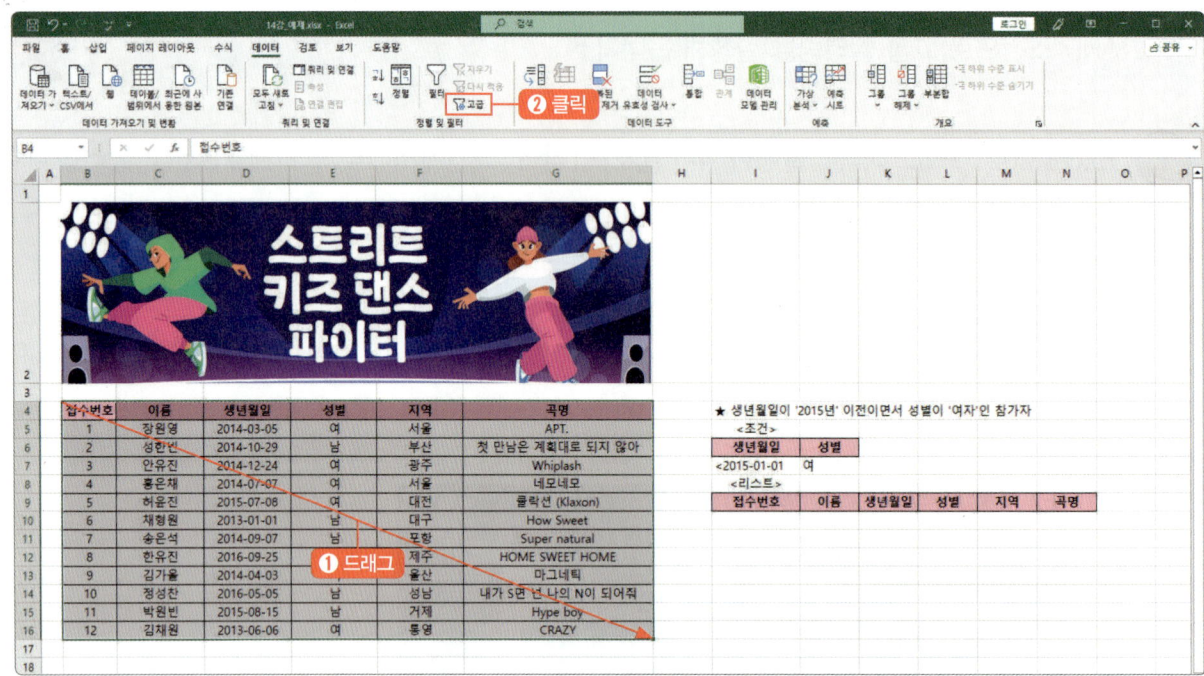

⑤ [고급 필터] 대화 상자가 실행되면 '다른 장소에 복사'를 클릭하고 조건 범위에 'I6:J7'을, 복사 위치에 'I9:N9'를 드래그하여 지정한 후 [확인]을 클릭합니다.

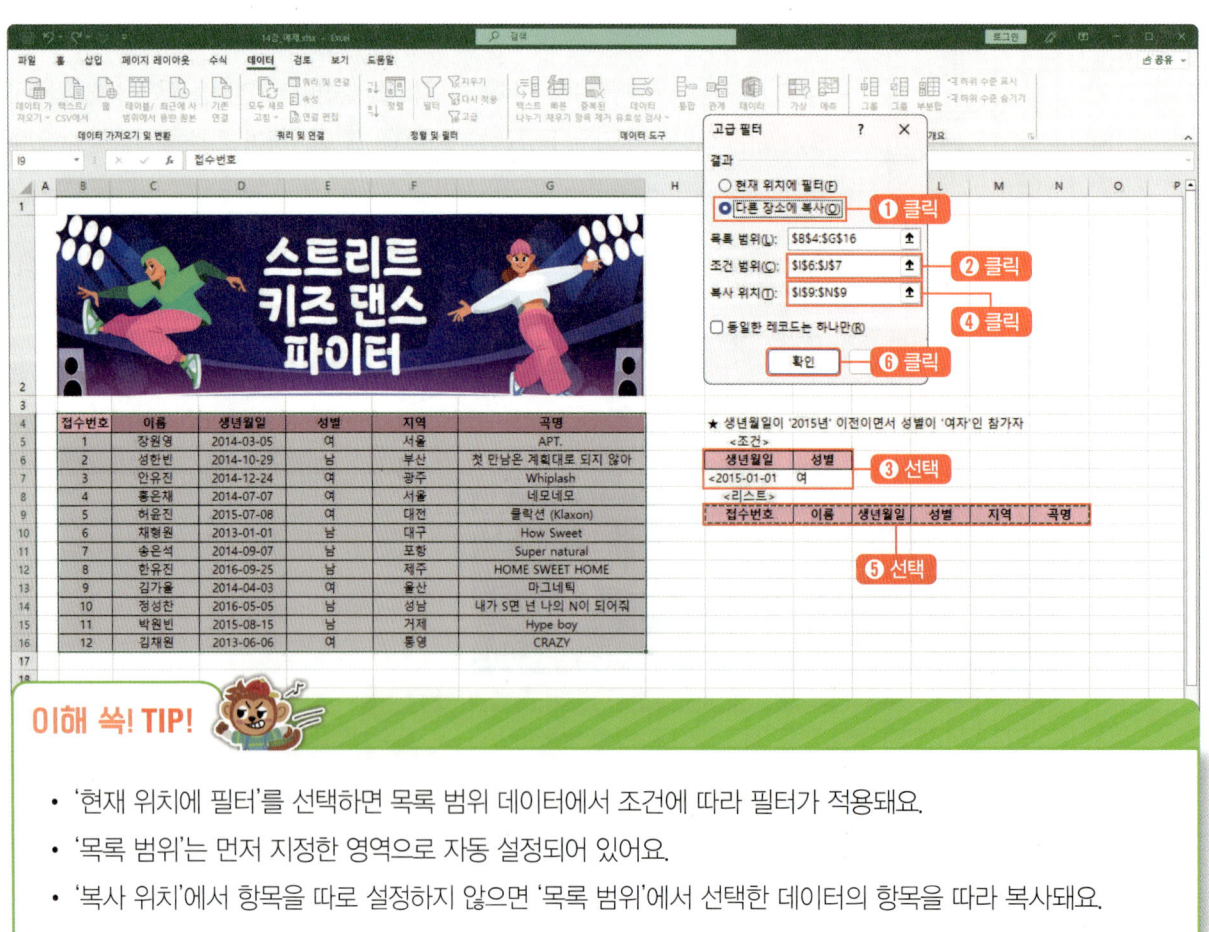

이해 쏙! TIP!

- '현재 위치에 필터'를 선택하면 목록 범위 데이터에서 조건에 따라 필터가 적용돼요.
- '목록 범위'는 먼저 지정한 영역으로 자동 설정되어 있어요.
- '복사 위치'에서 항목을 따로 설정하지 않으면 '목록 범위'에서 선택한 데이터의 항목을 따라 복사돼요.

Step 02 고급 필터링 ②

OR 조건으로 고급 필터링을 해 봅니다.

1 'E4:F4' 셀을 드래그하고 Ctrl + C 키를 누른 후 'I21' 셀을 클릭하고 Ctrl + V 키를 누릅니다.

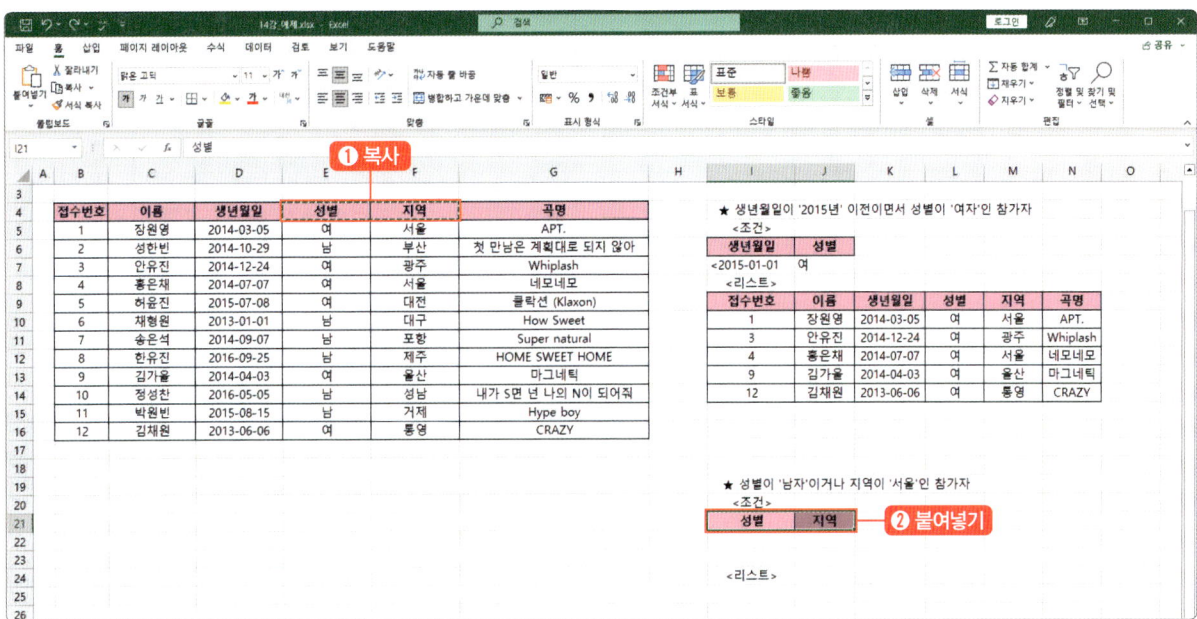

2 'I22'셀에 '남'을, 'J23'셀에 '서울'을 입력합니다.

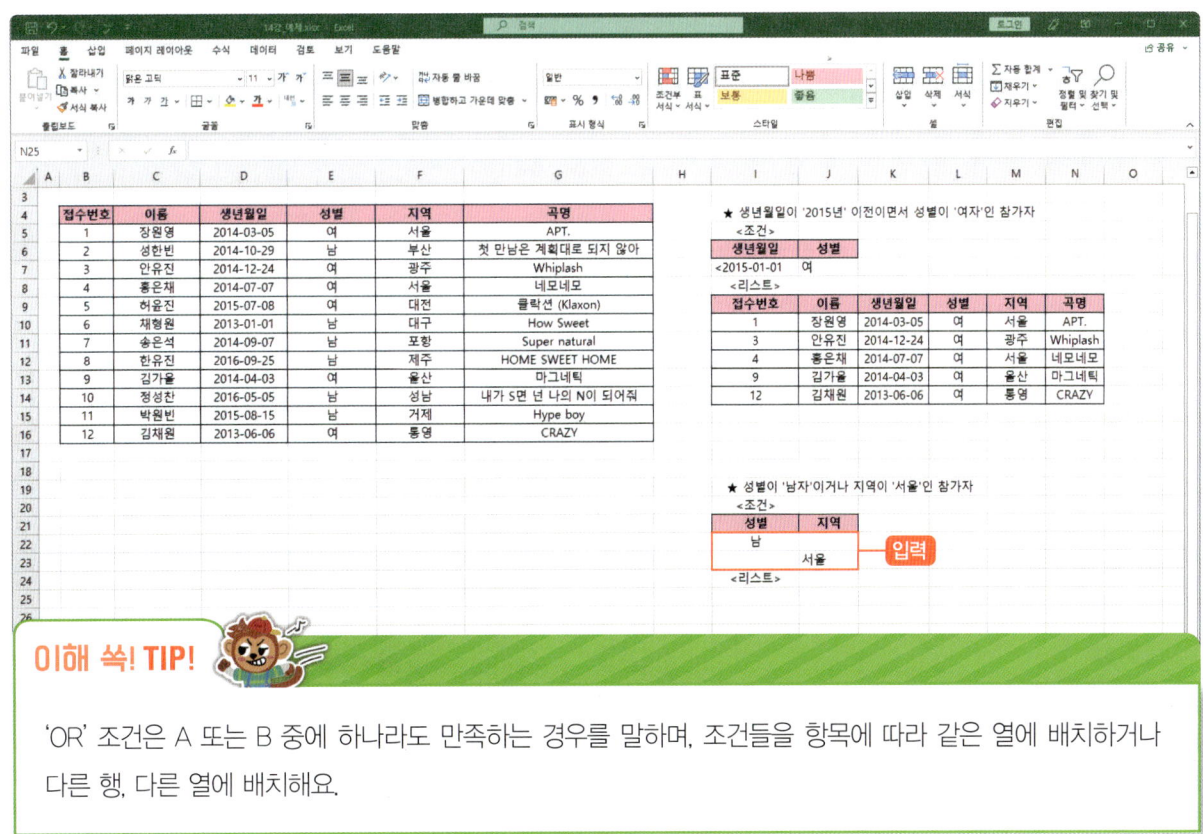

이해 쏙! TIP!

'OR' 조건은 A 또는 B 중에 하나라도 만족하는 경우를 말하며, 조건들을 항목에 따라 같은 열에 배치하거나 다른 행, 다른 열에 배치해요.

③ Ctrl 키를 누른 채로 'C4'셀, 'E4'셀, 'F4'셀을 클릭하여 선택한 후 복사합니다. 이어서 'I25'셀에 붙여넣습니다.

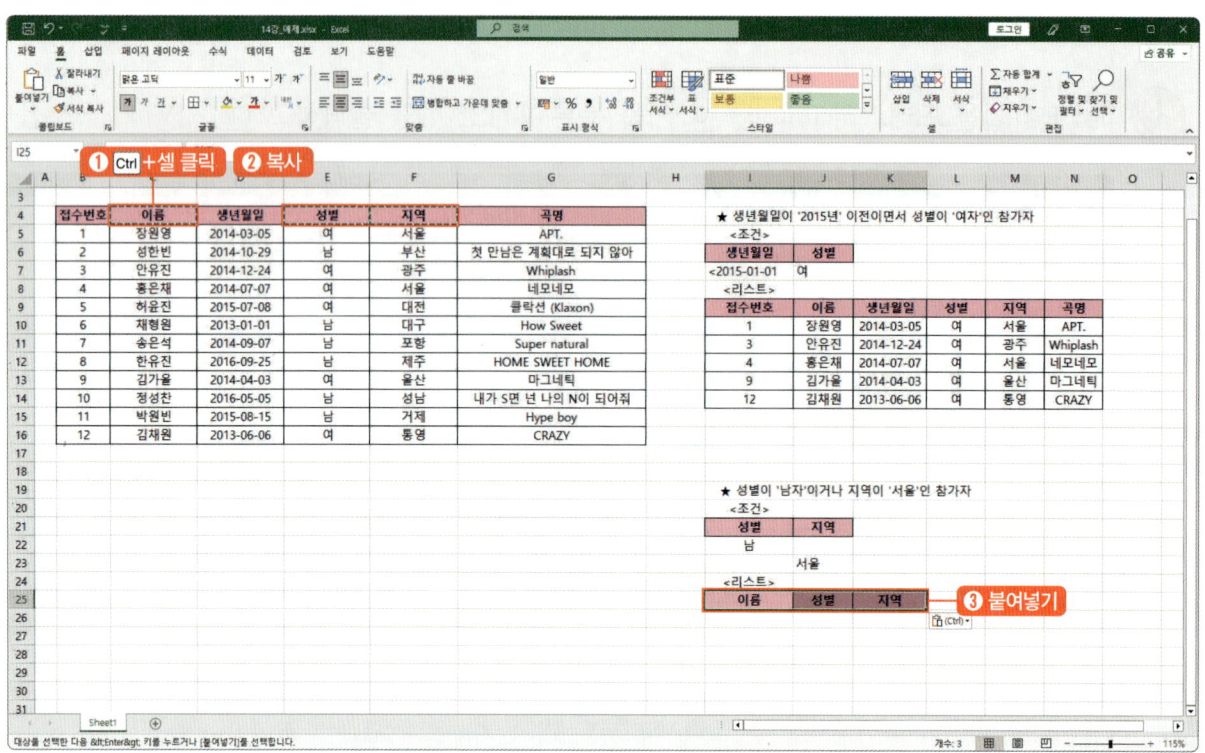

④ 'B4:G16' 셀을 드래그한 후 [데이터] 탭-[정렬 및 필터]-[고급]을 클릭해 [고급 필터] 대화상자를 실행합니다. 결과의 '다른 장소에 복사'를 클릭하고 조건 범위에 'I21:J23'을, 복사 위치에 'I25:K25'를 드래그하여 지정한 후 [확인]을 클릭합니다.

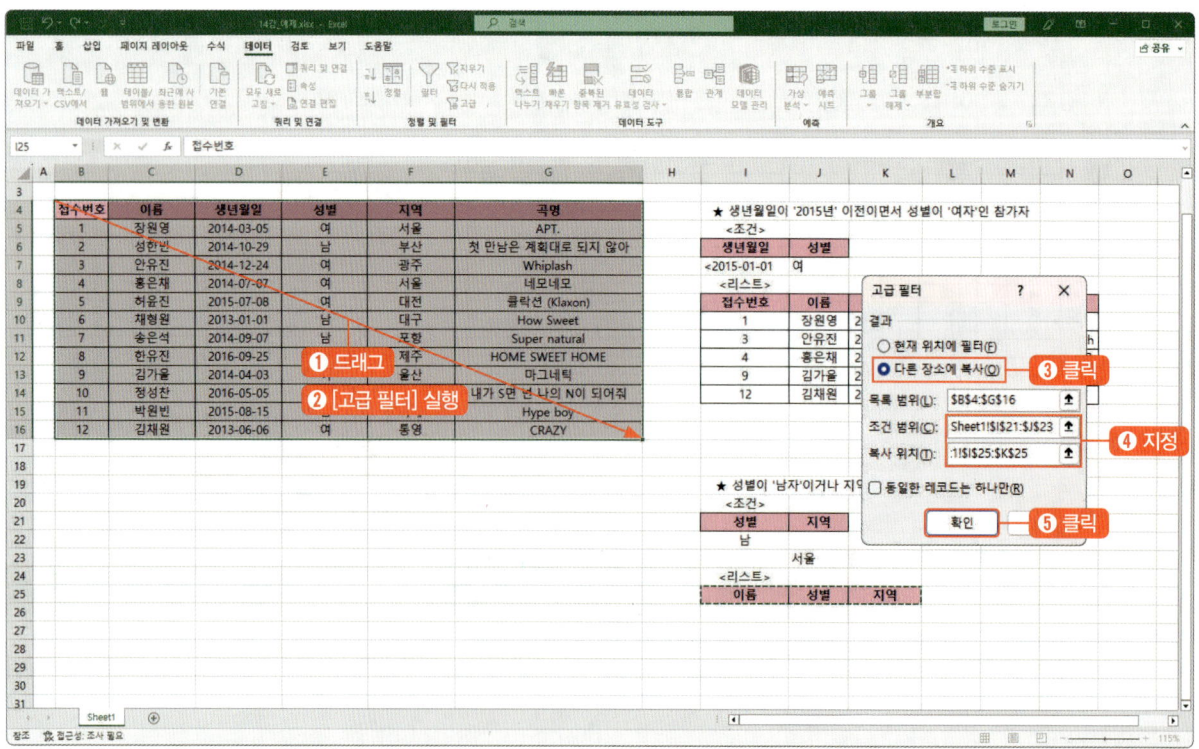

Step 03 암호 저장

스프레드시트를 저장할 때 암호를 지정해 봅니다.

① 'I25:K33'까지 설정한 조건에 따라 필터된 데이터를 확인합니다.

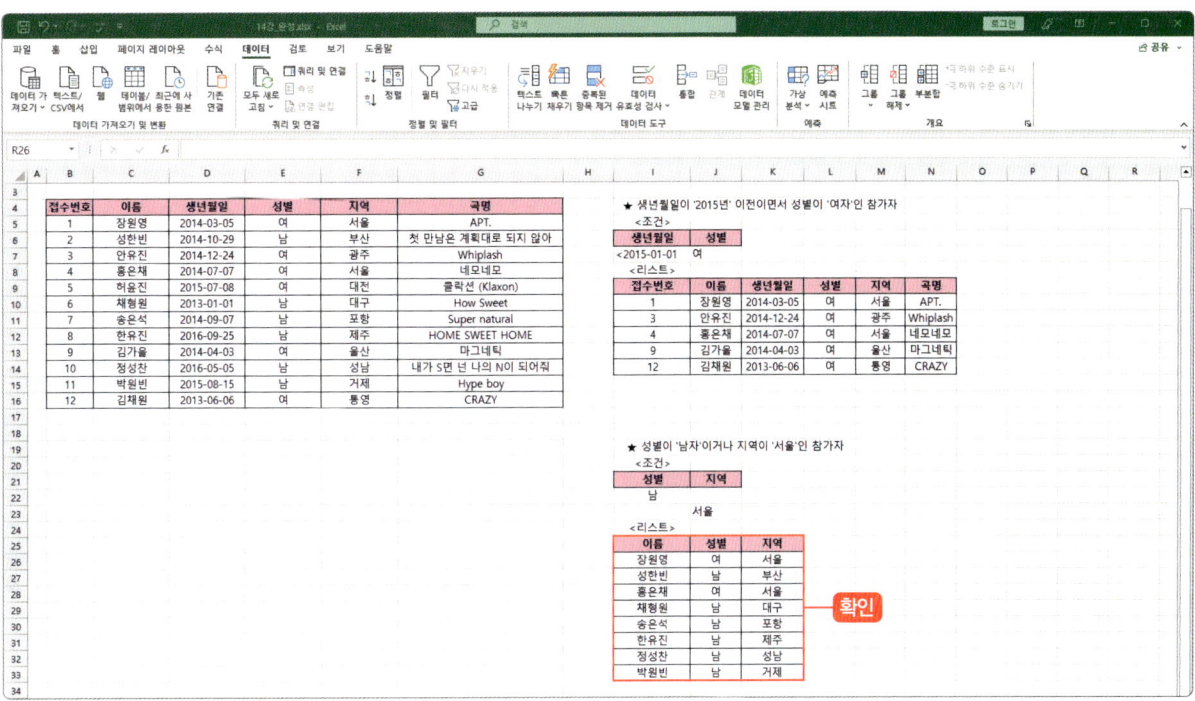

② [파일] 탭-[다른 이름으로 저장하기]를 클릭합니다. [찾아보기]를 클릭하여 [다른 이름으로 저장하기] 대화 상자가 실행되면 저장 위치를 지정하고 '파일 이름'을 입력한 후 [도구]의 [일반 옵션]을 클릭합니다.

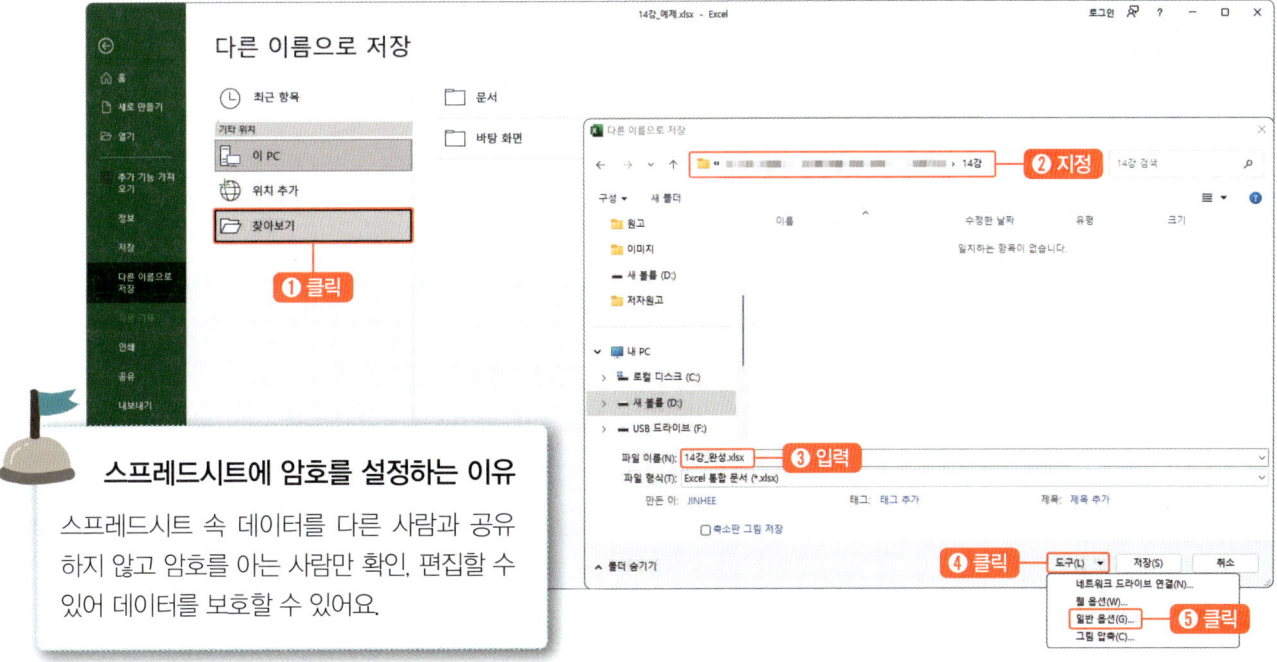

스프레드시트에 암호를 설정하는 이유

스프레드시트 속 데이터를 다른 사람과 공유하지 않고 암호를 아는 사람만 확인, 편집할 수 있어 데이터를 보호할 수 있어요.

❸ [일반 옵션] 대화 상자가 실행되면 열기 암호의 입력칸에 암호(1234)를 입력하고 [확인]을 클릭합니다. 이어 [암호 확인] 대화 상자가 실행되면 다시 한 번 암호를 입력하고 [확인]을 클릭하여 저장을 완료합니다.

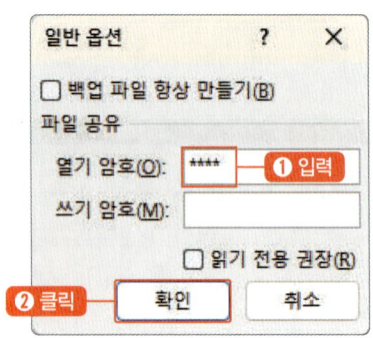 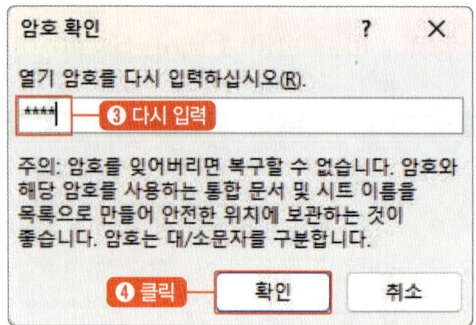

❹ 파일을 닫은 후 다시 Excel 2021 프로그램을 실행하고 [열기]-[찾아보기]로 저장한 파일을 불러옵니다. [암호] 창이 나타나면 앞서 설정한 암호를 입력하고 [확인] 버튼을 누릅니다.

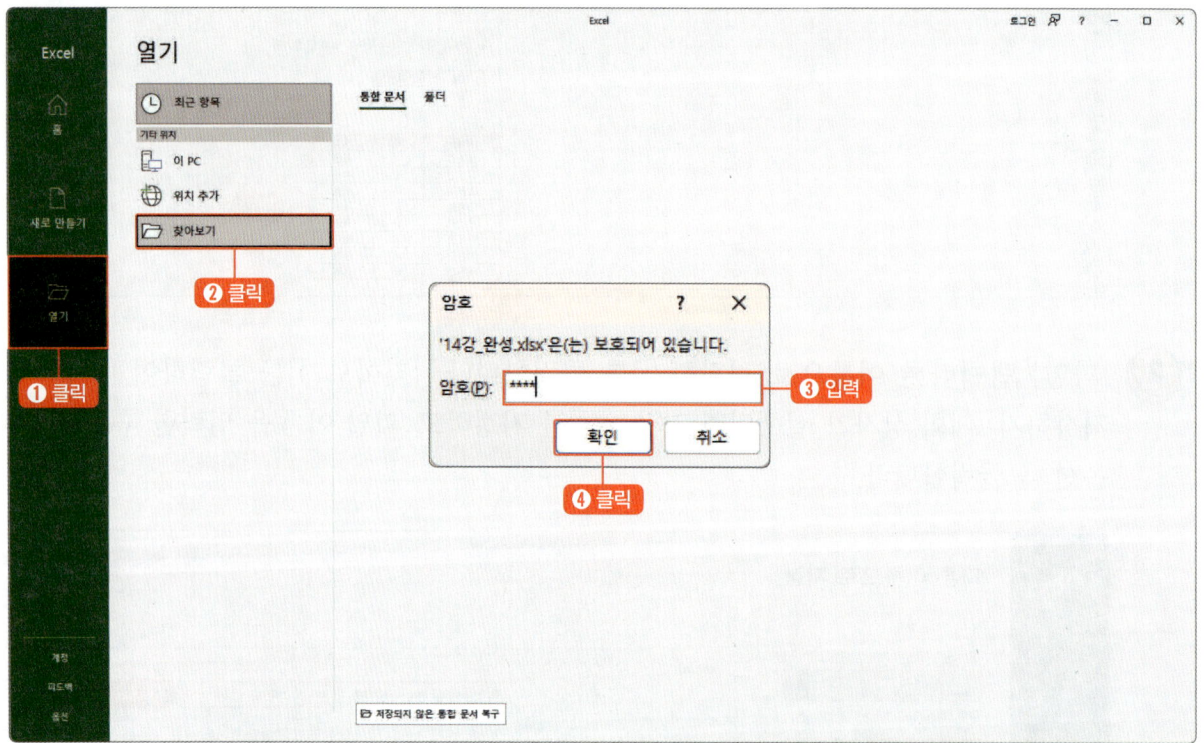

 이해 쏙! TIP!

- 엑셀에서 설정한 암호는 잊으면 다시 찾을 수 없으니 기억하기 쉬운 것으로 설정해요.
- 설정한 암호를 지우고 싶은 경우, 설정한 것과 같이 [파일]-[다른 이름으로 저장]-[도구]-[일반 옵션]에 접속하여 암호 입력칸을 모두 지워요.

1. 파일을 불러온 후 고급 필터를 사용하여 '컴퓨터부 학생 명단'을 완성해 보세요.

🔑 예제 파일 : 14강_실력1(예제).xlsx   🔑 완성 파일 : 14강_실력1(완성).xlsx

Hint

① 'H7' – '4', 'I7' – '엑셀'
② [고급 필터]
 '목록 범위' – 'B4:F14'
 '조건 범위' – 'H6:I7'
 '복사 위치' – 'H11:K11'

2. 파일을 불러온 후 고급 필터를 사용하여 '채소 판매량'을 완성해 보세요.

🔑 예제 파일 : 14강_실력2(예제).xlsx   🔑 완성 파일 : 14강_실력2(완성).xlsx

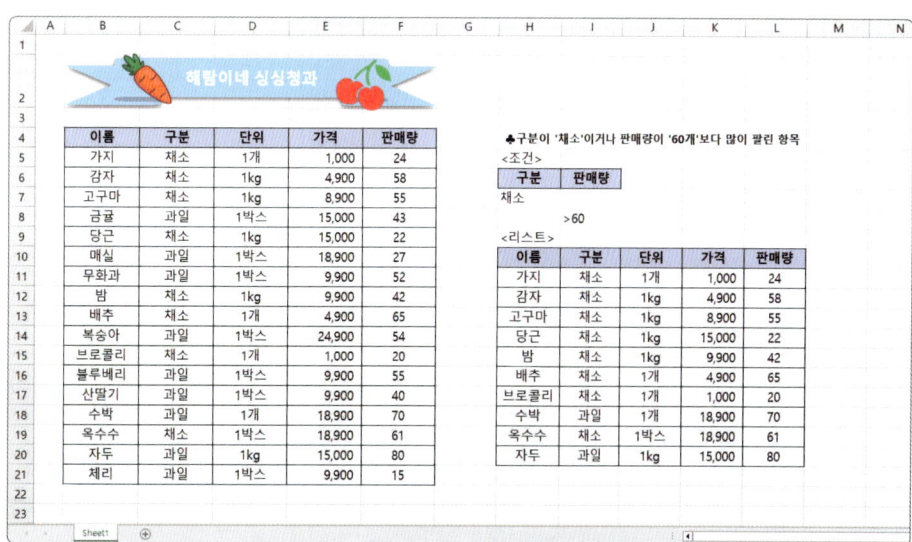

Hint

① 'H7' – '채소', 'I8' – '>60'
② [고급 필터]
 '목록 범위' – 'B4:F21'
 '조건 범위' – 'H6:I8'
 '복사 위치' – 'H10:L10'

GAME 15 초, 분, 시간

| 학습목표 |
- 절대참조를 사용할 수 있습니다.
- 여러 셀을 참조하여 계산할 수 있습니다.
- 입력된 데이터를 표로 만들 수 있습니다.

오늘의 도착지점

예제 파일 : 15강_예제.xlsx   완성 파일 : 15강_완성.xlsx

 ## 시간 단위 알아보기

초	분	시간	일
67651200	1127520	18792	783
1036800	17280	288	12
2592000	43200	720	30
7696800	128280	2138	89
172800	2880	48	2
86313600	1438560	23976	999
86400	1440	24	1

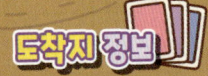

시간은 기준이 되는 어떤 순간에서 다른 순간까지의 간격을 말합니다. 시간은 다양한 단위를 사용하는데 현재는 국제적인 기준으로 60초를 1분, 60분을 1시간, 24시간은 하루로 규정하고 있습니다. 하루는 몇 초일지 엑셀의 표 기능을 활용하여 알아 봅니다.

Step 01 절대참조 사용하기

셀을 절대참조하여 계산해 봅니다.

① Excel 2021 프로그램을 실행한 후 [열기]-[찾아보기]에서 '15강_예제.xlsx'를 불러옵니다.

② 'C5'셀을 클릭한 후 'B5'셀과 'H4'셀을 참조하여 '=B5/H4'를 입력합니다.

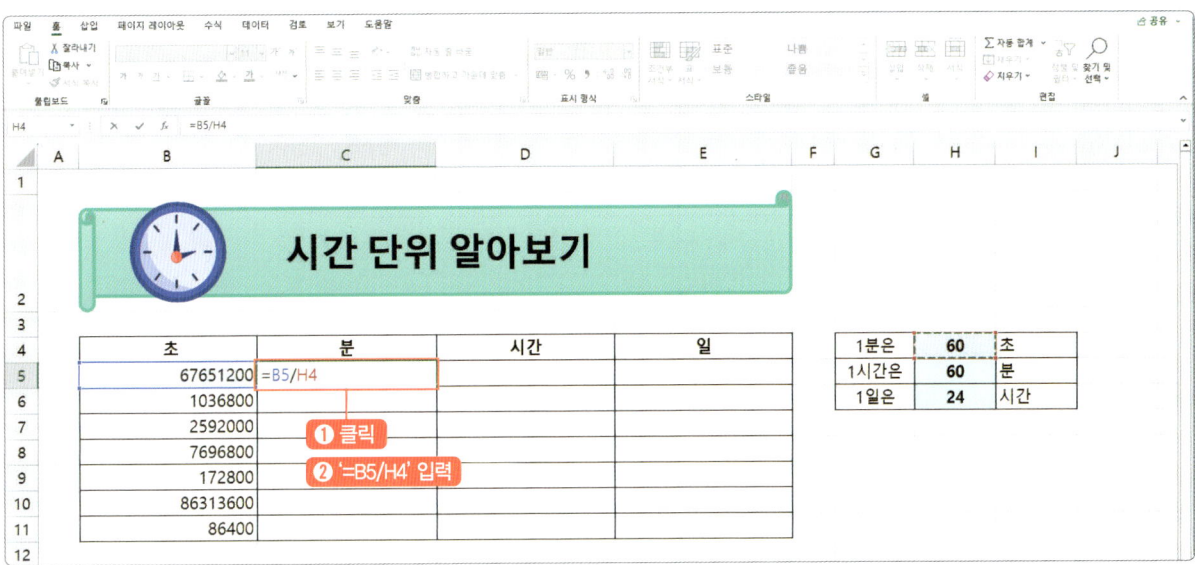

③ 계속해서 'H4' 뒤에 커서를 두고 F4 키를 눌러 '=B5/$H$4'로 수식이 변경된 것을 확인합니다.

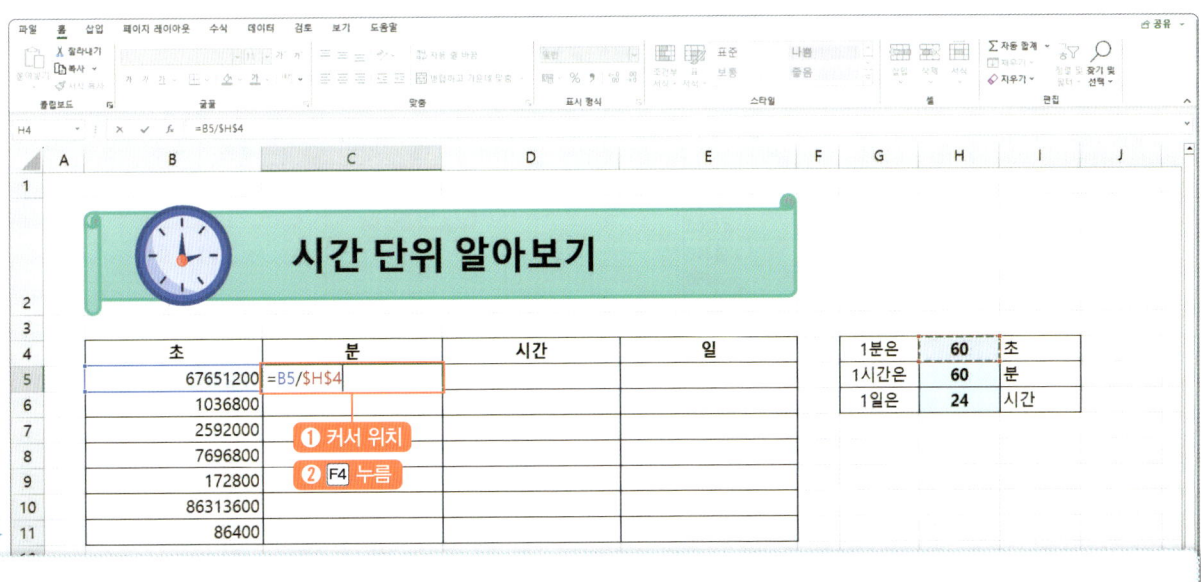

상대 참조와 절대 참조, 혼합 참조

- **상대참조**: 일반적인 참조로 수식이 설정된 셀이 이동하는 방향에 따라 참조된 위치도 변경돼요.
- **절대참조**: 행과 열을 모두 고정하는 참조로 수식에서 '=$열$행'으로 표시해요.
- **혼합참조**: 행 또는 열 하나를 고정하는 참조로 수식에서 행이나 열 앞에 '$'를 표시해요.

④ 'C5'셀의 채우기 핸들을 더블클릭하여 나머지 열에도 데이터를 채웁니다.

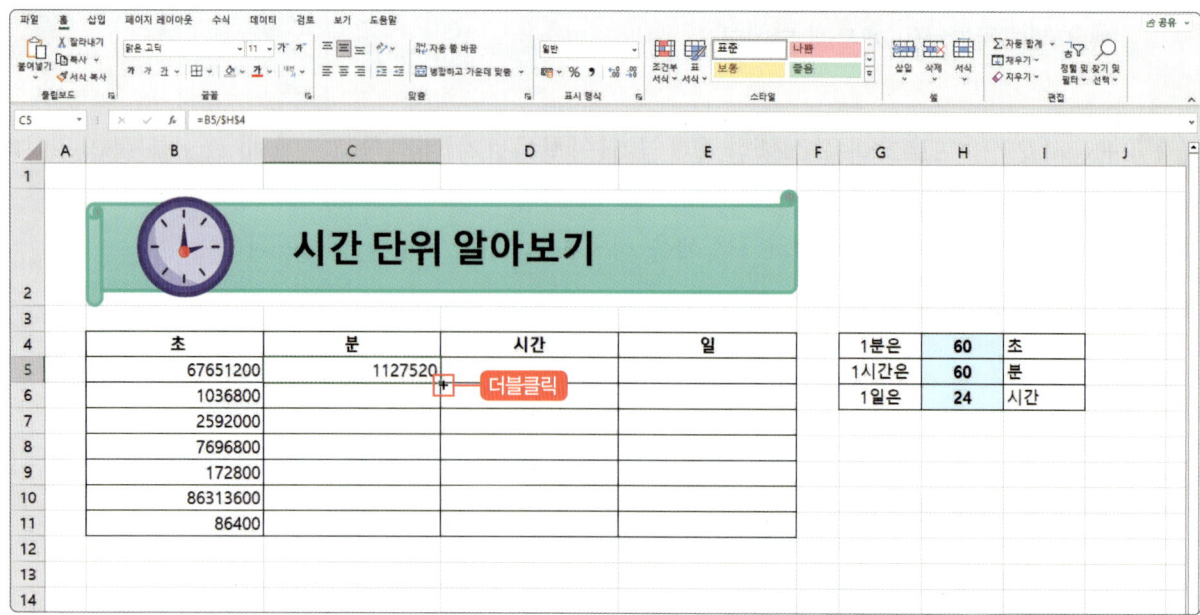

⑤ 'D5'셀에 '=C5/H5'를 입력하고 ③과 같은 방법으로 'H5'셀을 절대참조하여 계산한 후 'D6:D11'셀을 모두 채워봅니다.

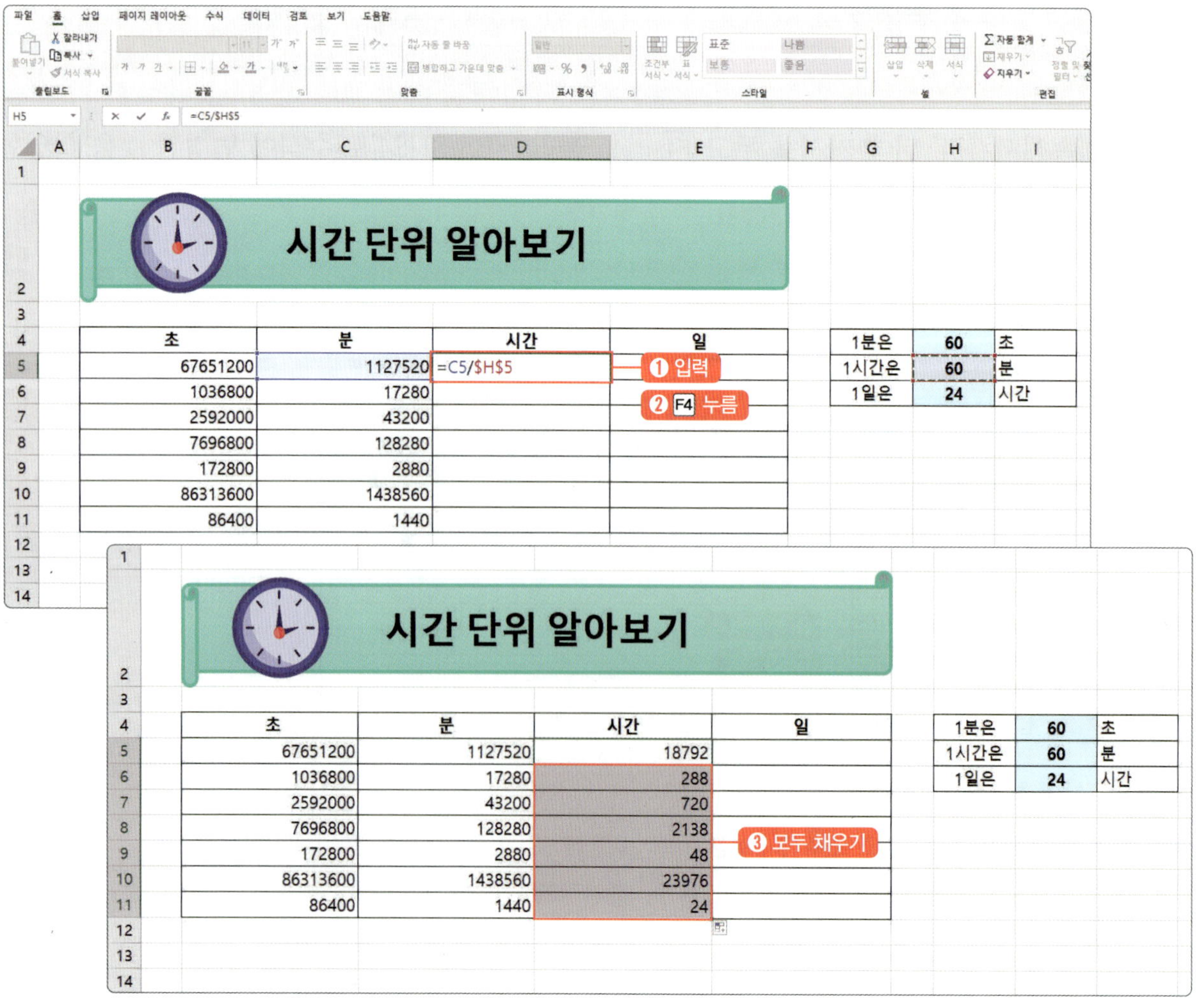

Step 02 여러 셀을 참조하여 계산하기

여러 개의 셀을 참조하여 계산해 봅니다.

① 'E5'셀을 클릭한 후 '=('을 입력하고 'C5'셀을 선택합니다. '/'를 입력한 후 'H5'셀을 절대참조한 후 ')'를 입력합니다.

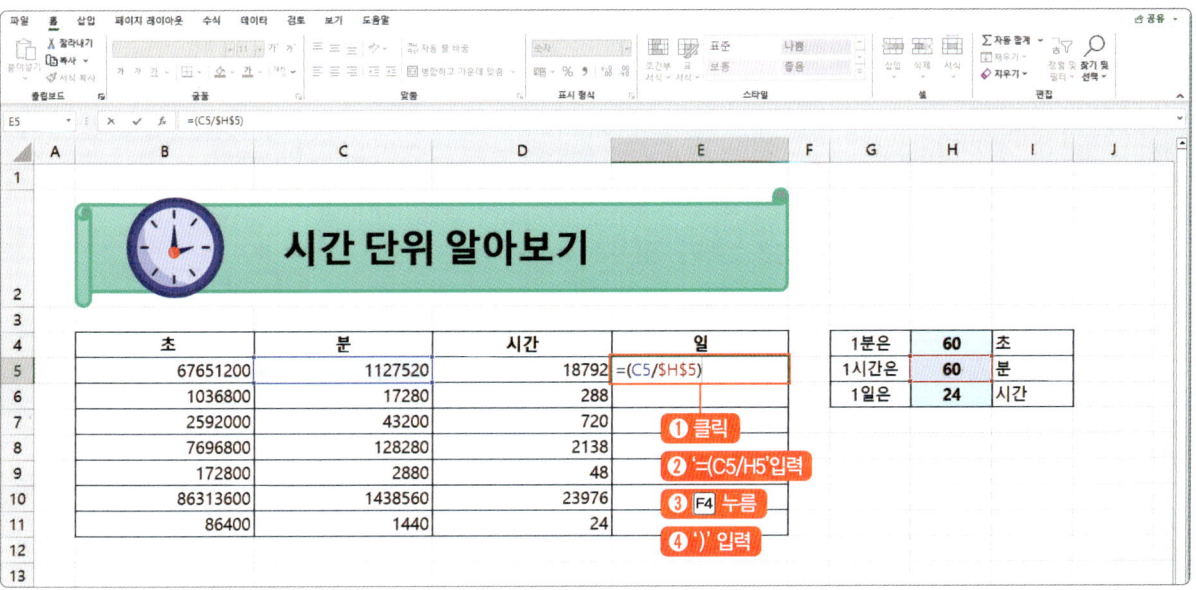

② 이어서 '/'을 입력하고 'H6'셀을 절대참조한 후 Enter 키를 누릅니다. 채우기 핸들을 사용하여 'E6:E11'셀을 채웁니다.

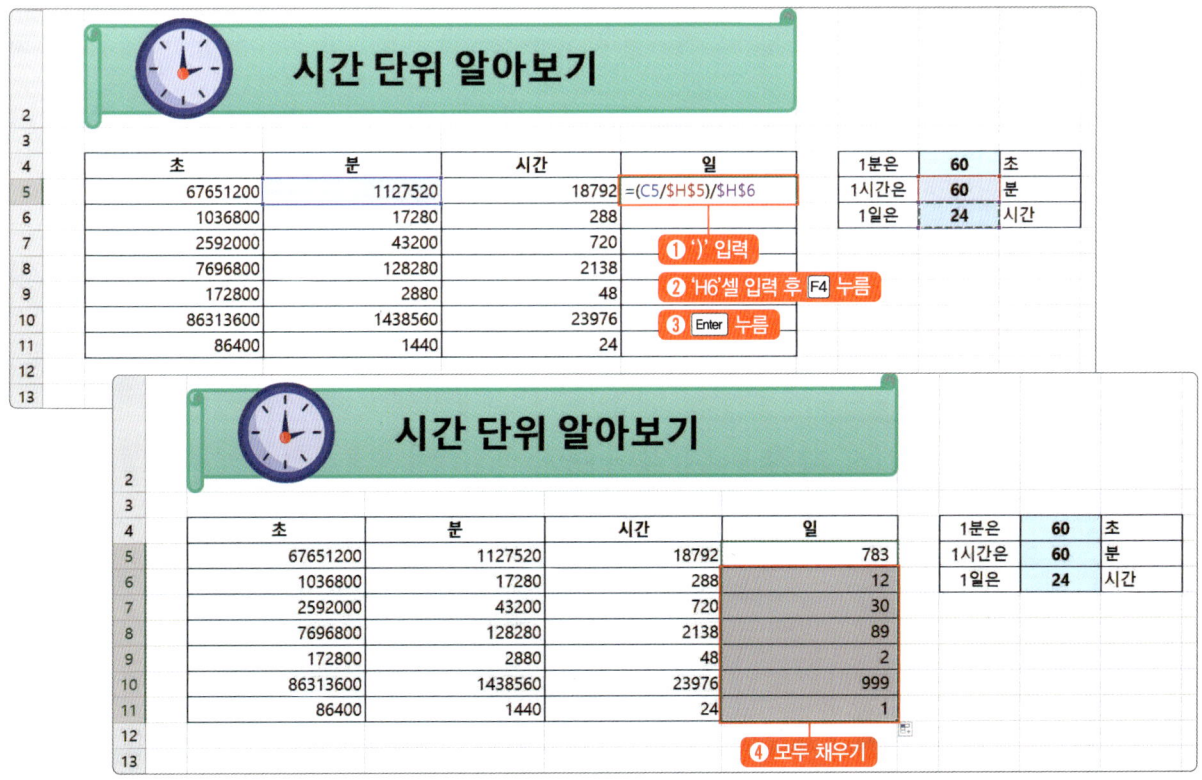

Step 03 표 만들기

데이터를 표로 만들어 봅니다.

① 'B4:E11'셀을 드래그한 후 [삽입] 탭의 [표]를 클릭한 후 [표 만들기] 대화 상자에서 [확인]을 클릭합니다.

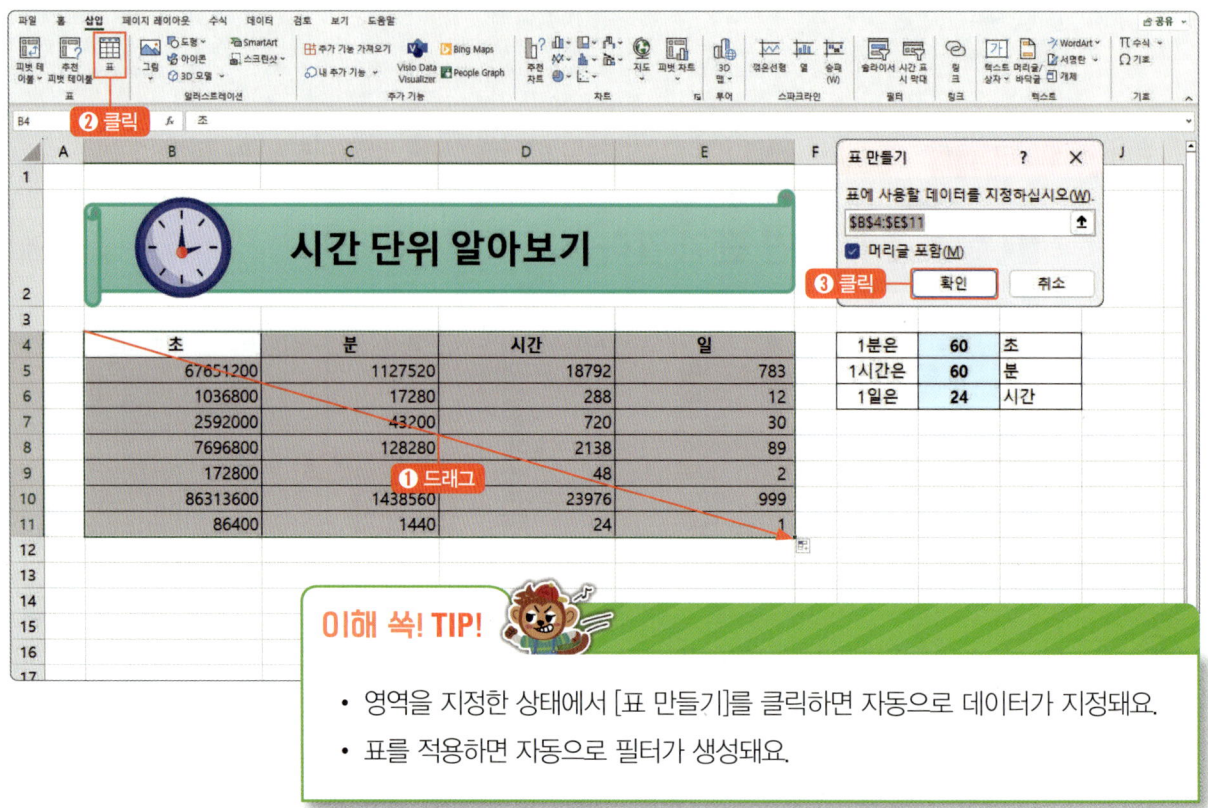

이해 쏙! TIP!
- 영역을 지정한 상태에서 [표 만들기]를 클릭하면 자동으로 데이터가 지정돼요.
- 표를 적용하면 자동으로 필터가 생성돼요.

② [테이블 디자인] 탭-[표 스타일] 그룹의 자세히(▼) 버튼을 클릭하고 마음에 드는 디자인을 지정합니다.

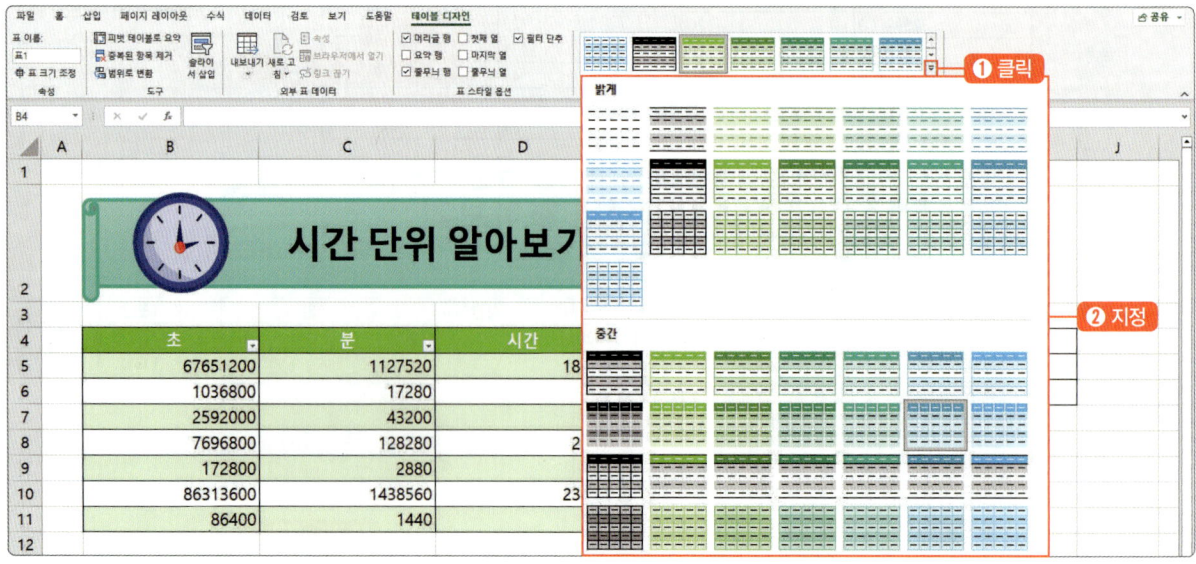

실력 UP! 한 칸 더 GO! GO!

1 파일을 불러온 후 절대 참조를 사용하여 '넓이 환산'을 완성해 보세요.

예제 파일 : 15강_실력1(예제).xlsx   완성 파일 : 15강_실력1(완성).xlsx

Hint

① 'D5' – '=B5*C5'
② 'E5' – '=D5/$E$13'
③ 'F5' – '=E5/$E$14'

2 파일을 불러온 후 표 기능을 사용하여 '볼링대회 점수표'를 완성해 보세요.

예제 파일 : 15강_실력2(예제).xlsx   완성 파일 : 15강_실력2(완성).xlsx

Hint

① 'B5:H13' – [표 만들기]
② '황금색, 표 스타일 보통 19'

GAME 16 선물 인기 차트

| 학습목표 |
- 차트를 삽입할 수 있습니다.
- 차트 디자인을 변경할 수 있습니다.
- 차트 서식을 변경할 수 있습니다.

오늘의 도착지점

예제 파일 : 16강_예제.xlsx   완성 파일 : 16강_완성.xlsx

도착지 정보

초등학생이 받고 싶은 선물은 무엇일지 조사한 후 학년별로 대답한 자료의 형태를 통계라고 합니다. 통계는 대답한 사람의 수는 알 수 있지만 어떤 것이 인기 있는지 한눈에 알기는 어렵습니다. 통계표를 가지고 보기 좋게 정리하는 기능인 차트를 활용해 정리해 봅니다.

Step 01 차트 삽입하기

데이터를 선택하여 차트로 삽입해 봅니다.

① Excel 2021 프로그램을 실행한 후 [열기]-[찾아보기]에서 '16강_예제.xlsx'를 불러옵니다.

② 'B4:G8'셀을 드래그하여 선택한 후 [삽입] 탭-[차트] 그룹-[세로 또는 가로 막대형 차트 삽입(📊)]-[3차원 묶은 세로 막대형]을 클릭합니다.

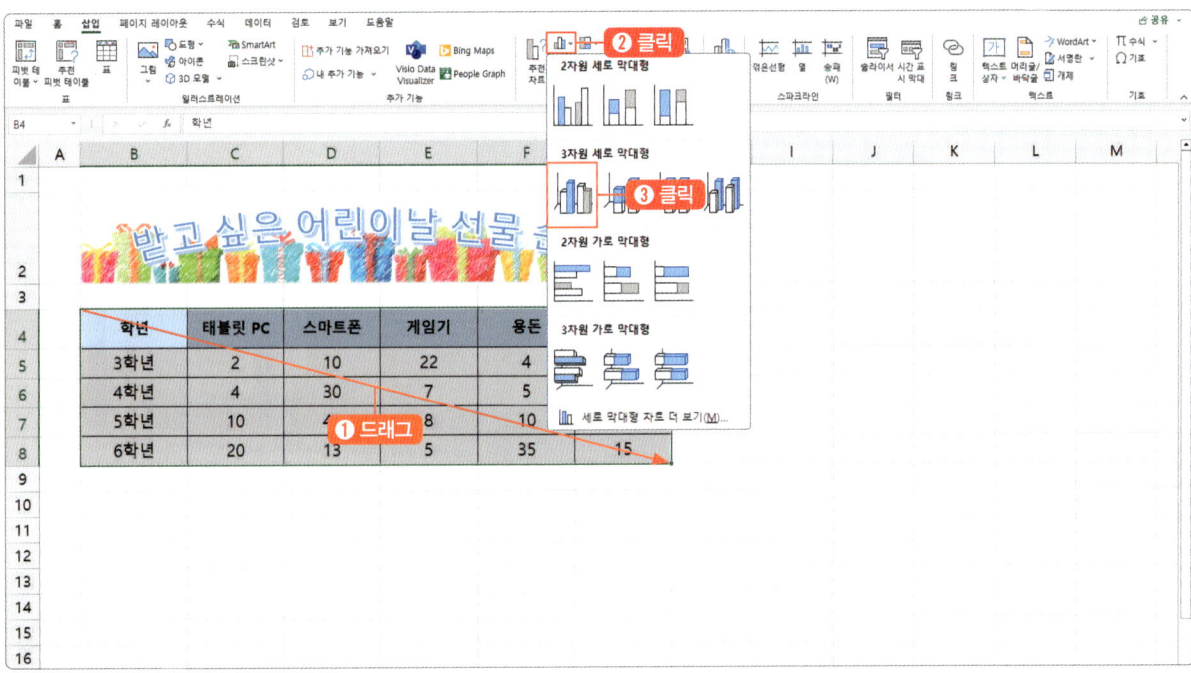

③ 삽입된 차트를 표 오른쪽으로 드래그하여 이동한 후 크기를 조절합니다.

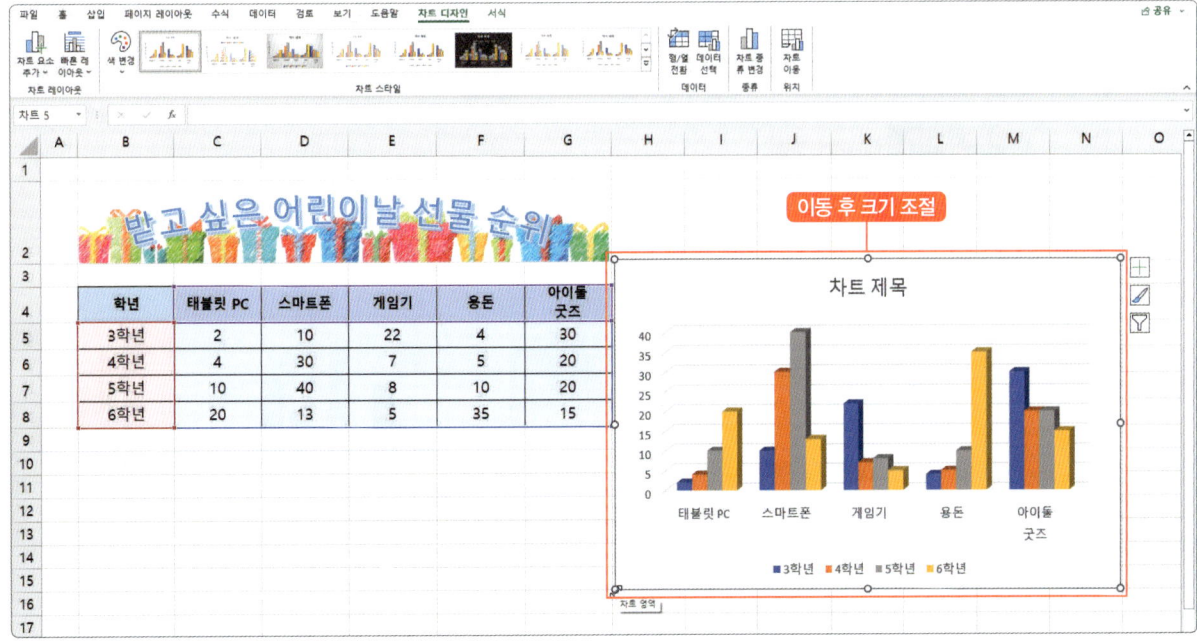

Step 02 차트 디자인 변경하기

차트에 어울리는 레이아웃과 스타일을 변경해 봅니다.

① 삽입된 차트를 클릭한 후 [차트 디자인] 탭-[차트 레이아웃] 그룹의 [빠른 레이아웃]-[레이아웃 3]을 클릭합니다.

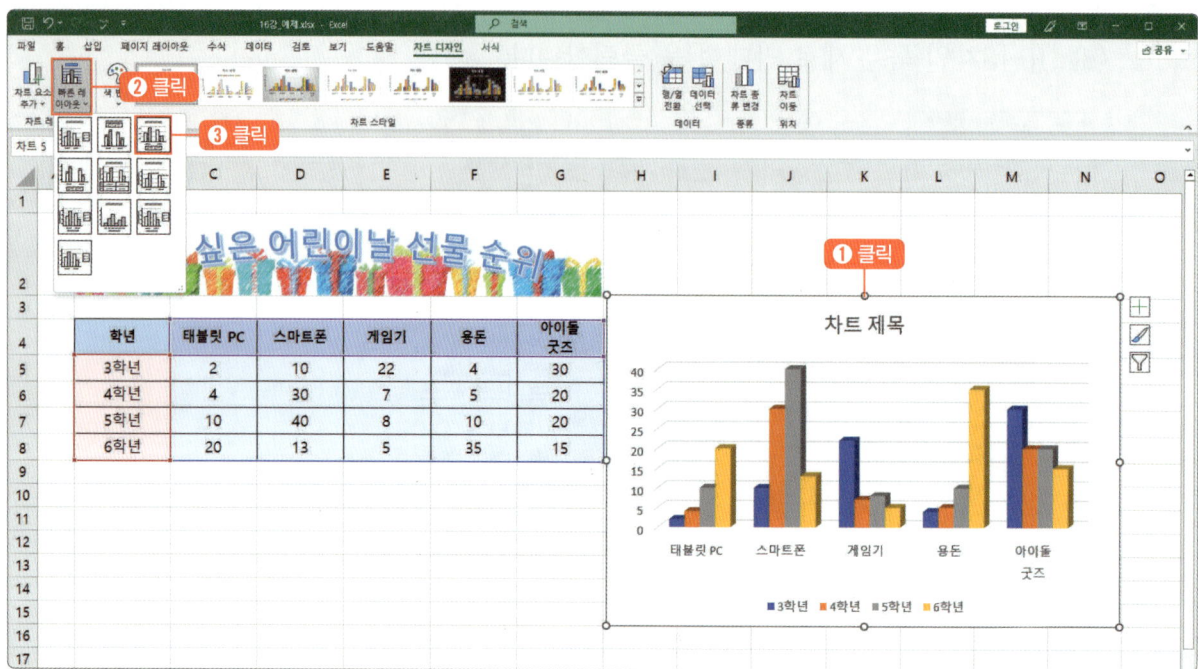

② 이어서 [차트 디자인] 탭-[차트 스타일 그룹]의 [색 변경]을 클릭한 후 [다양한 색상표 4]를 클릭합니다.

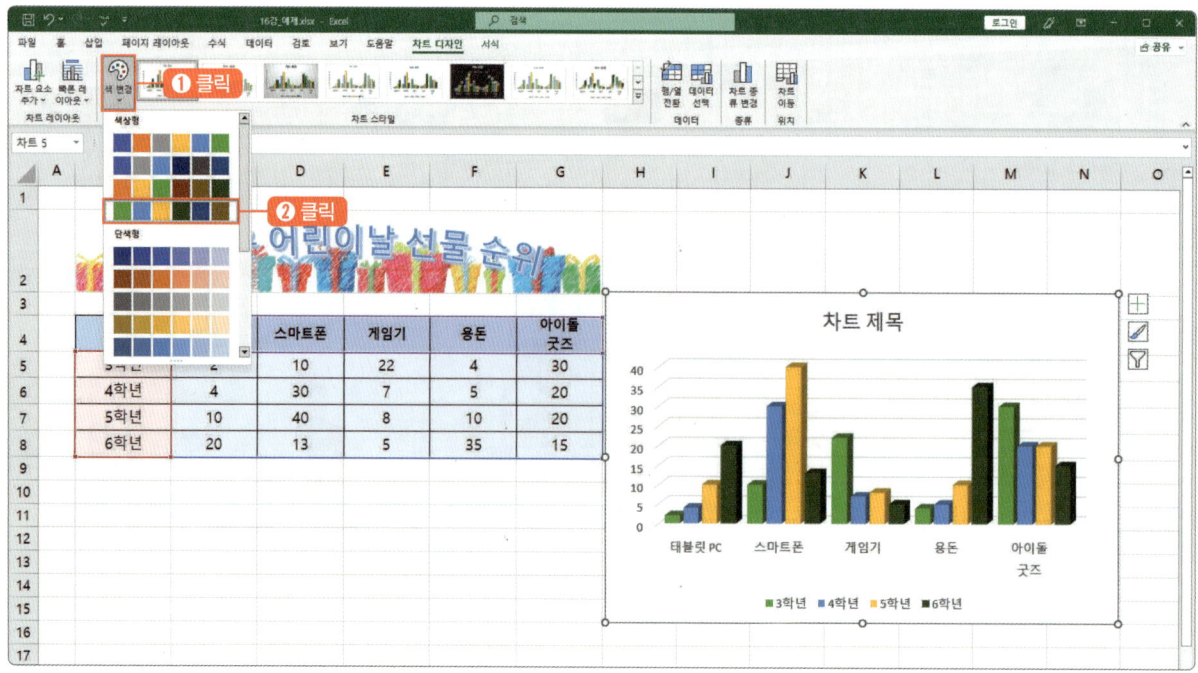

③ [차트 디자인] 탭-[차트 스타일] 그룹의 자세히 버튼(▼)을 클릭하여 [스타일 5]를 클릭합니다.

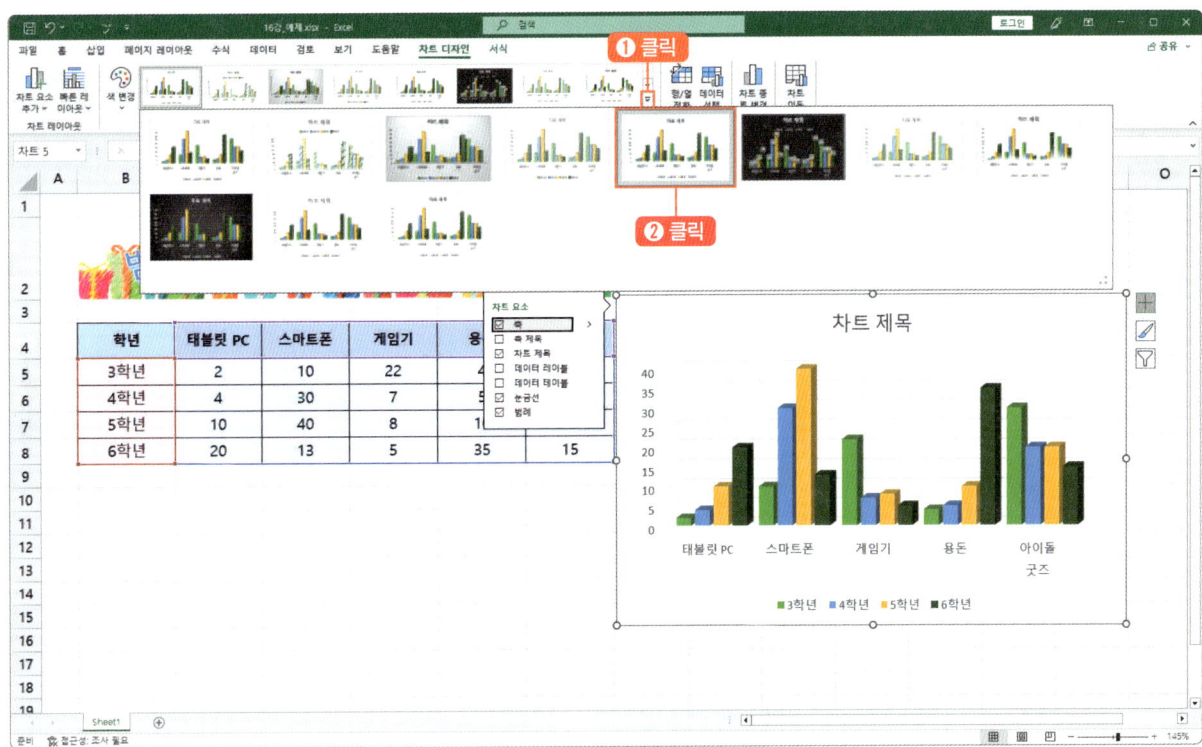

④ [차트 디자인] 탭-[차트 레이아웃] 그룹의 [차트 요소 추가]에서 [축 제목]-[기본 세로]를 클릭합니다.

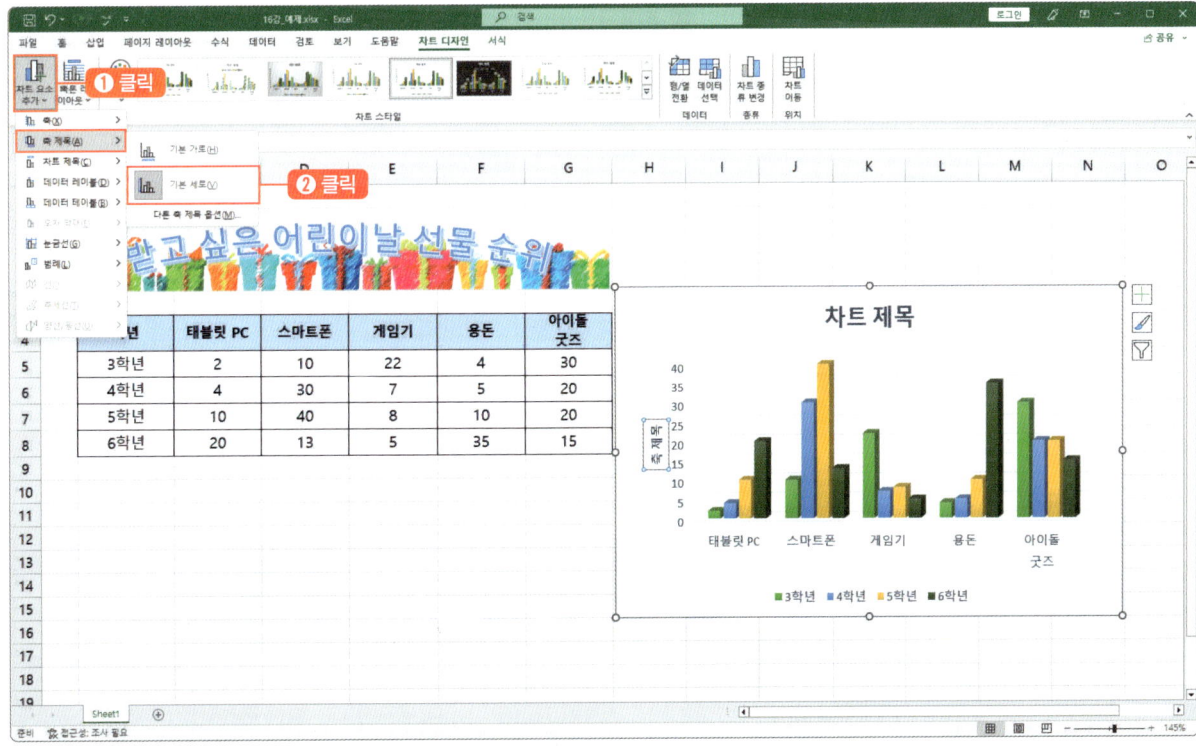

Step 03 차트 서식 변경하기

차트 서식을 직접 변경해 봅니다.

① '차트 제목'을 더블클릭하여 커서를 위치시킨 후 '받고 싶은 선물 순위'를 입력합니다.

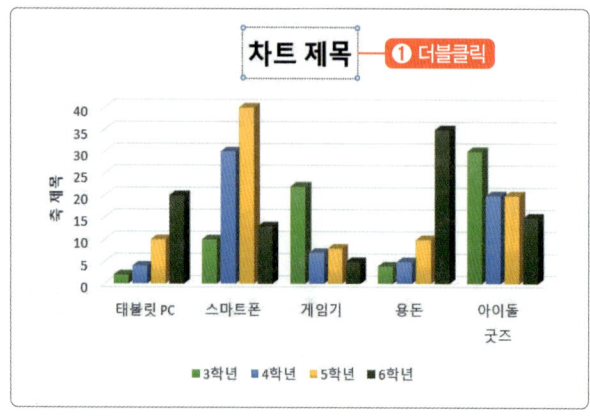
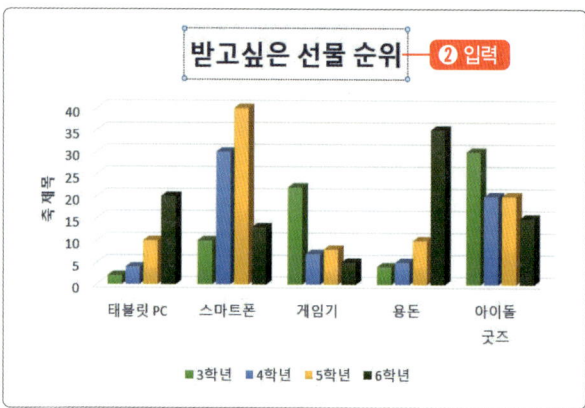

② ①과 같은 방법으로 '축 제목'을 '인원'으로 변경합니다.

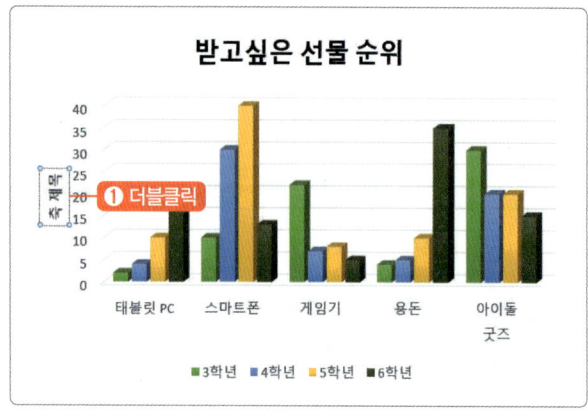
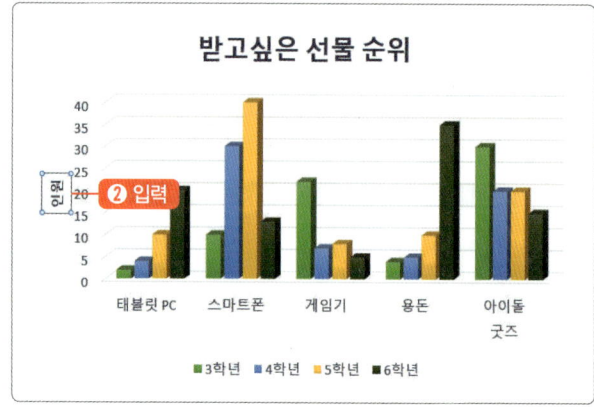

이해 쏙! TIP!

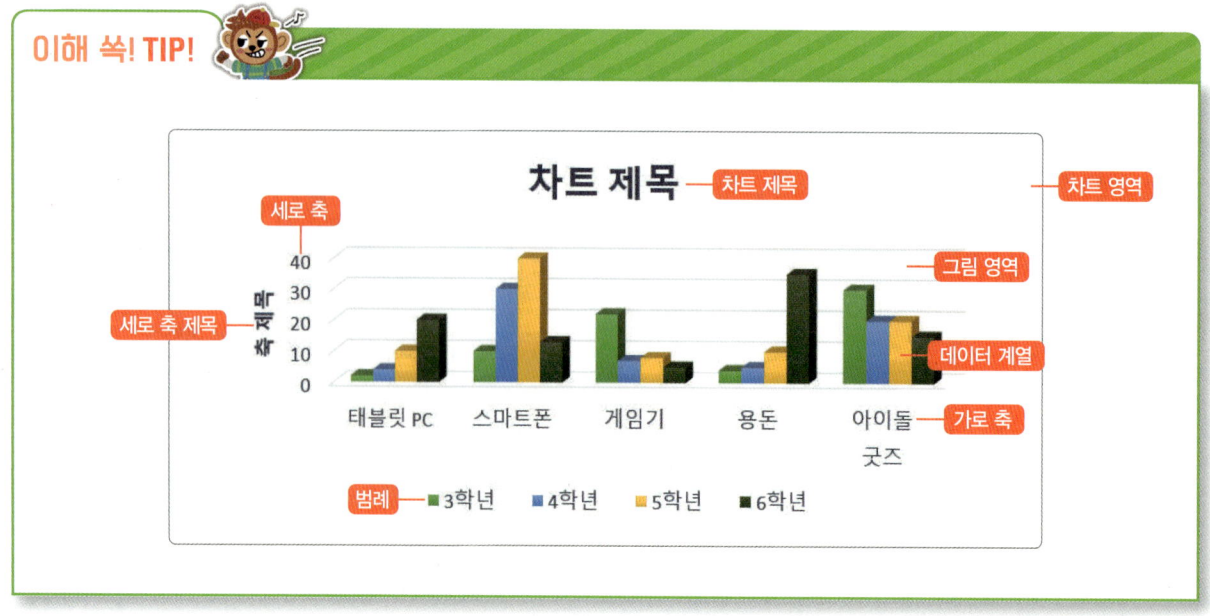

③ 차트 제목('받고 싶은 선물 순위')를 클릭한 후 [서식] 탭–[도형 스타일]–'색 윤곽선 – 녹색, 강조 6'을 클릭합니다.

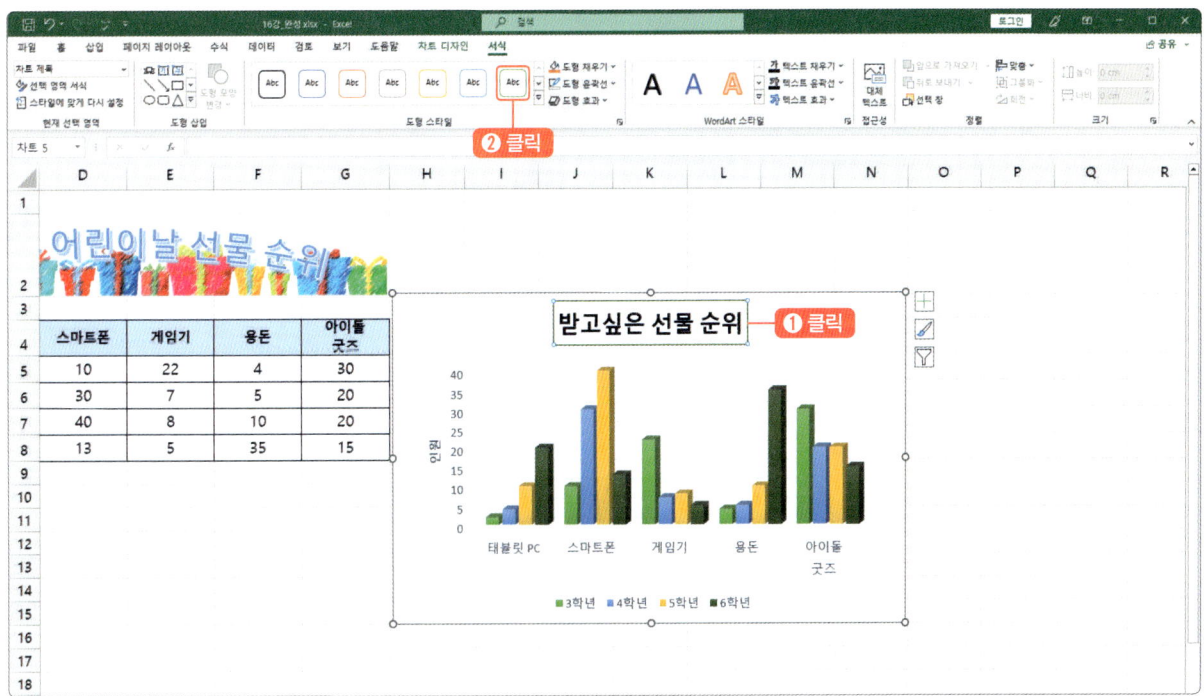

④ 데이터 계열을 더블 클릭한 후 간격 너비를 '120%'으로, 세로 막대 모양을 '전체 피라미드형'으로 선택합니다.

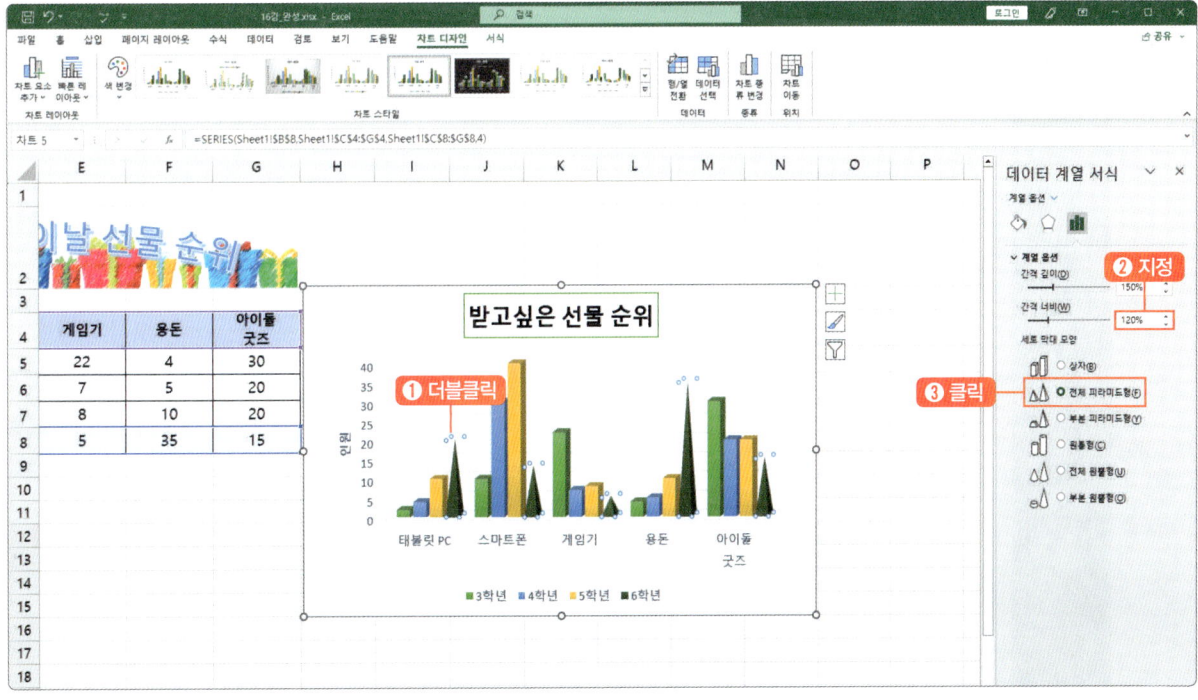

⑤ 다른 데이터 계열도 더블 클릭한 후 '전체 피라미드형'으로 선택합니다.

⑥ 가로 축을 더블클릭한 후 [서식] 탭-[도형 스타일]에서 [도형 윤곽선]을 클릭합니다. 테마 색-'녹색, 강조 6', 대시에서 '긴 파선'을 설정합니다.

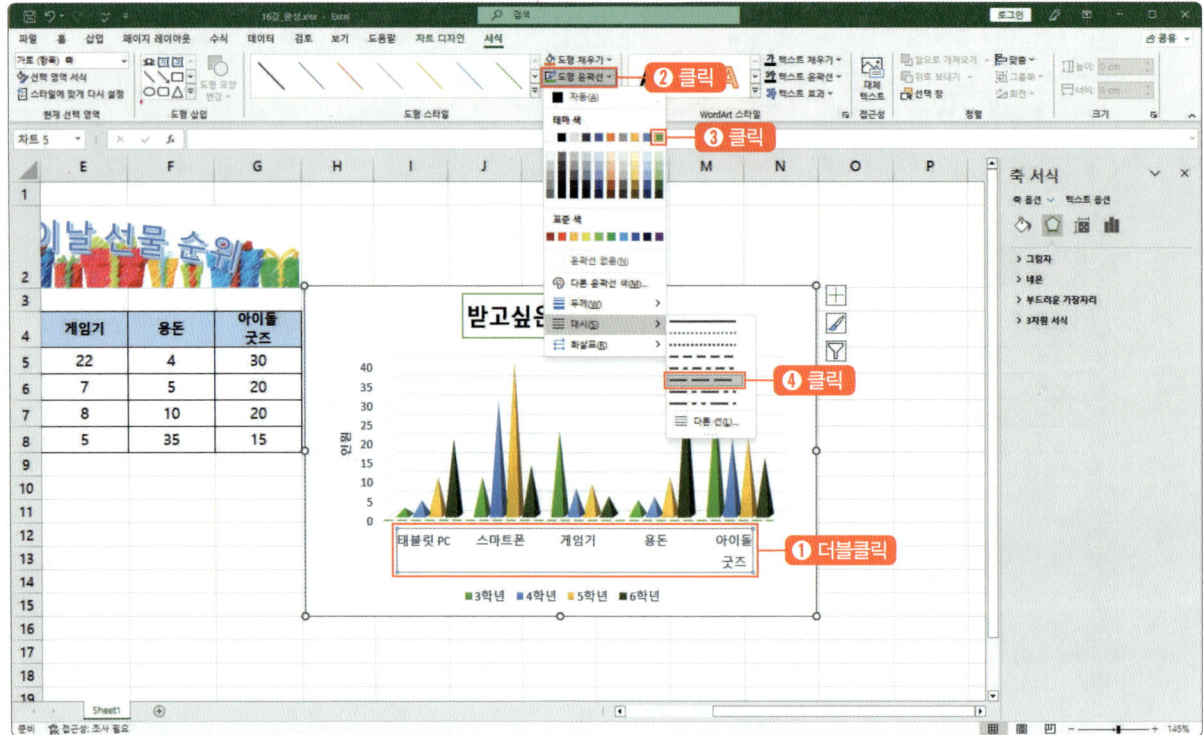

⑦ [파일] 탭-[다른 이름으로 저장하기]를 클릭합니다. [다른 이름으로 저장하기] 대화 상자가 실행되면 '파일 이름'을 입력한 후 열기 암호를 '0505'로 설정하고 [저장]을 클릭합니다.

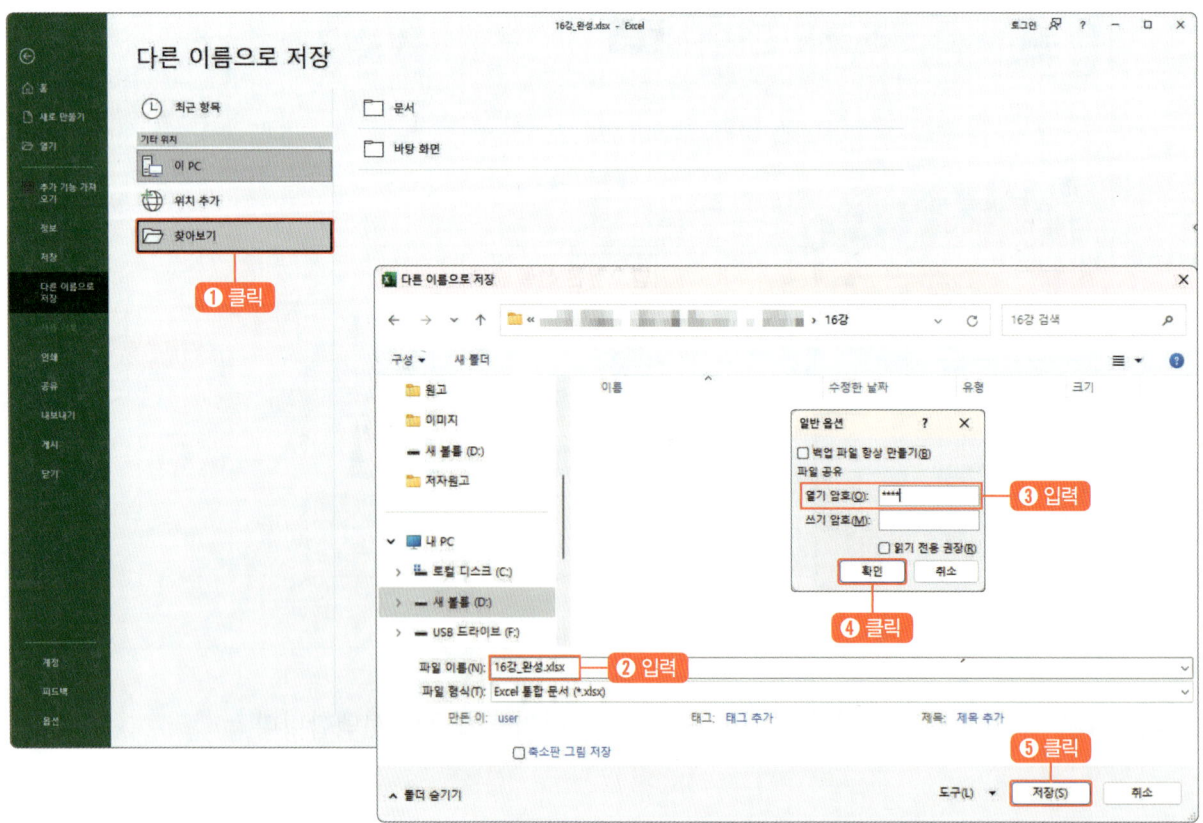

실력 UP! 한칸 더 GO! GO!

1 파일을 불러온 후 차트를 삽입하여 '산불 발생 건수 차트'를 완성해 보세요.

🔑 예제 파일 : 16강_실력1(예제).xlsx   🔑 완성 파일 : 16강_실력1(완성).xlsx

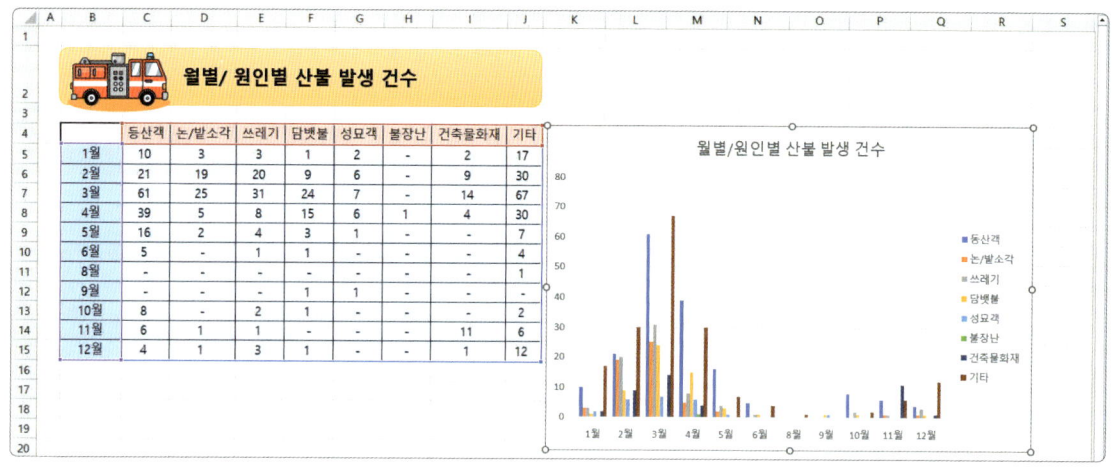

🎲 **Hint**

① 'B4:J15' – '차트'
② '세로 막대형' – '묶은 세로 막대형'
③ '차트 제목' – '월별/원인별 산불 발생 건수'
④ [빠른 레이아웃] – '레이아웃 1'

2 파일을 불러온 후 차트 서식을 변경하여 '산불 발생 건수 차트'를 완성해 보세요.

🔑 예제 파일 : 16강_실력2(예제).xlsx   🔑 완성 파일 : 16강_실력2(완성).xlsx

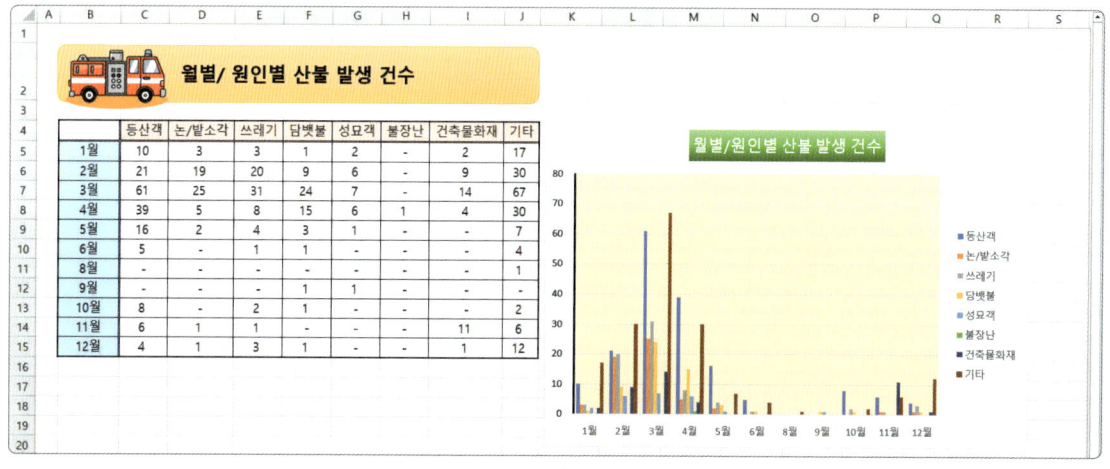

🎲 **Hint**

① '차트 제목' – '그라데이션 채우기 – 녹색, 강조 6, 윤곽선 없음'
② [그림 영역] – '황금색, 강조 4, 80% 더 밝게'
③ [세로 축] – '강한 선–어둡게 1'

GAME 17 과일 생산량

| 학습목표 |
- 차트를 새 시트로 이동할 수 있습니다.
- 차트 종류를 변경할 수 있습니다.
- 차트의 데이터를 변경할 수 있습니다.

오늘의 도착지점

예제 파일 : 17강_예제.xlsx   완성 파일 : 17강_완성.xlsx

도착지 정보

우리나라는 지역마다 자연환경이 다르기 때문에 생산 활동의 종류도 다양합니다. 그 중 제주도는 따뜻한 지역에서 재배되는 과일들이 잘 자랍니다. 일조량도 많고 포근한 날씨의 제주도에 귤 외에 어떤 과일들이 자라고 있는지 차트로 한눈에 비교해 봅니다.

Step 01 차트 이동하기

차트를 새로운 시트로 이동해 봅니다.

① Excel 2021 프로그램을 실행한 후 [열기]-[찾아보기]에서 '17강_예제.xlsx'를 불러옵니다.

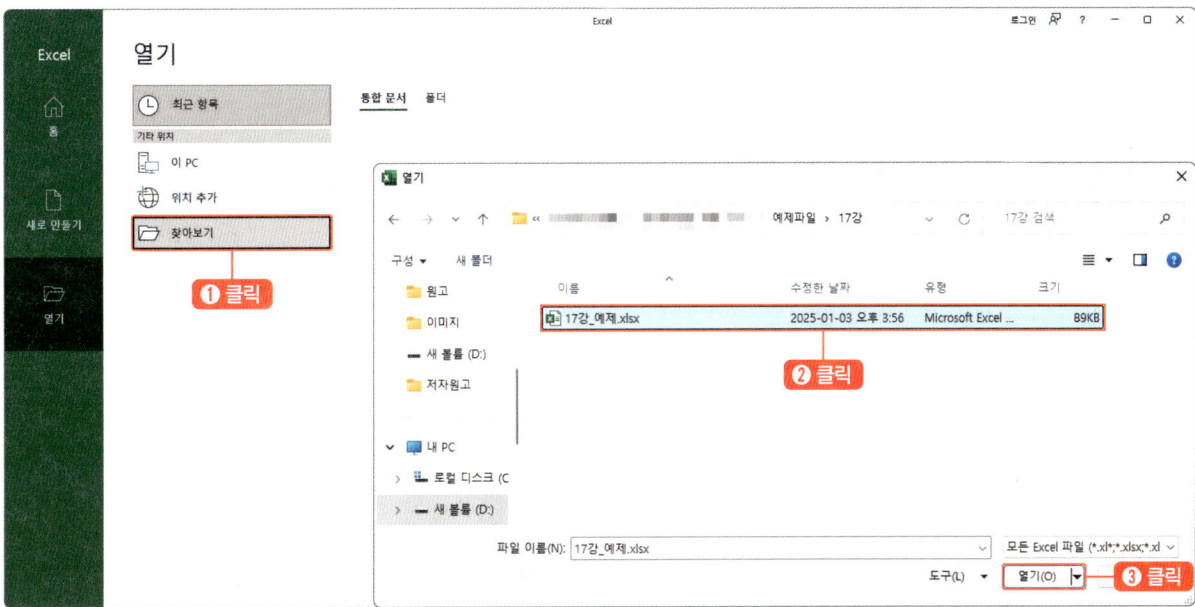

② 차트를 클릭하고 [차트 디자인] 탭-[위치] 그룹의 [차트 이동]을 클릭합니다. [차트 이동] 대화상자가 실행되면 '새 시트'를 선택한 후 입력칸에 '제주도 과일 생산량'을 입력하고 [확인]을 클릭합니다.

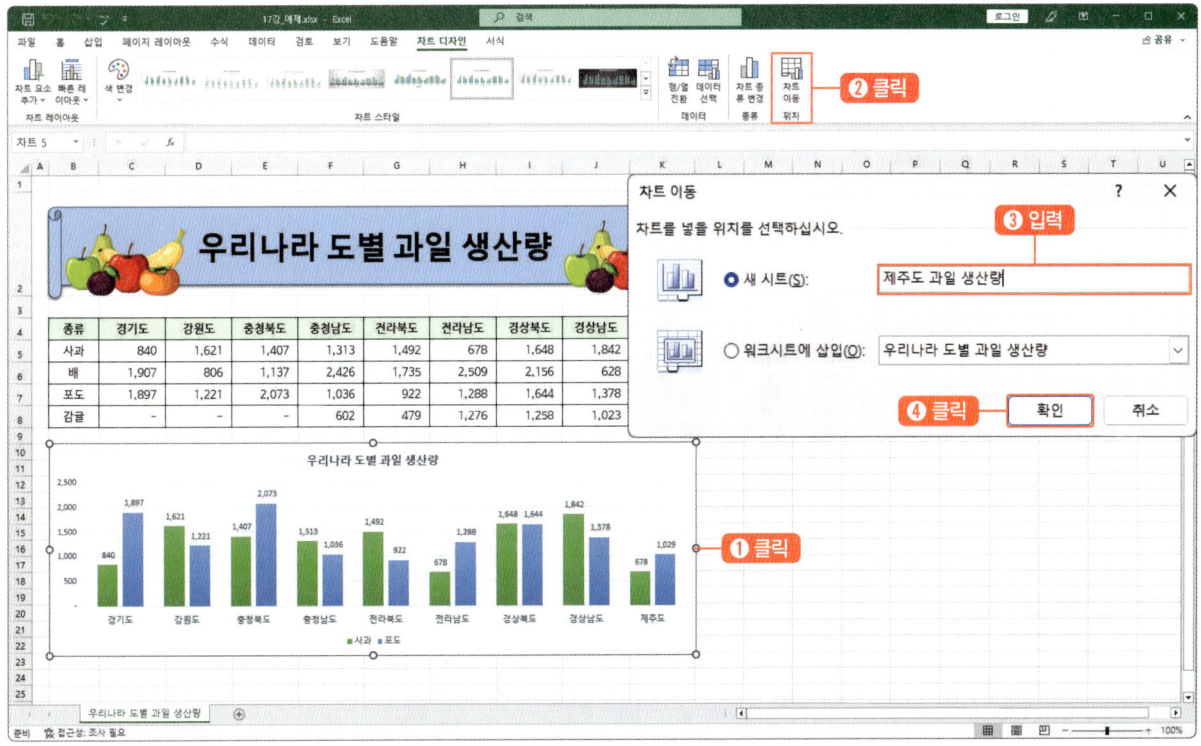

GAME 17 과일 생산량 _ 107

Step 02 차트 데이터 변경하기

차트의 데이터를 변경해 봅니다.

① 이동한 시트에서 차트 제목을 더블클릭하여 '제주도 과일 생산량'을 입력합니다.

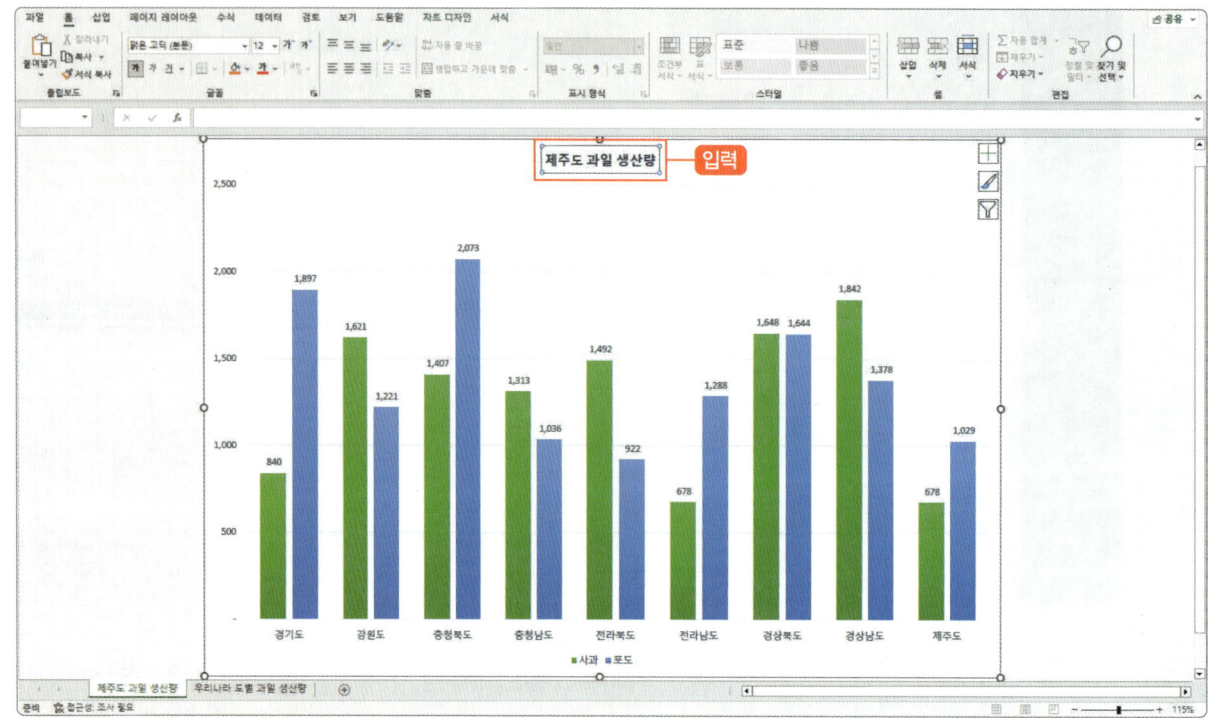

② 삽입된 차트를 클릭하고 [차트 디자인] 탭-[데이터] 그룹의 [데이터 선택]을 클릭합니다.

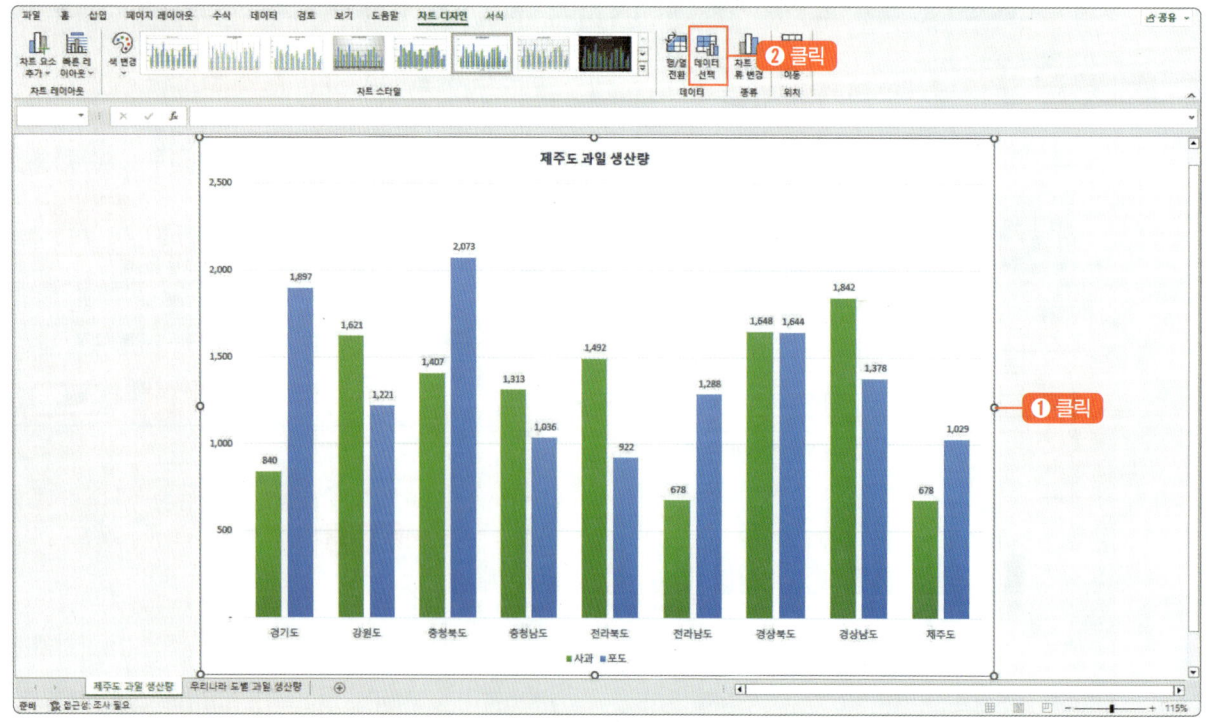

108 _ [컴속마불] 퀘스트 팡팡! 엑셀2021 어드벤처

③ [데이터 원본 선택] 대화 상자가 실행되면 차트 데이터 범위를 클릭하여 삭제합니다. 이어서 'B4:B8'셀을 선택한 후 Ctrl 키를 누른 채로 'K4:K8'셀을 선택하여 범위를 지정하고 [확인]을 클릭합니다.

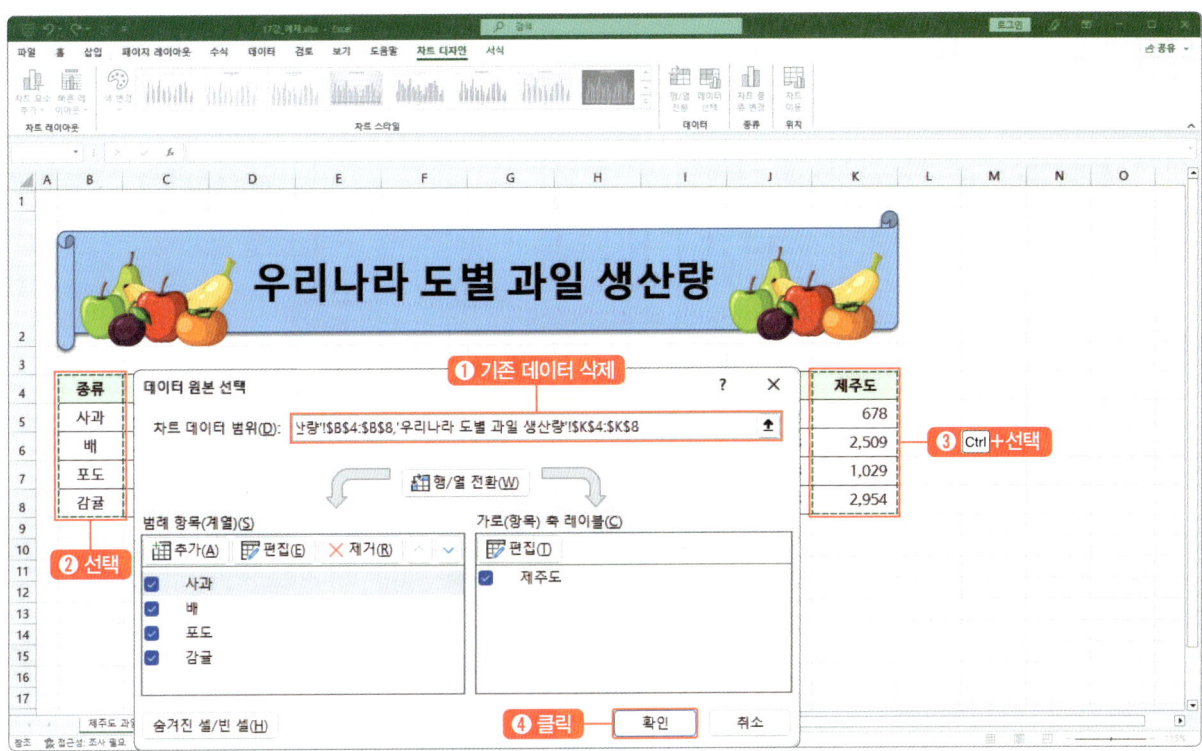

④ 변경된 차트를 클릭하고 [차트 디자인] 탭-[데이터] 그룹의 [행/열 전환]을 클릭합니다.

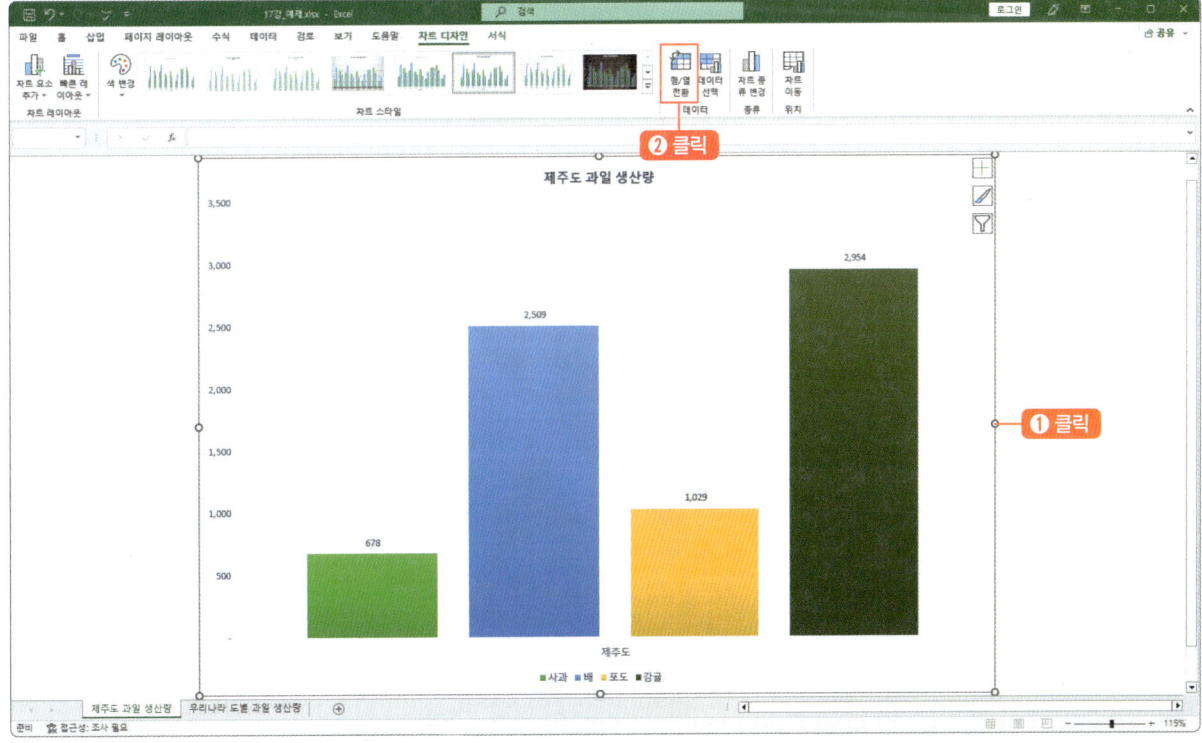

GAME 17 과일 생산량 _ 109

Step 03 차트 종류 변경하기

차트 종류를 원형으로 변경해 봅니다.

① [차트 디자인] 탭-[종류] 그룹의 [차트 종류 변경]을 클릭한 후 [차트 종류 변경] 대화 상자가 실행되면 '원형'-'원형'을 클릭하고 [확인]을 클릭합니다.

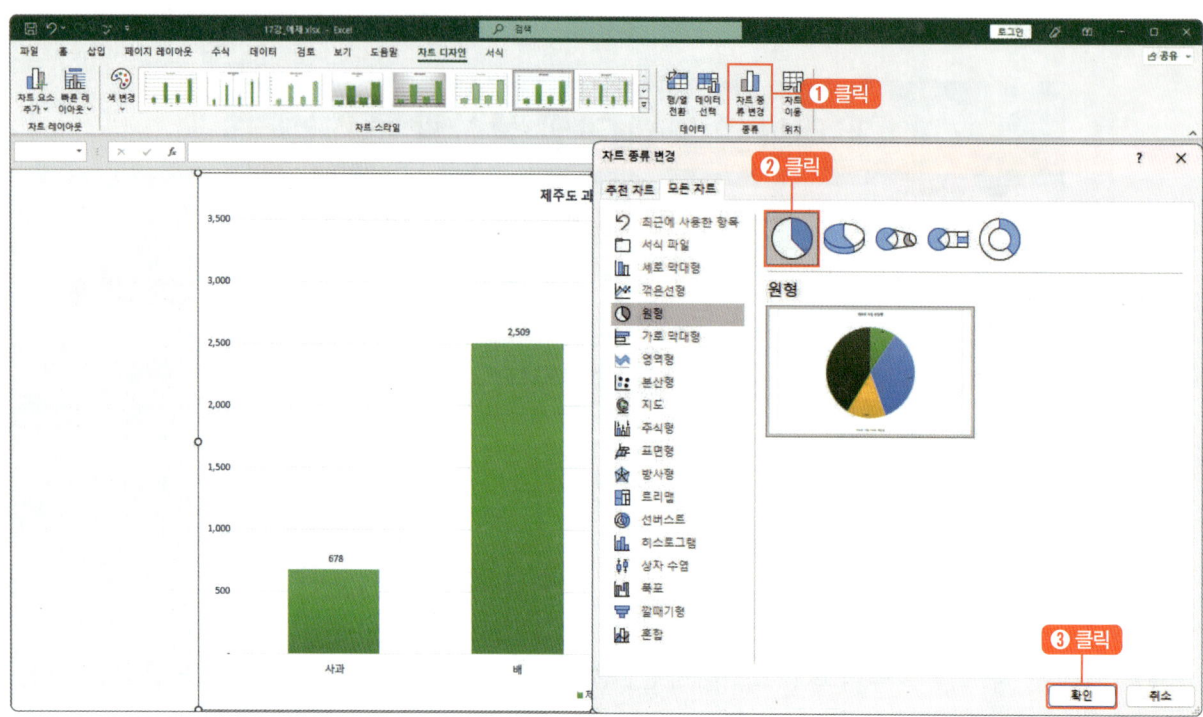

② 변경된 차트에서 데이터 요소를 드래그하여 배치합니다.

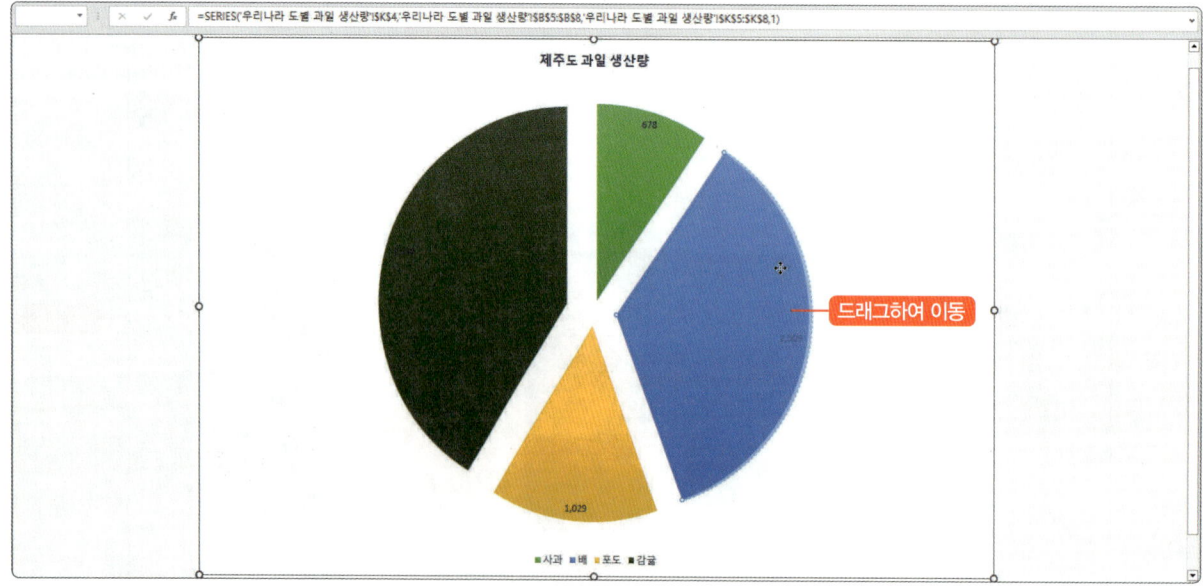

③ [파일]-[다른 이름으로 저장하기]를 통해 완성된 작품을 저장합니다.

1 파일을 불러온 후 차트를 이동하여 '좋아하는 색'을 완성해 보세요.

🔑 예제 파일 : 17강_실력1(예제).xlsx   🔑 완성 파일 : 17강_실력1(완성).xlsx

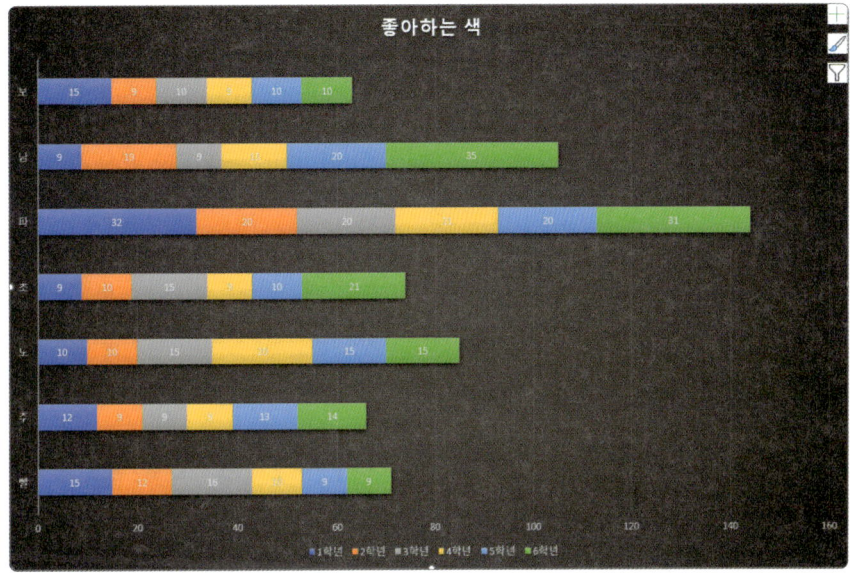

Hint
① '새 시트' – '좋아하는 색'

2 파일을 불러온 후 차트 데이터를 변경하여 '4학년이 좋아하는 색'을 완성해 보세요.

🔑 예제 파일 : 17강_실력2(예제).xlsx   🔑 완성 파일 : 17강_실력2(완성).xlsx

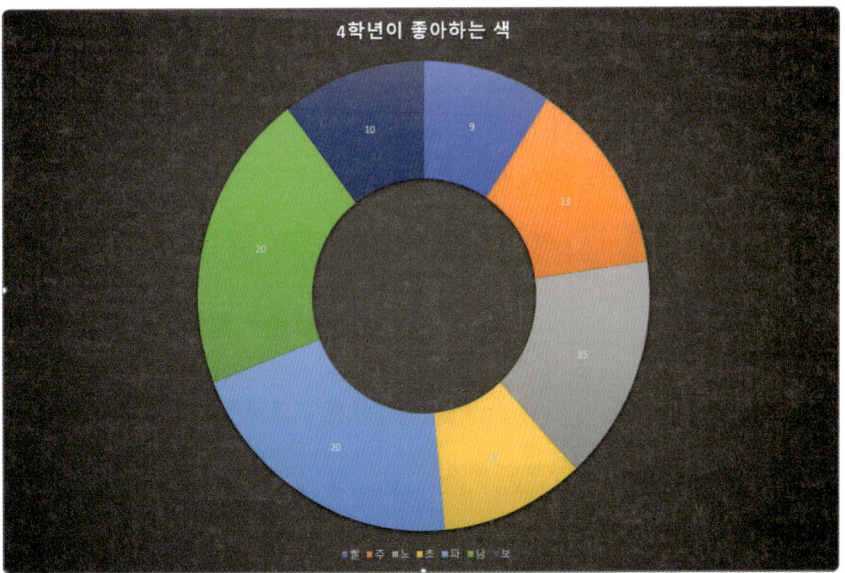

Hint
① [데이터 선택] – 'A4:H4', 'A9:H9'
② [행/열 전환]
③ [차트 종류 변경] – '도넛형'

GAME 18 아이템 상점

| 학습목표 |
- WordArt를 삽입할 수 있습니다.
- 상위 10개 항목에 대한 조건부 서식을 적용할 수 있습니다.
- 수식으로 조건부 서식을 적용할 수 있습니다.

오늘의 도착지점

예제 파일 : 18강_예제.xlsx   완성 파일 : 18강_완성.xlsx

나만의 게임 아이템 상점

아이템명	직업	공격력	방어력	착용레벨	금액
갈색 가죽 모자	모두	5	30	10	1,260
다이아몬드 소드	전사	200	43	50	17,400
둥근 나무 방패	모두	3	5	1	300
드래곤의 단도	도적	200	43	50	19,800
레이니 보우	궁수	65	27	20	5,350
모험가의 창	전사	65	27	20	6,800
미스릴 너클	도적	65	27	20	6,420
바이킹 소드	전사	30	10	10	1,580
사파이어 스태프	마법사	200	43	50	18,600
석궁	궁수	30	10	10	1,090
스틸 헬멧	모두	25	40	20	5,080
올림푸스의 활	궁수	200	43	50	18,900
요정의 완드	마법사	30	10	10	1,490
위저드 완드	마법사	65	27	20	7,460
이카루스의 날개	모두	20	90	50	14,000
초보자 검	전사	5	3	1	300
초보자 완드	마법사	5	3	1	300
초보자 표창	도적	5	3	1	300
초보자 활	궁수	5	3	1	300
해적의 피스톨	도적	30	10	10	1,450

도착지 정보

아이템이란 무기, 방어구 등 게임에서 사용되는 물건을 말하며 슈퍼나 마트처럼 상점을 통해 게임 속 재화로 값을 지불하고 구매하게 됩니다. 상상 속 나만의 아이템 상점의 목록에서 가격이 높은 10개의 항목을 알아보고, 직업에 맞는 아이템을 구분해 봅니다.

Step 01 WordArt 삽입하기

WordArt를 삽입해 봅니다.

① Excel 2021 프로그램을 실행한 후 [열기]-[찾아보기]에서 '18강_예제.xlsx'를 불러옵니다.

② [삽입] 탭-[텍스트] 그룹의 [WordArt 삽입( )]-'채우기: 검정, 텍스트 색 1, 윤곽선: 흰색, 배경색 1, 진한 그림자: 파랑, 강조색 5'를 선택합니다.

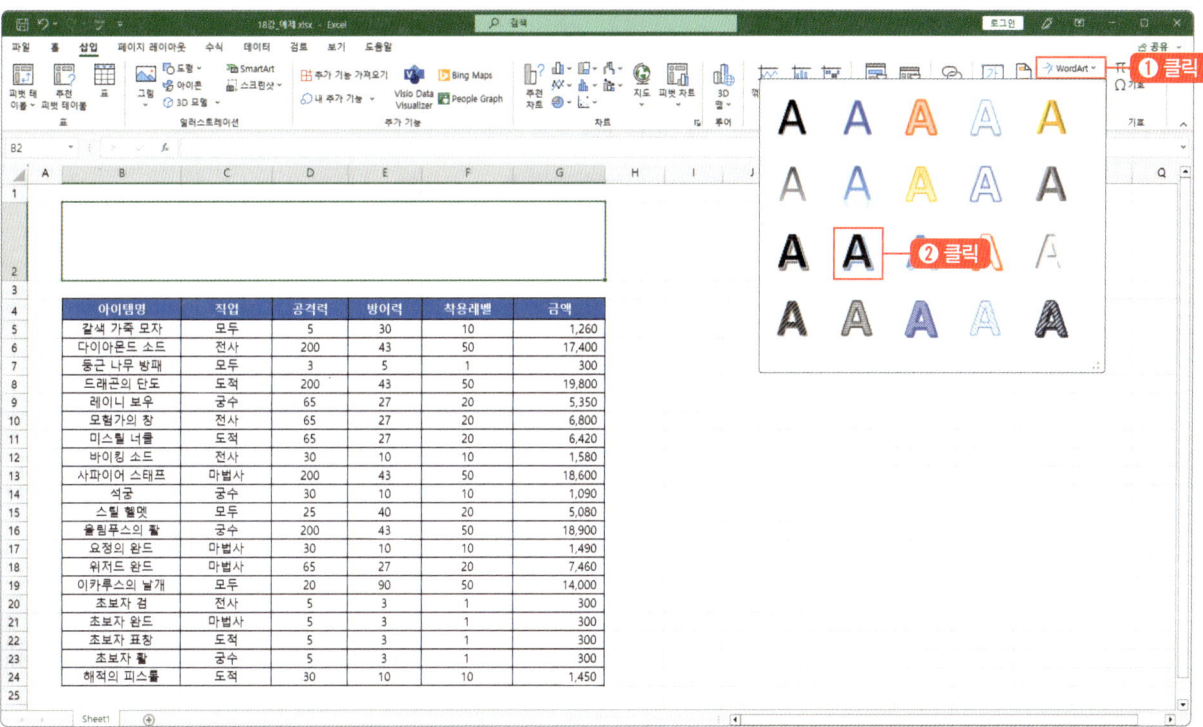

③ 삽입된 WordArt의 '필요한 내용을 입력하시오.'를 지우고 '나만의 게임 아이템 상점'을 입력한 후 글꼴 크기를 '44'로 변경하고 위치를 조절합니다.

Step 02 조건부 서식 ①

상위 10개 항목에 해당하는 데이터에 서식을 지정해 봅니다.

① 'G5:G24'셀까지 데이터를 선택한 후 [홈] 탭-[스타일] 그룹의 [조건부 서식]을 클릭하고 [상위/하위 규칙]-[상위 10개 항목]을 클릭합니다.

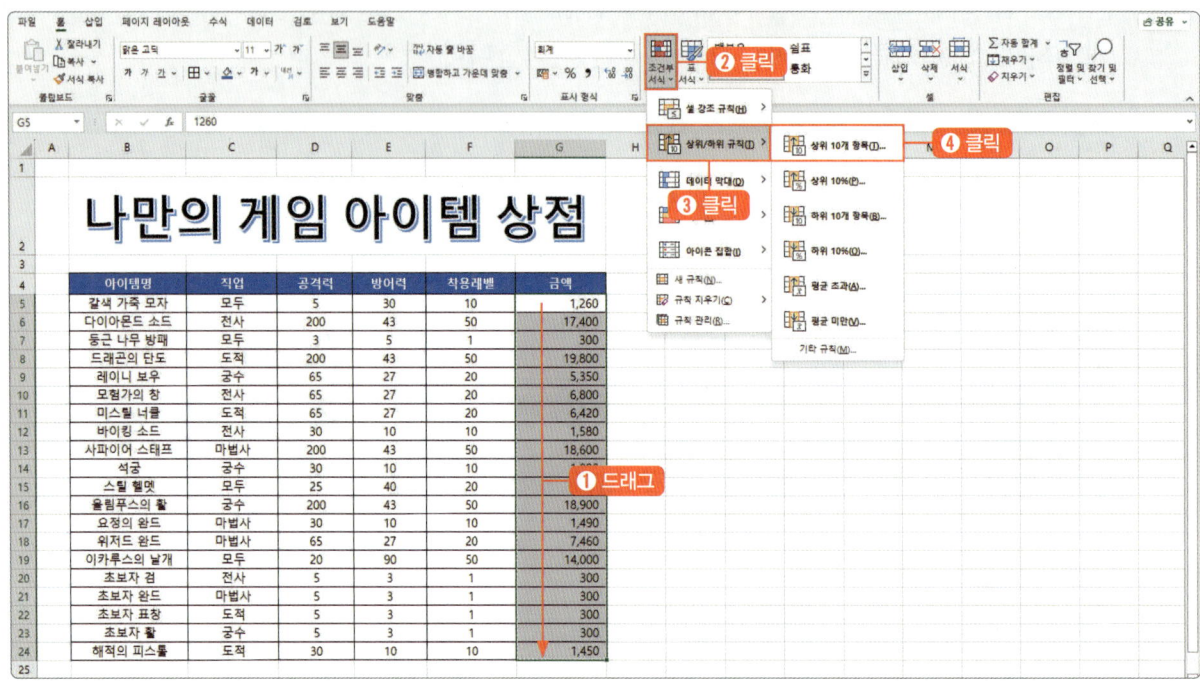

② [상위 10개 항목] 대화 상자가 실행되면 적용할 서식을 '진한 녹색 텍스트가 있는 녹색 채우기'로 선택하고 [확인]을 클릭한 후 적용된 내용을 확인합니다.

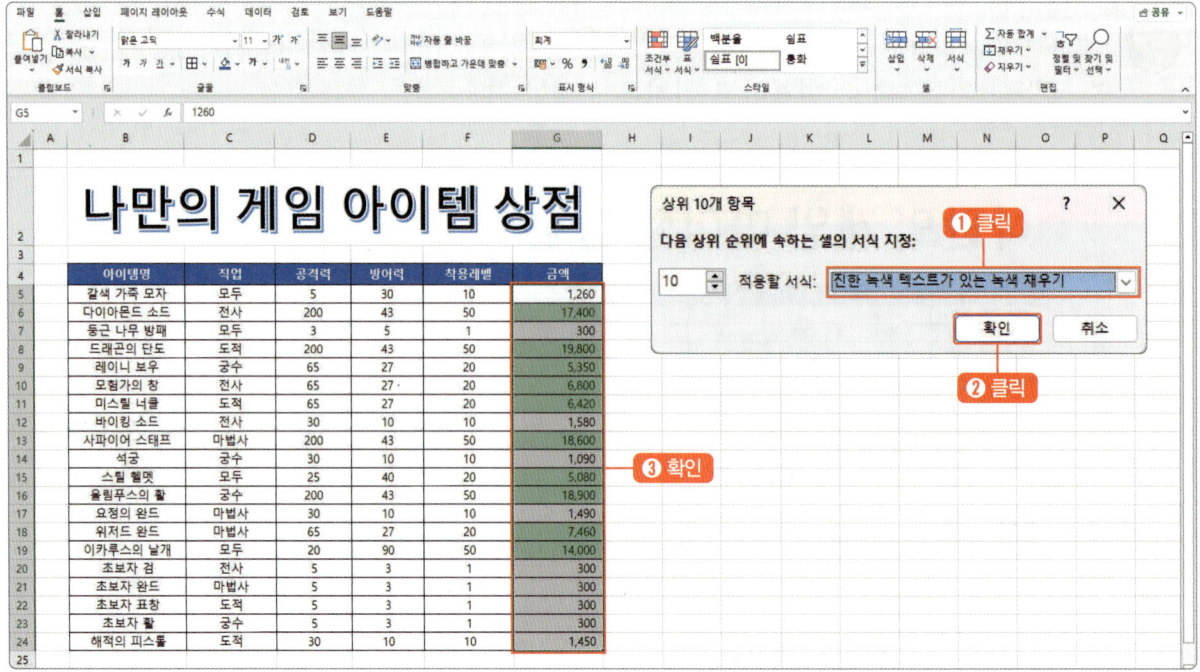

114 _ [컴속마불] 퀘스트 팡팡! 엑셀2021 어드벤처

Step 03 조건부 서식 ②

수식을 사용하여 서식을 변경해 봅니다.

① 'B5:G24'셀을 전부 선택한 후 [홈] 탭-[스타일] 그룹의 [조건부 서식]을 클릭하고 [새 규칙]을 클릭합니다.

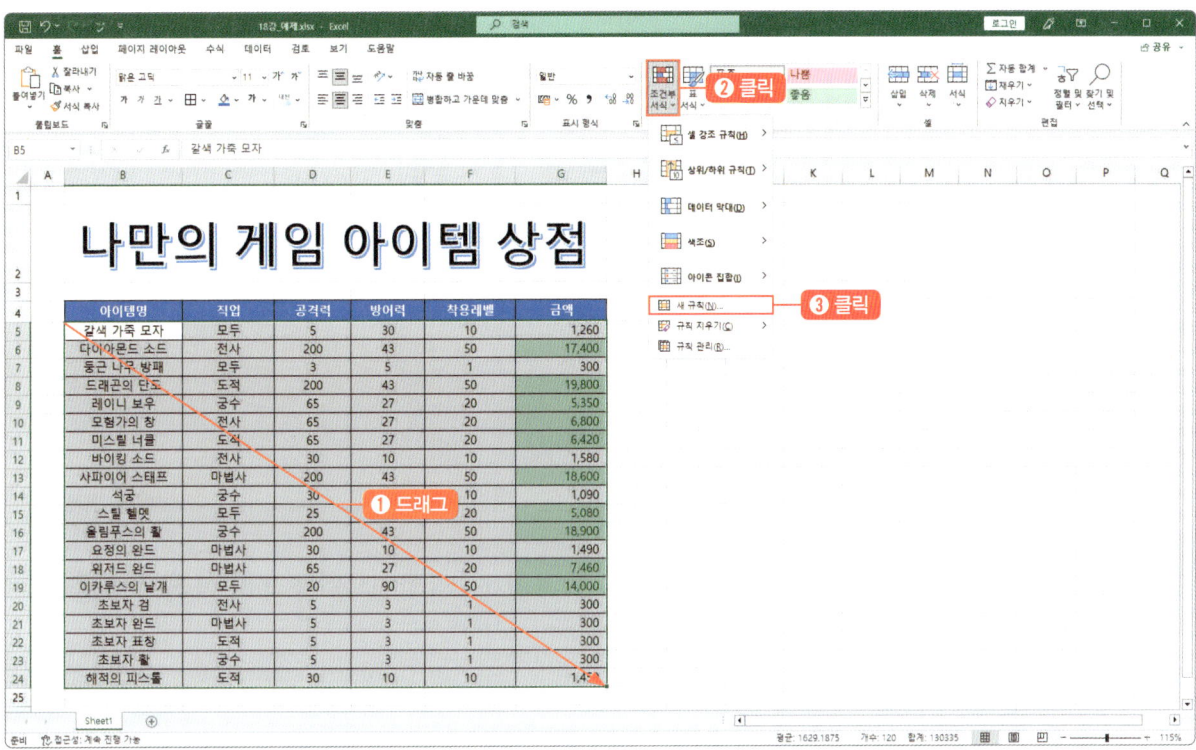

② [새 서식 규칙] 대화 상자가 실행되면 '▶수식을 사용하여 서식을 지정할 셀 결정'을 클릭하고 다음 수식이 참인 값의 서식 지정의 입력칸에 커서를 위치시킨 후 '=$C5="마법사"'를 입력합니다.

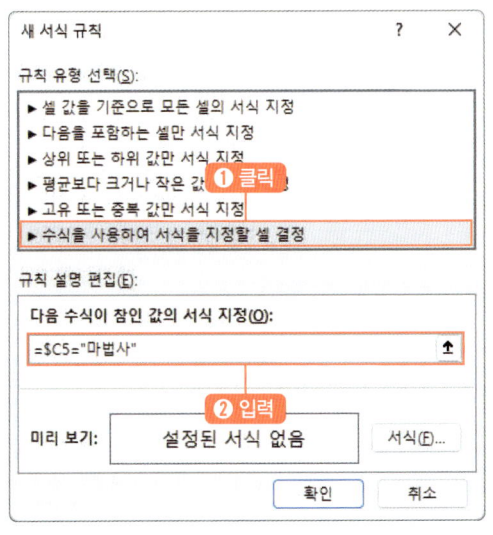

이해 쏙! TIP!

- 혼합참조를 사용할 때는 F4 키를 반복해서 눌러요.
- 수식에서 문자를 인식할 때는 " "(큰따옴표)를 꼭 사용해요.
- 이상은 '>=', 이하는 '<=', 초과는 '>', 미만은 '<'를 사용해요.

GAME 18 아이템 상점 _ 115

③ [새 서식 규칙] 대화 상자에서 [서식]을 클릭한 후 [셀 서식] 창이 열리면 [글꼴] 탭에서 글꼴 스타일을 '굵게', 색을 '빨강'으로 지정합니다. 이어서 [채우기] 탭에서 원하는 색을 골라 [확인]을 클릭합니다.

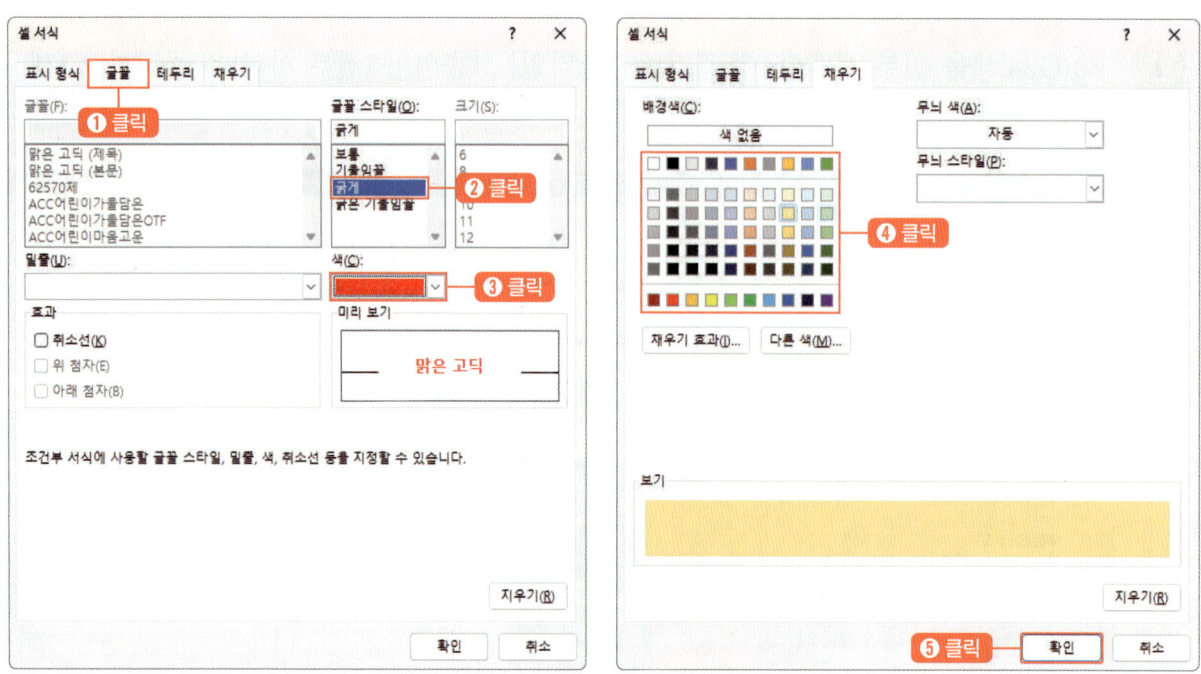

④ [새 서식 규칙] 대화 상자에서 미리 보기를 확인하고 [확인]을 눌러 데이터에서 올바르게 적용되었는지 확인합니다.

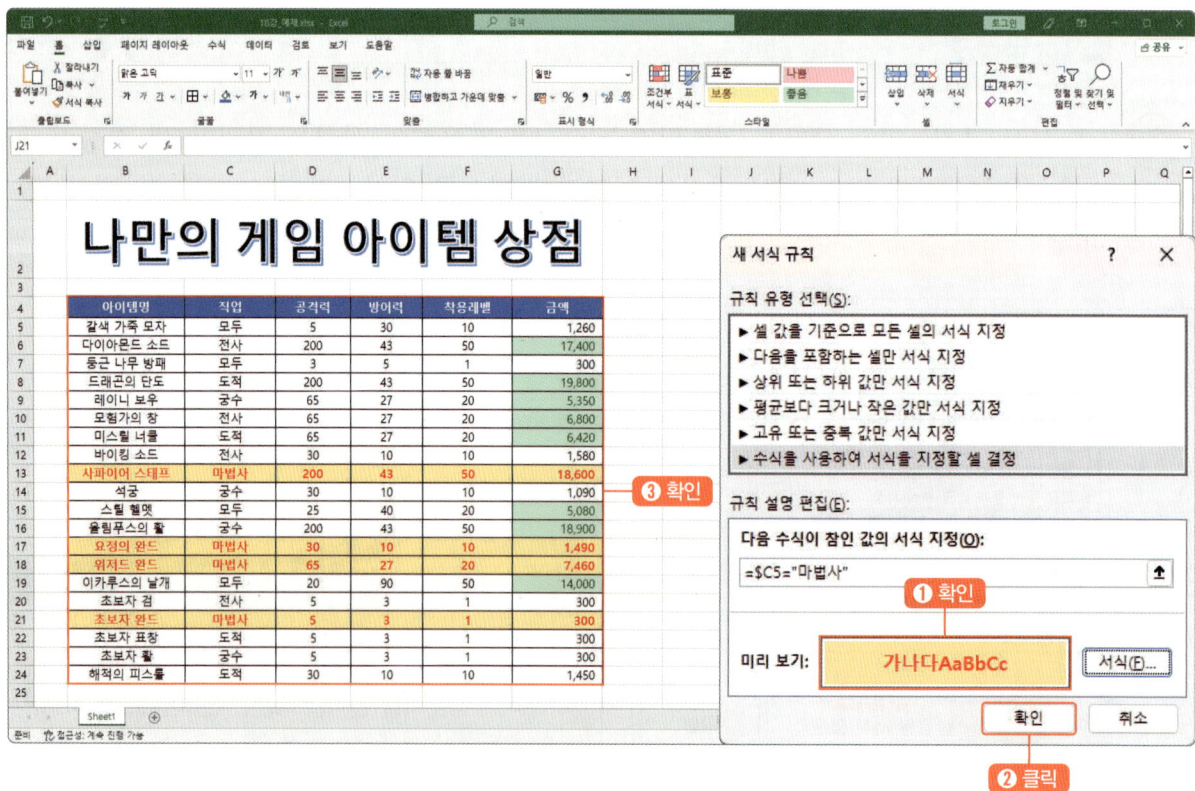

⑤ [파일]-[다른 이름으로 저장하기]를 통해 완성한 파일을 저장합니다.

1 파일을 불러온 후 WordArt와 조건부 서식을 사용하여 '국가별 총 면적'을 완성해 보세요.

예제 파일 : 18강_실력1(예제).xlsx   완성 파일 : 18강_실력1(완성).xlsx

Hint

① [WordArt] – '그라데이션 채우기: 파랑, 강조색 5, 반사'
② [조건부 서식] – '하위 10개 항목', '진한 빨강 텍스트가 있는 연한 빨강 채우기'

2 파일을 불러온 후 조건부 서식을 사용하여 '기온 관측 결과'를 완성해 보세요.

예제 파일 : 18강_실력2(예제).xlsx   완성 파일 : 18강_실력2(완성).xlsx

Hint

① [조건부 서식] – '새 규칙'
② '수식을 사용하여 서식을 지정할 셀 결정' – '=$G5<5', '기울임꼴', '파랑, 강조 5, 40% 더 밝게'

문구점 사장님

| 학습목표 |
- SUM 함수를 이용할 수 있습니다.
- AVERAGE 함수를 이용할 수 있습니다.
- 데이터를 백분율로 표시할 수 있습니다.

오늘의 도착지점

예제 파일 : 19강_예제.xlsx   완성 파일 : 19강_완성.xlsx

해람문구점 판매현황

종류	1월	2월	3월	4월	5월	6월	합계	평균	판매율
마이멜로디 연습장	20	15	50	15	24	16	140	23.33333	13%
키티 스케치북	10	10	20	41	32	15	128	21.33333	12%
짱구 크레파스	10	12	30	20	4	18	94	15.66667	8%
쿠로미 필통	5	10	15	6	17	8	61	10.16667	6%
먼작귀 볼펜	10	20	18	30	20	22	120	20	11%
카카오 테이프	8	14	8	16	21	6	73	12.16667	7%
뿐퓨토끼 스티커	4	10	16	5	7	14	56	9.333333	5%
당근 가위	6	10	10	10	20	10	66	11	6%
시나모롤 메모지	7	10	5	20	34	2	78	13	7%
티니핑 각도기	9	5	14	4	5	15	52	8.666667	5%
몰랑이 문구세트	2	4	30	5	20	2	63	10.5	6%
과일향 슬라임	20	10	3	20	10	5	68	11.33333	6%
쫀득 슬라임	20	10	2	10	10	14	66	11	6%
우정반지	7	8	3	10	5	8	41	6.833333	4%
합계	138	148	224	212	229	155	1106		

도착지 정보

문구점의 다양한 물건 중 가장 대표적인 물건은 무엇인지 알려면 평균을 사용합니다. 평균은 수나 양을 모두 같은 수나 양으로 고르게 하는 것으로 자료의 합계를 개수로 나누는 것을 말합니다. 엑셀의 함수 기능을 활용하여 합계와 평균을 구해 봅니다.

Step 01   SUM 함수 이용하기

SUM함수를 이용하여 합계를 구해봅니다.

① Excel 2021 프로그램을 실행한 후 [열기]-[찾아보기]에서 '19강_예제.xlsx'를 불러옵니다.

② 'E5'셀을 클릭한 후 [수식] 탭-[함수 라이브러리] 그룹의 [자동 합계]-[합계]를 클릭합니다. '=SUM(C5:H5)'가 자동으로 입력되면 Enter 키를 누릅니다.

이해 쏙! TIP!

[자동 합계]기능은 수식에 필요한 인수나 범례를 인접한 데이터들로 자동으로 선택해요.

③ 'I5'셀의 채우기 핸들을 'I18'셀까지 드래그한 후 [자동 채우기 옵션]을 클릭하여 [서식 없이 채우기]를 클릭합니다.

④ 'C19'셀을 클릭한 후 [수식] 탭의 [함수 삽입]을 클릭합니다. [함수 마법사] 대화 상자가 실행되면 범주를 '수학/삼각'으로 선택한 후 'SUM'을 클릭하고 [확인]을 클릭합니다.

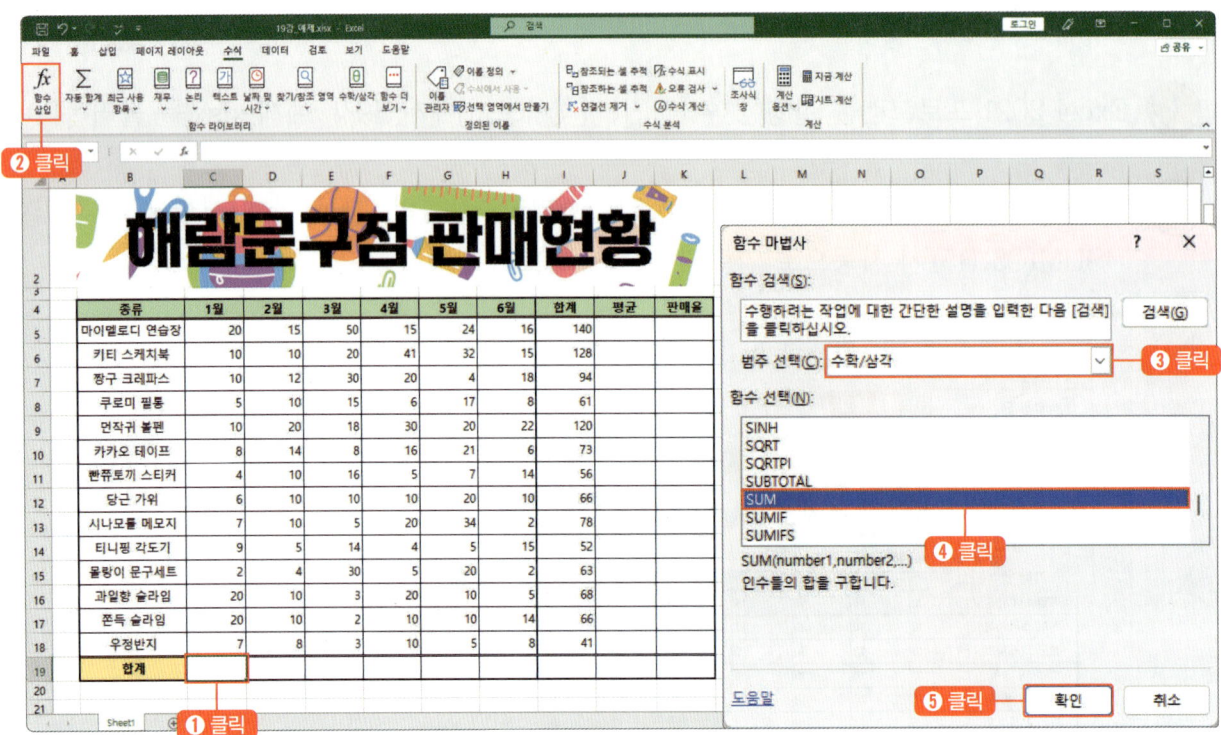

⑤ [함수 인수] 대화 상자가 실행되면 Number1의 입력칸을 클릭하고 'C5:C18'까지 선택한 후 [확인]을 클릭합니다.

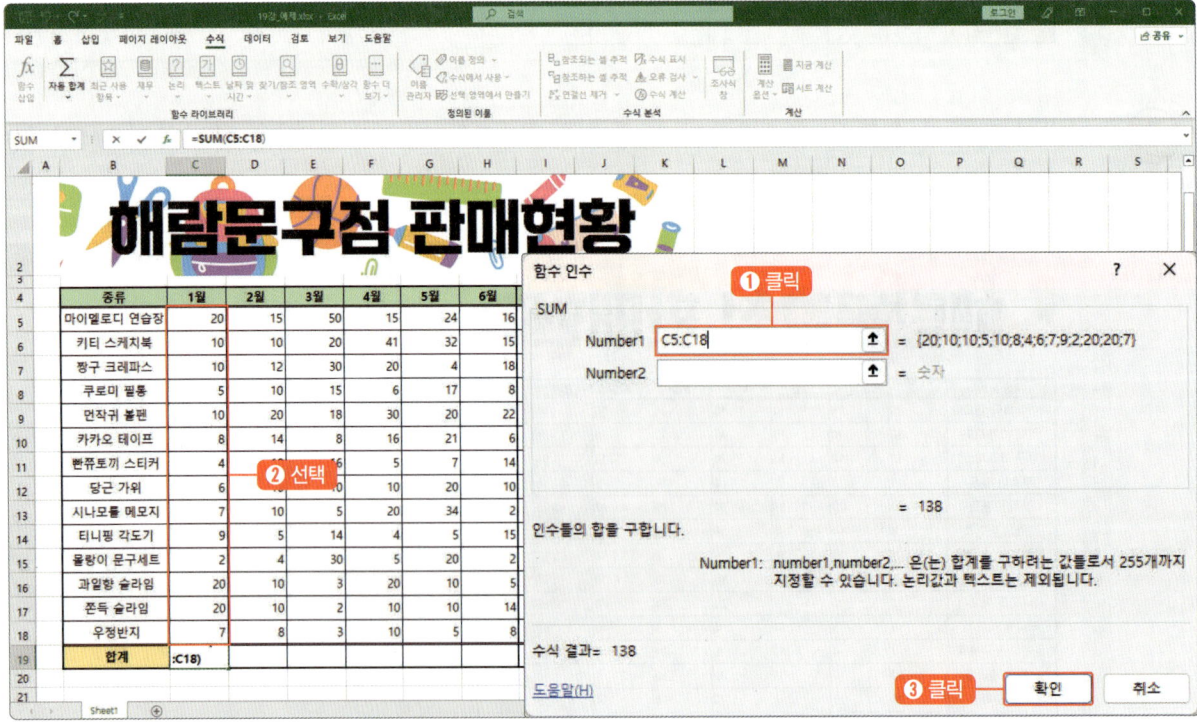

⑥ ❸과 같은 방법으로 'I19'셀까지 드래그한 후 [서식 없이 채우기]를 합니다.

Step 02 AVERAGE 함수 이용하기

AVERAGE 함수를 이용하여 평균을 계산해 봅니다.

① 'J5'셀을 클릭한 후 [수식] 탭의 [함수 삽입]을 클릭합니다. [함수 마법사] 대화 상자가 실행되면 범주를 '통계'로 선택한 후 'AVERAGE'를 클릭하고 [확인]을 클릭합니다.

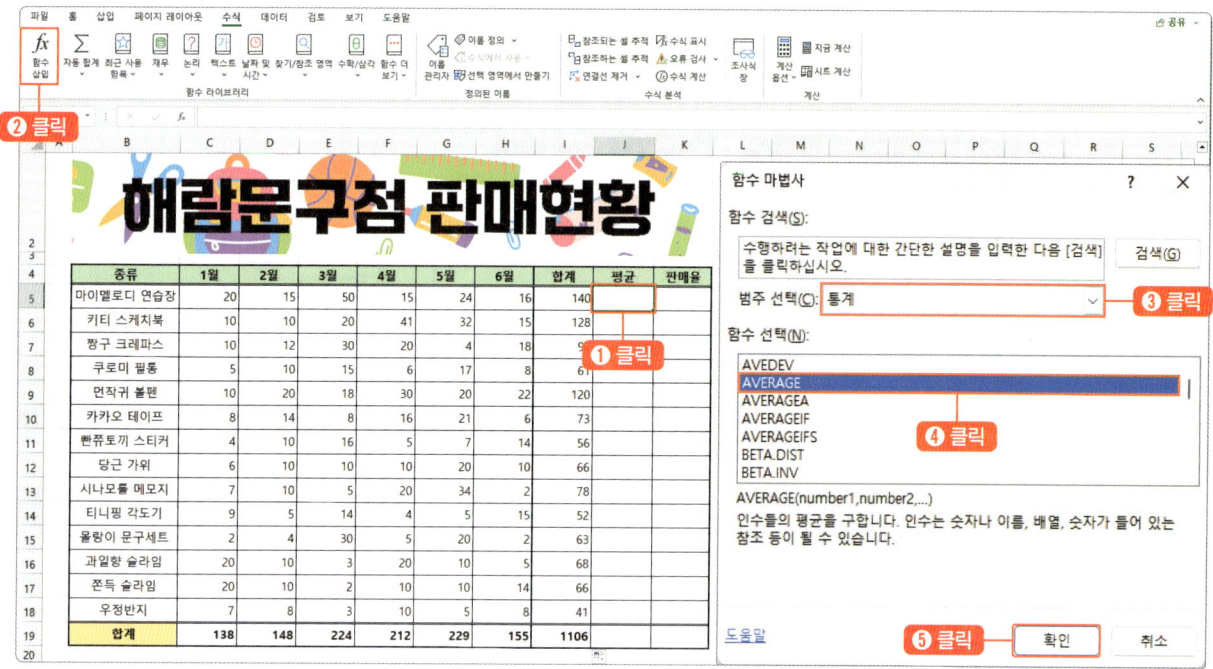

② [함수 인수] 대화 상자가 실행되면 Number1의 입력칸에 'C5:H5'를 드래그하여 입력한 후 [확인]을 클릭합니다.

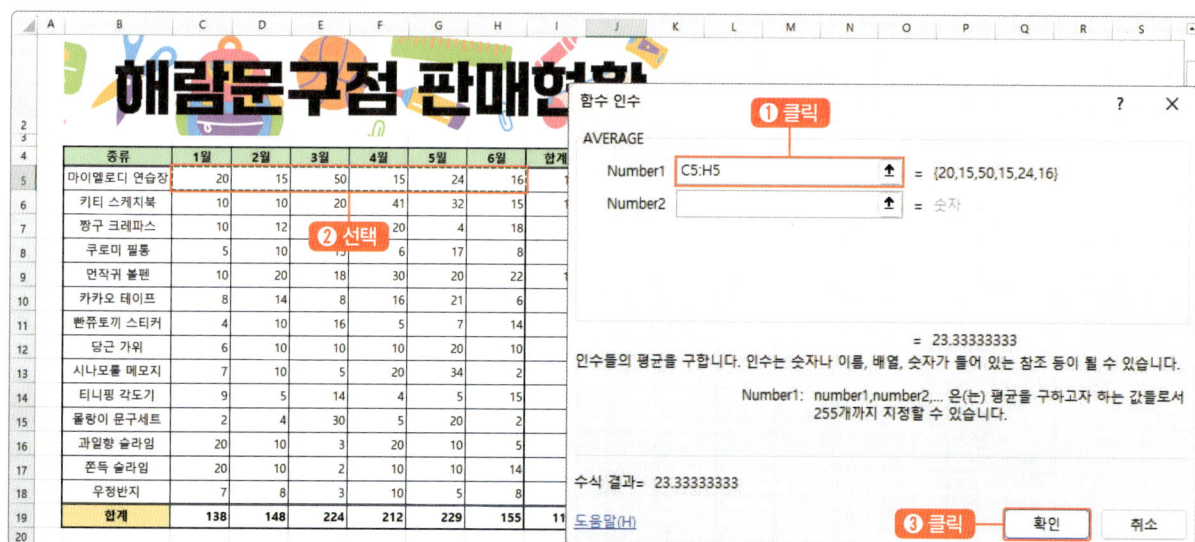

③ 'J5' 셀의 채우기 핸들을 'J18' 셀까지 드래그한 후 [자동 채우기 옵션]-[서식 없이 채우기]를 클릭합니다.

Step 03 백분율로 표시하기

셀을 참조하여 나누기를 하고 백분율로 표시해 봅니다.

① 'K5'셀을 클릭한 후 '=I5/$I$19'를 입력한 후 Enter 키를 누릅니다.

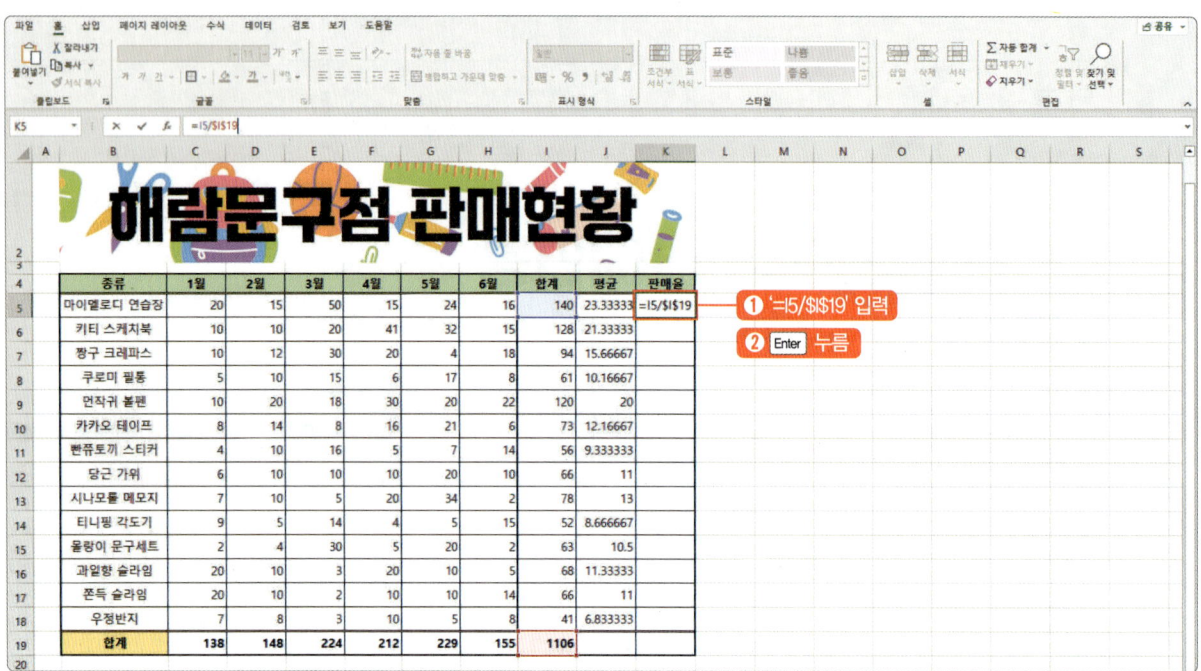

② [홈] 탭-[표시 형식] 그룹에서 [백분율(%)]을 클릭합니다. 이어서 'K18'셀까지 채우기 핸들을 사용하여 데이터를 입력합니다.

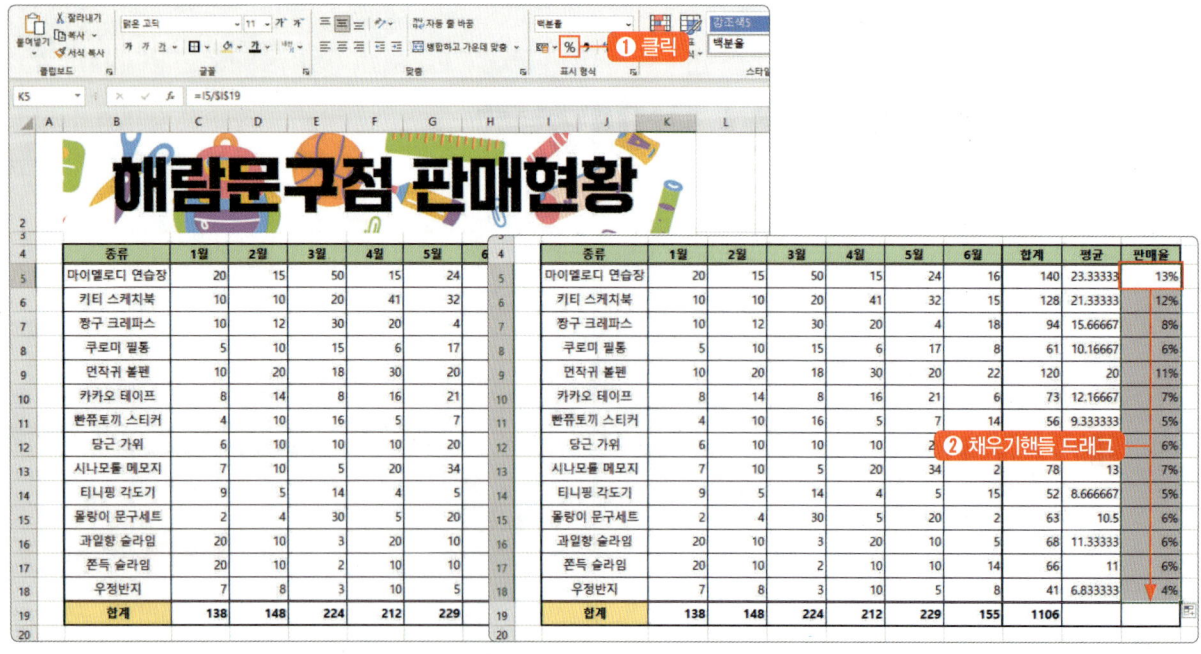

③ [파일] 탭-[다른 이름으로 저장하기]를 통해 완성된 파일을 저장합니다.

① 파일을 불러온 후 SUM 함수를 이용하여 '입학생과 졸업생'을 완성해 보세요.

🔑 예제 파일 : 19강_실력1(예제).xlsx   🔑 완성 파일 : 19강_실력1(완성).xlsx

 Hint

① 'E6' – '=SUM(C6:D6)', [서식 없이 채우기]
② 'H6' – '=SUM(F6:G6)', [서식 없이 채우기]
③ 'C23' – '=SUM(C6:C22)', [서식 없이 채우기]

② 파일을 불러온 후 SUM함수와 AVERAGE 함수를 이용하여 '바자회 모금액'을 완성해 보세요.

🔑 예제 파일 : 19강_실력2(예제).xlsx   🔑 완성 파일 : 19강_실력2(완성).xlsx

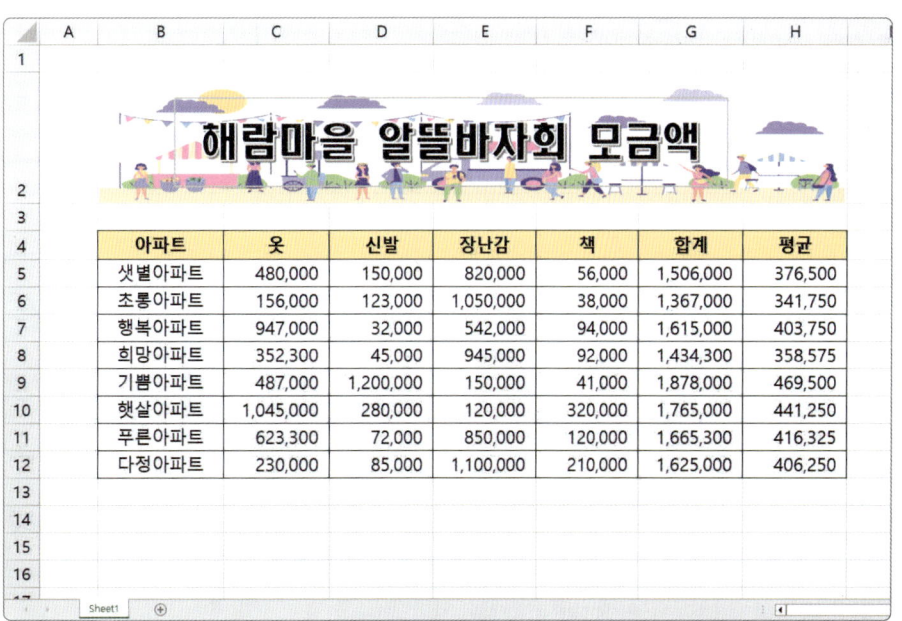

 Hint

① 'G5' – '=SUM(C5:F5)'
② 'H5' – '=AVERAGE(C5:F5)'

GAME 20 MBTI 분포도

| 학습목표 |
- SUM 함수를 이용하여 비연속적 범위를 계산할 수 있습니다.
- MAX/MIN 함수를 이용할 수 있습니다.
- RANK 함수를 이용할 수 있습니다.

오늘의 도착지점

🔑 예제 파일 : 20강_예제.xlsx   🔑 완성 파일 : 20강_완성.xlsx

MBTI 16가지 성격 유형별 분포도

	총 조사인원	19,083
	가장 많은 인원	2,446
	가장 적은 인원	553

내향형(I)			외향형(E)		
유형	인원	순위	유형	인원	순위
ISTJ	2,446	1	ESTJ	2,366	1
ISFJ	1,590	2	ESFJ	1,573	3
INTJ	634	6	ENTJ	674	7
INFJ	553	8	ENFJ	627	8
ISTP	792	5	ESTP	792	5
ISFP	1,233	4	ESFP	1,379	4
INTP	604	7	ENTP	695	6
INFP	1,271	3	ENFP	1,854	2
계	9,123		계	9,960	

도착지 정보

나의 MBTI는 무엇인가요? MBTI는 성격 유형 지표 중 하나로 총 16가지의 유형으로 나뉩니다. 개인의 성격 유형을 파악할 수 있어 '나'를 표현하는 하나의 수단으로도 사용합니다. 조사 결과에서 어떠한 유형의 사람이 많을지 엑셀 함수로 활용해 알아 봅니다.

Step 01 SUM 함수 이용하기

SUM 함수를 이용하여 비연속적인 범위의 합계를 계산해 봅니다.

① Excel 2021 프로그램을 실행한 후 [열기]-[찾아보기]에서 '20강_예제.xlsx'를 불러옵니다.

② 'G4'셀을 클릭한 후 [수식] 탭-[함수 라이브러리] 그룹에서 [수학/삼각]을 클릭하고 목록에서 'SUM'을 찾아 클릭합니다.

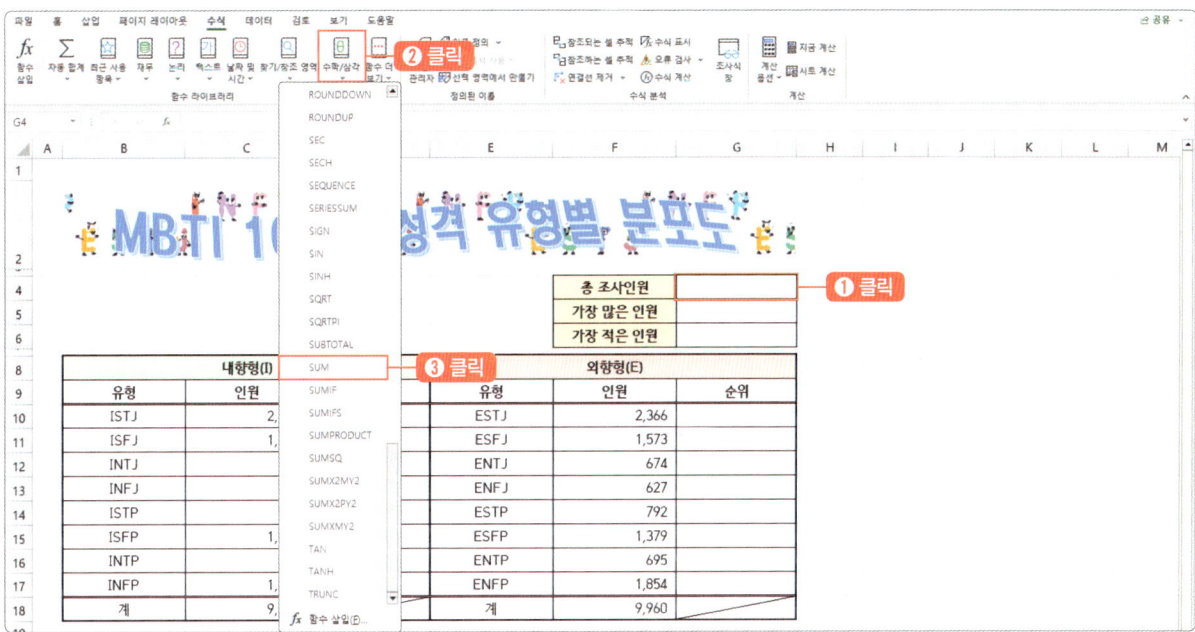

③ [함수 인수] 대화 상자가 실행되면 Number1의 입력칸을 클릭한 후 'C10:C17'을 드래그합니다. 이어서 Ctrl 키를 누른 채로 'F10:F17'을 드래그하여 선택하고 '확인'을 누릅니다.

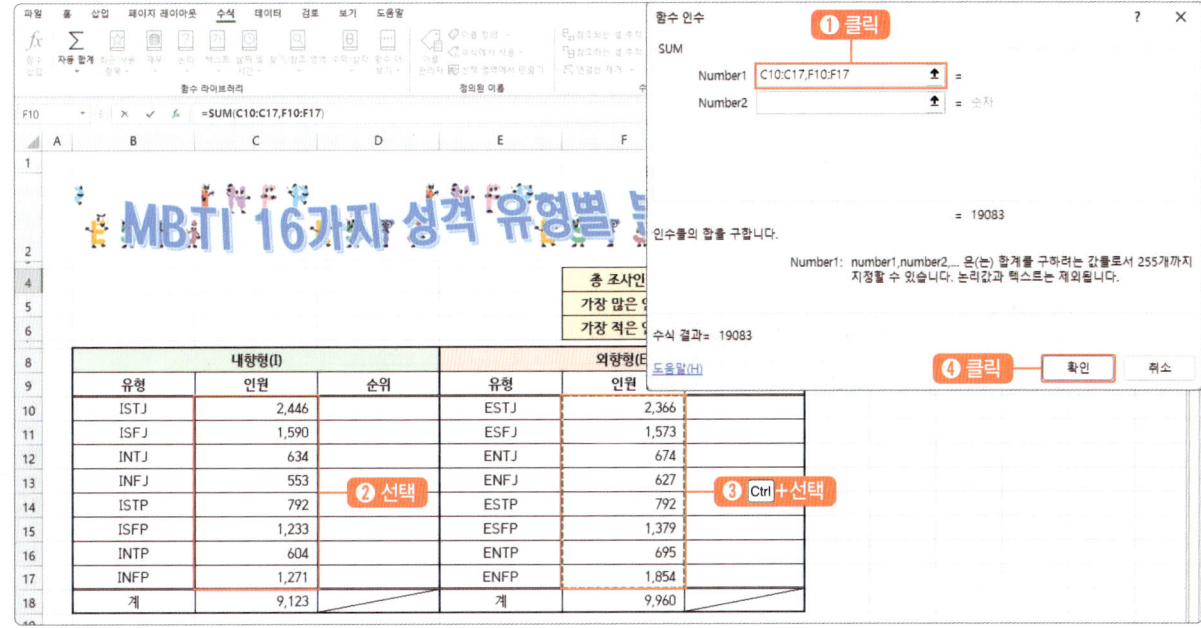

GAME 20 MBTI 분포도 _ **125**

Step 02 MAX/MIN 함수 이용하기

MAX/MIN 함수를 이용하여 최대값과 최소값을 계산해 봅니다.

① 'G5'셀을 클릭한 후 [수식] 탭-[자동 합계]-[최대값]을 클릭합니다. 자동으로 입력된 '=MAX(G4)'에서 범위를 지우고 'C10:C17'을 선택한 후 Ctrl 키를 누른 채로 'F10:F17'셀을 선택합니다.

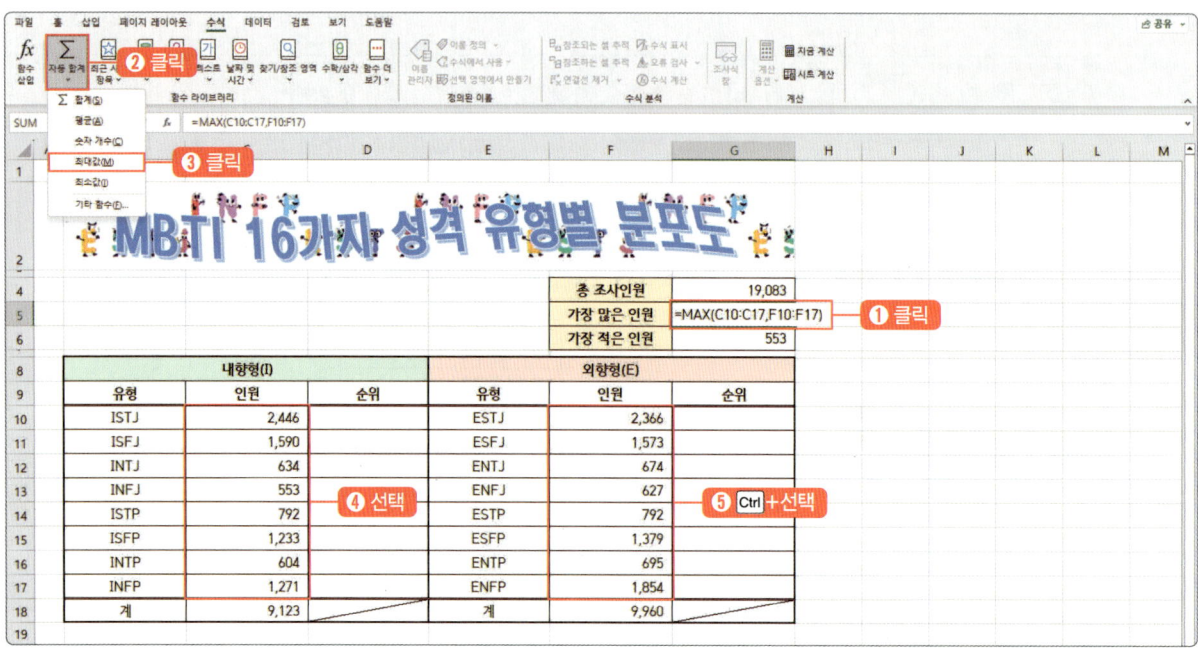

② 'G6'셀을 클릭한 후 수식 입력줄에 '=MIN('을 입력하고 'C10:C17'을 선택합니다. Ctrl 키를 누른 채로 'F10:F17'셀을 선택한 후 ')'를 입력하고 Enter 키를 누릅니다.

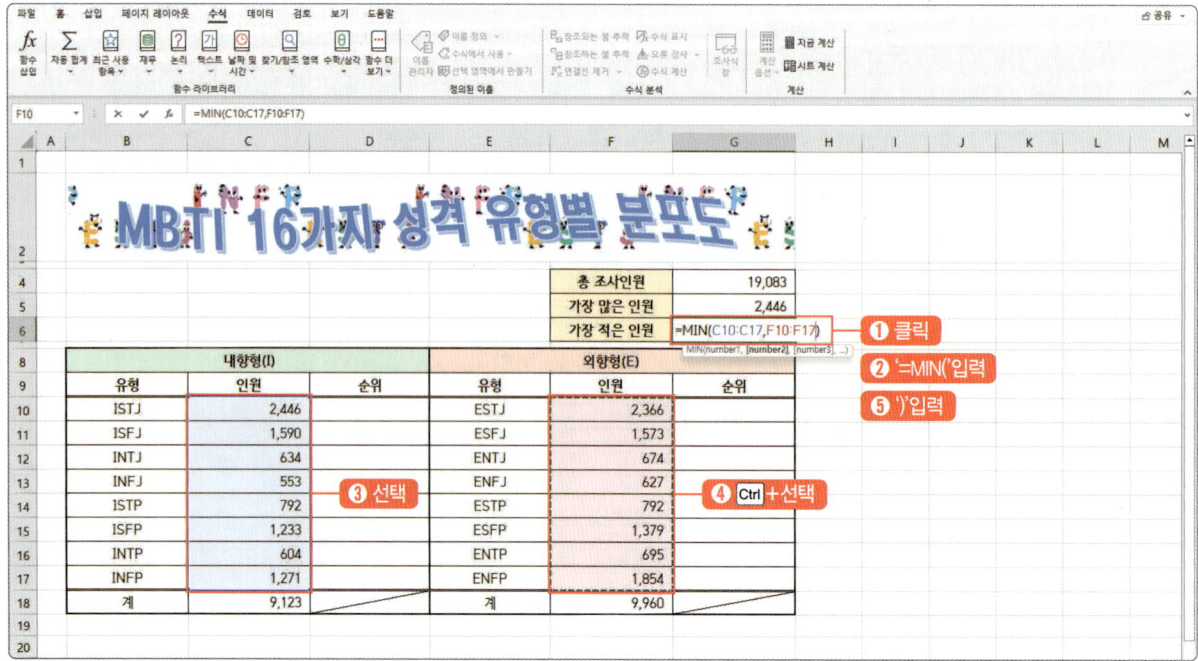

Step 03 RANK 함수 이용하기

RANK 함수를 이용하여 순위를 알아 봅니다.

① 'D10' 셀을 클릭한 후 [수식] 탭의 [함수 삽입]을 클릭합니다. [함수 마법사] 대화 상자가 실행되면 함수 검색 입력칸에 '순위'를 입력한 후 [검색]을 클릭하고 'RANK'를 선택해 [확인]을 클릭합니다.

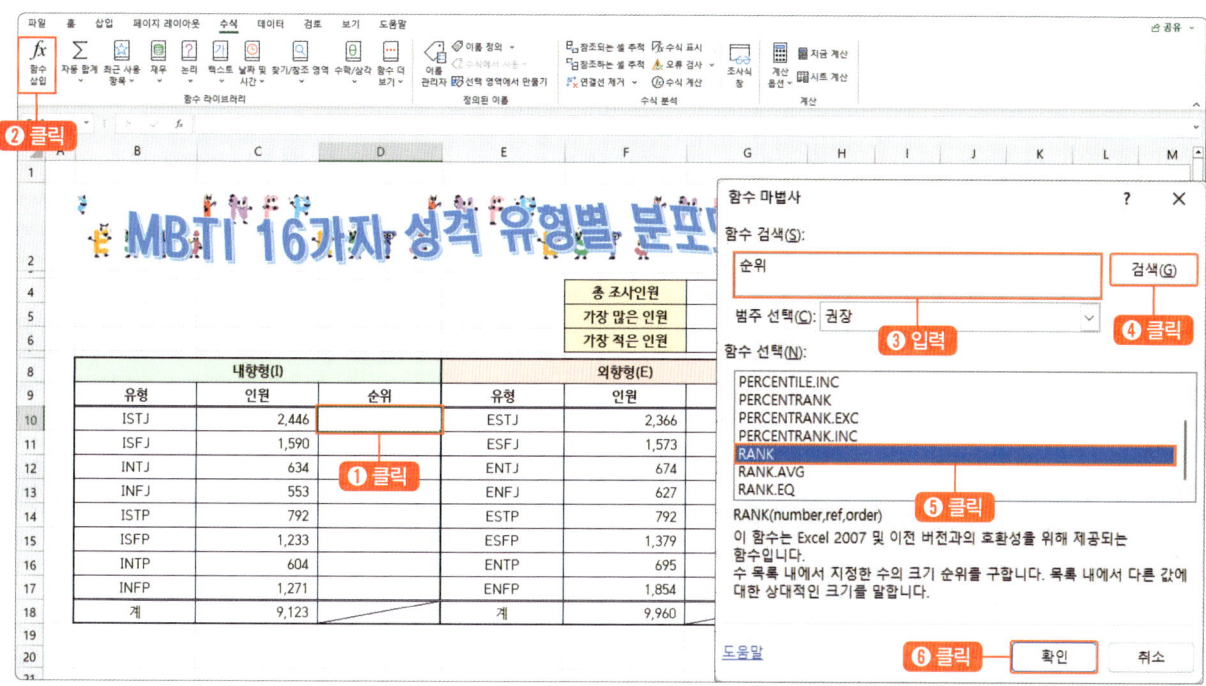

② [함수 인수] 대화 상자가 실행되면 Number의 입력칸을 클릭한 후 'C10' 셀을 클릭합니다.

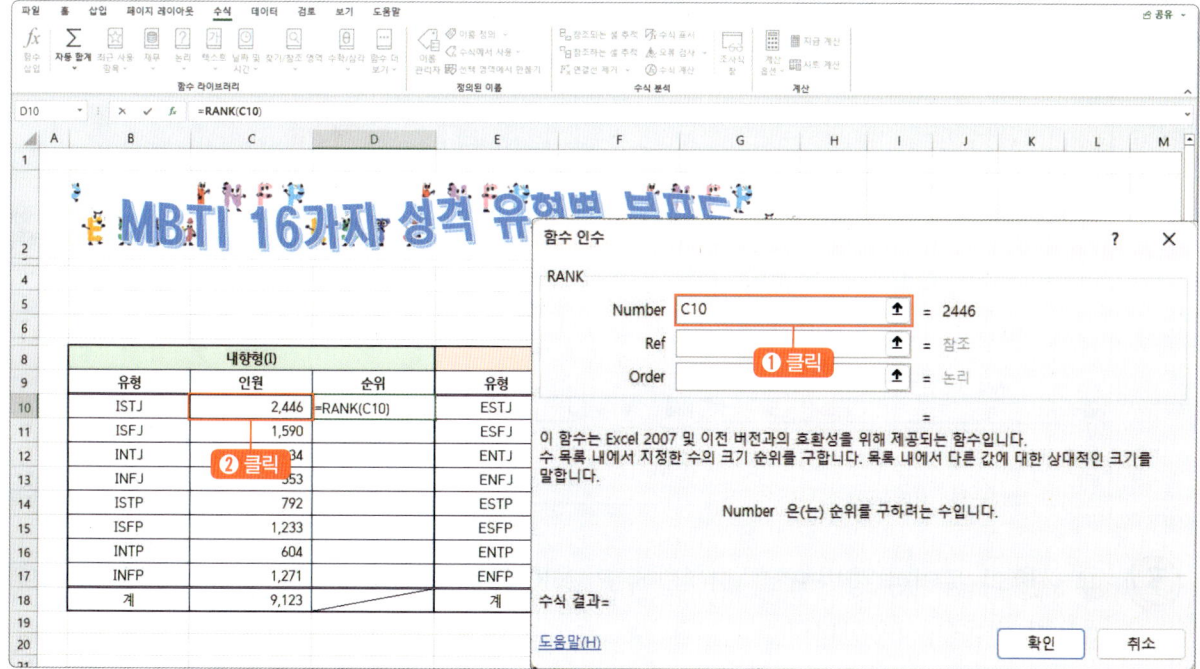

③ 이어 Ref의 입력칸을 클릭한 후 'C10:C17' 셀을 드래그 하고 F4 키를 누릅니다.

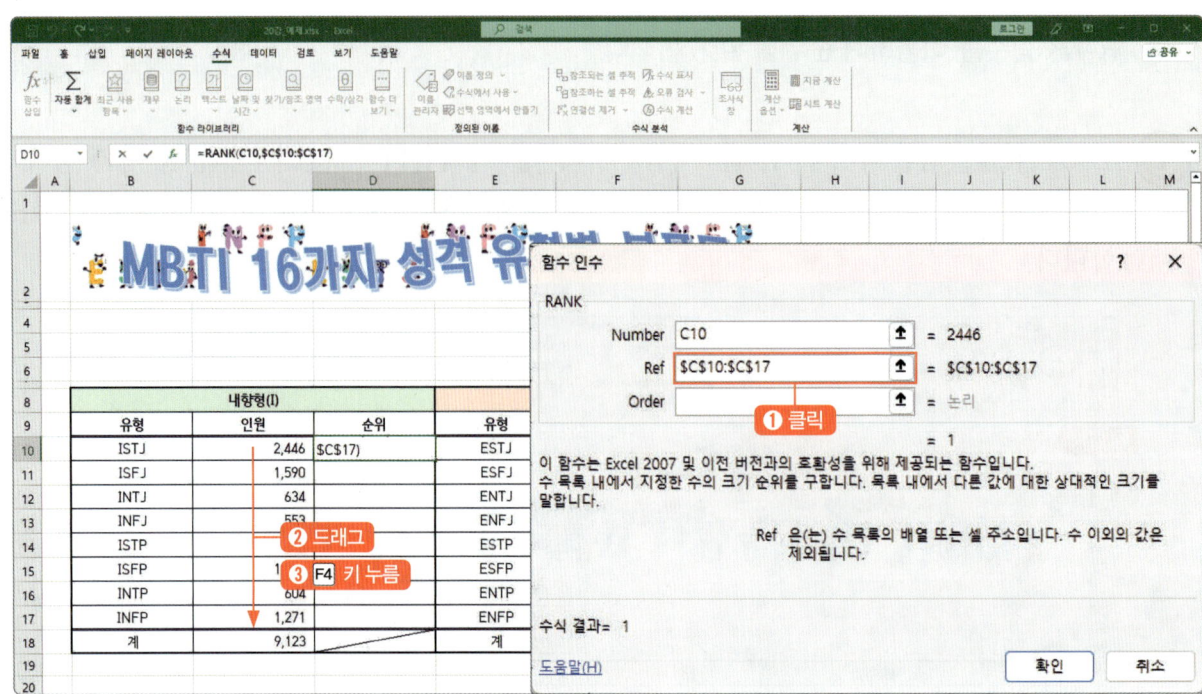

④ Order의 입력칸을 클릭한 후 '0'을 입력하고 [확인]을 클릭합니다. 이어서 'D10' 셀을 채우기 핸들을 'D17' 셀까지 드래그 한 후 [자동 채우기 옵션]을 클릭하여 [서식 없이 채우기]를 클릭합니다.

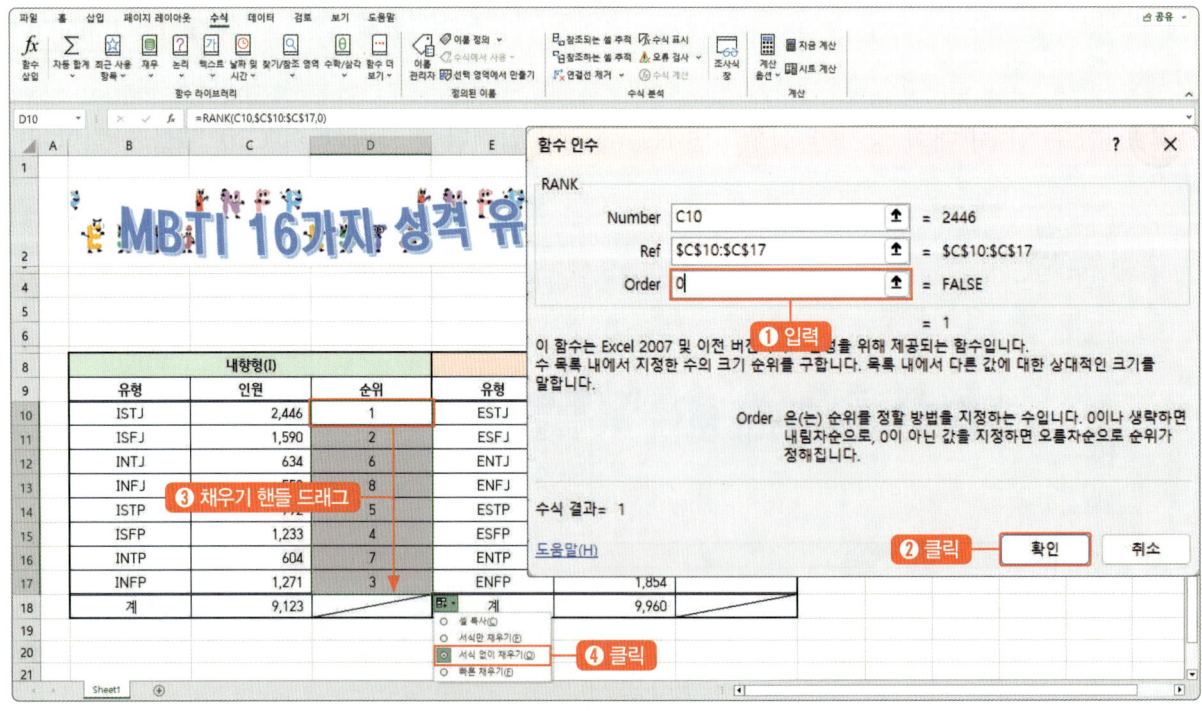

⑤ ①~④와 동일한 방법으로 'G10'셀에 RANK 함수를 사용하여 순위를 입력하고 'G17'셀까지 채우기 핸들을 사용합니다.

1 파일을 불러온 후 SUM과 RANK 함수를 이용하여 '현장학습조사'를 완성해 보세요.

예제 파일 : 20강_실력1(예제).xlsx   완성 파일 : 20강_실력1(완성).xlsx

Hint

① 'K6' – '=RANK(I6, $I$6:$I$12,0)'
② 'L6' – '=RANK(J6, $J$6:$J$12, 0)'
③ 'J14' – '=SUM(C6:C12, E6:E12, G6:G12)'
④ 'J15' – '=SUM(D6:D12, F6:F12, H6:H12)'

2 파일을 불러온 후 RANK와 MIN/MAX 함수를 이용하여 '칭찬 점수판'를 완성해 보세요.

예제 파일 : 20강_실력2(예제).xlsx   완성 파일 : 20강_실력2(완성).xlsx

Hint

① 'G6' – '=MAX(C5:C15)'
② 'G7' – '=MIN(C5:C15)'
③ 'D5' – '=RANK(C5, $C$5:$C$15, 0)'

21 성적표

| 학습목표 |
- AVERAGE 함수를 이용할 수 있습니다.
- RANK 함수를 이용할 수 있습니다.
- IF 함수를 이용할 수 있습니다.

오늘의 도착지점

예제 파일 : 21강_예제.xlsx   완성 파일 : 21강_완성.xlsx

4학년 3반 성적표

번호	이름	국어	영어	수학	사회	과학	평균	순위	합격
1	김가을	85	100	100	80	90	91	1	합격
2	김민정	90	90	85	85	90	88	4	합격
3	김지민	100	90	85	85	90	90	2	합격
4	박원빈	95	75	70	90	95	85	7	불합격
5	정성찬	65	85	65	95	95	81	8	불합격
6	안유진	65	70	70	95	75	75	10	불합격
7	이원희	70	70	85	100	80	81	8	불합격
8	장원영	75	85	85	100	85	86	6	합격
9	최연준	85	90	90	90	90	89	3	합격
10	한유진	90	90	90	90	80	88	4	합격
과목 평균		82	84.5	82.5	91	87	85.4		

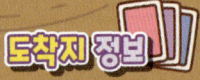

도착지 정보

학교에서는 학생의 학습을 통해 얻은 지식, 기능, 언어 등에 대한 평가로 시험을 시행합니다. 시험을 통해 성적표를 받고 지금의 내가 더 노력해야 하는 과목을 알 수 있습니다. 평균점수를 알아보고 평균점수에 따른 순위와 합격 여부를 엑셀의 함수를 활용해 알아 봅니다.

Step 01 AVERAGE 함수 이용하기

AVERAGE 함수를 이용하여 평균을 계산해 봅니다.

① Excel 2021 프로그램을 실행한 후 [열기]-[찾아보기]에서 '21강_예제.xlsx'를 불러옵니다.

② 'I6' 셀을 클릭하고 [수식] 탭의 [함수 라이브러리] 그룹-[함수 더보기]-[통계]를 클릭한 후 목록에서 'AVERAGE'를 선택합니다.

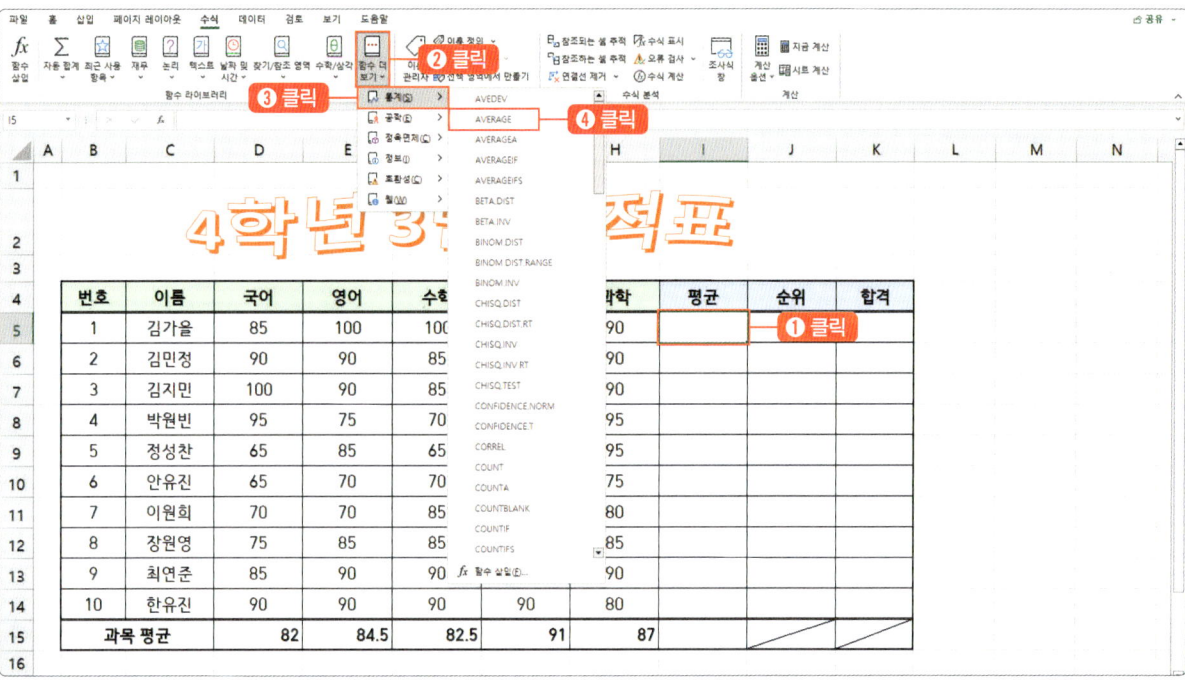

③ [함수 인수] 대화 상자가 실행되면 Number1의 입력칸에 'D5:H5'를 입력한 후 [확인]을 클릭합니다. 'I5' 셀의 채우기 핸들을 'I15' 셀까지 드래그한 후 [서식 없이 채우기]를 적용합니다.

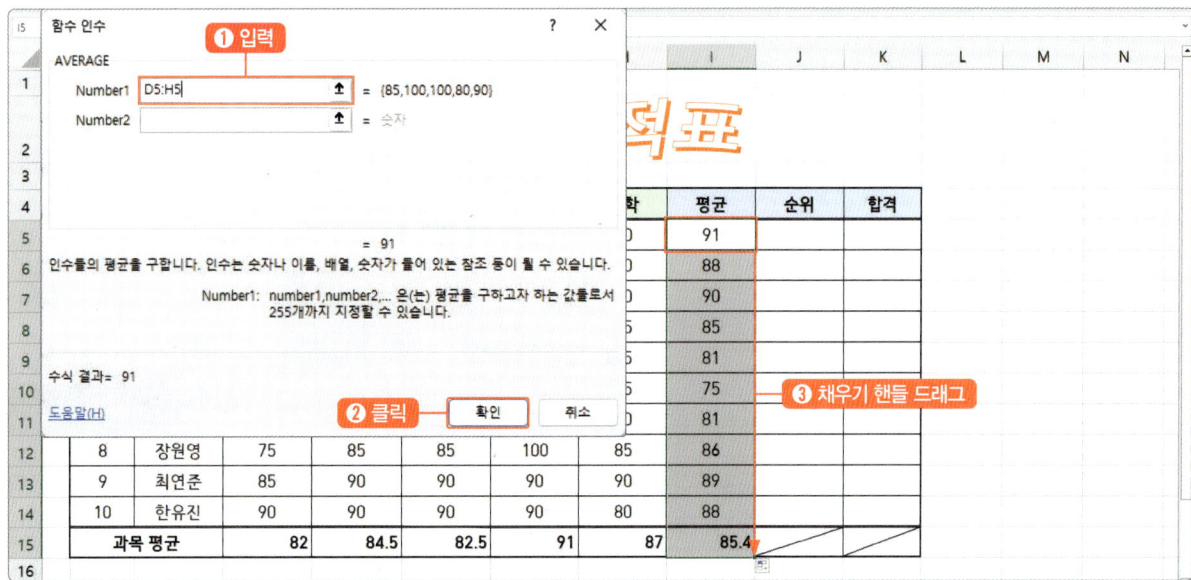

Step 02 RANK 함수 이용하기

RANK 함수를 이용하여 순위를 계산해 봅니다.

① 'J5:J14' 셀을 드래그한 후 [수식] 탭의 [함수 삽입]을 클릭합니다. [함수 마법사] 대화 상자가 실행되면 범주를 '모두'로 선택한 후 'RANK'를 클릭하고 [확인]을 클릭합니다.

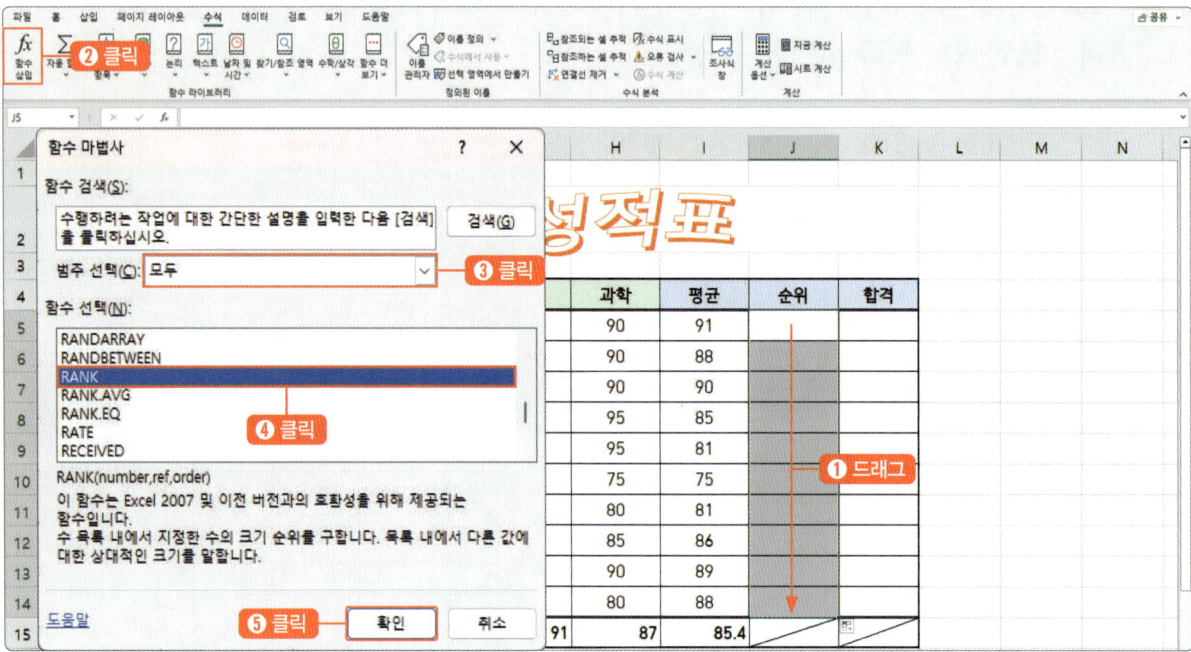

② [함수 인수] 대화 상자가 실행되면 Number의 입력칸을 클릭한 후 'I5' 셀을 입력하고, Ref의 입력칸에 'I5:I14' 셀을 입력한 후 F4 키를 눌러 절대참조합니다. 이어 Order의 입력칸에 '0'을 입력하고 Ctrl 키를 누른 채로 [확인]을 클릭합니다.

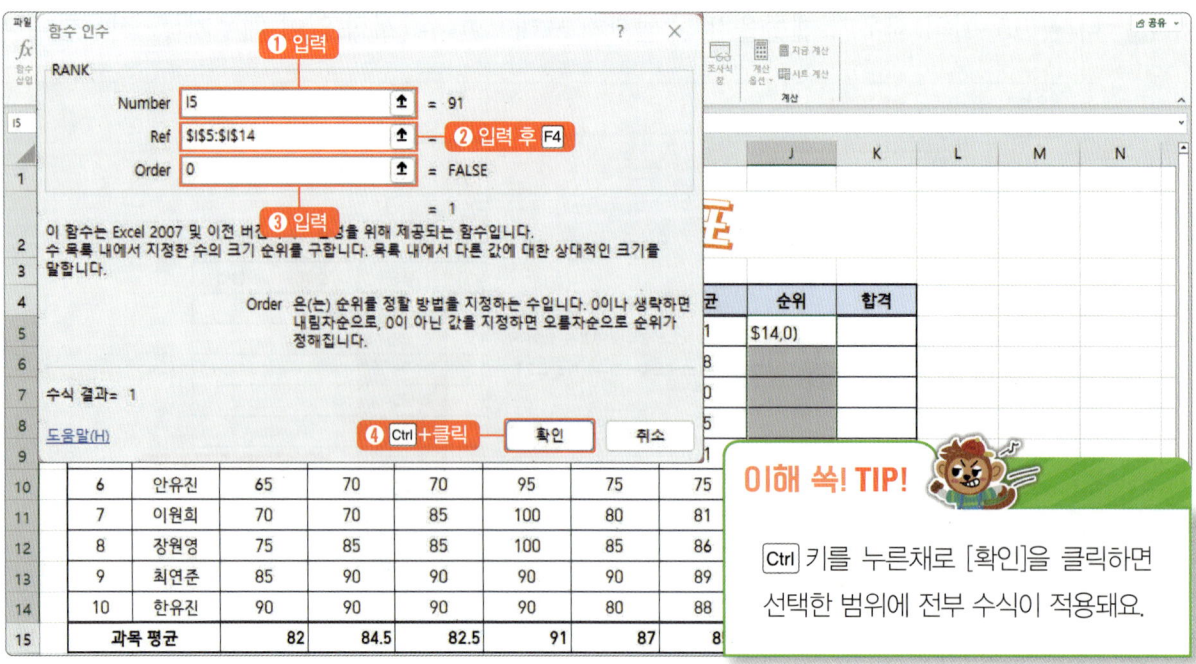

이해 쏙! TIP!
Ctrl 키를 누른채로 [확인]을 클릭하면 선택한 범위에 전부 수식이 적용돼요.

Step 03 IF 함수 이용하기

IF 함수를 이용하여 논리 검사를 실행해 봅니다.

① 'K5' 셀을 클릭한 후 [수식] 탭–[함수 라이브러리] 그룹에서 [논리]를 클릭하고 목록에서 'IF'를 선택합니다.

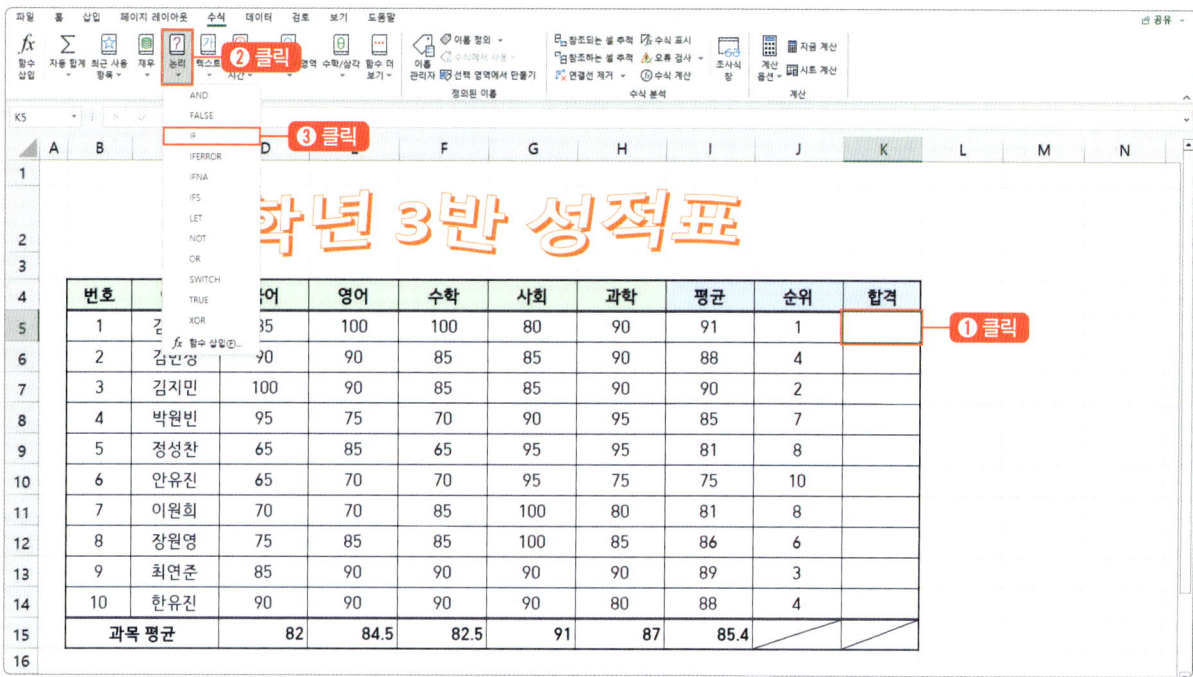

② [함수 인수] 대화 상자가 실행되면 Logical_test의 입력칸에 'I5' 셀을 클릭하고 이어 '>='를 입력합니다. 이어 'I15' 셀을 클릭하고 F4 키를 누릅니다.

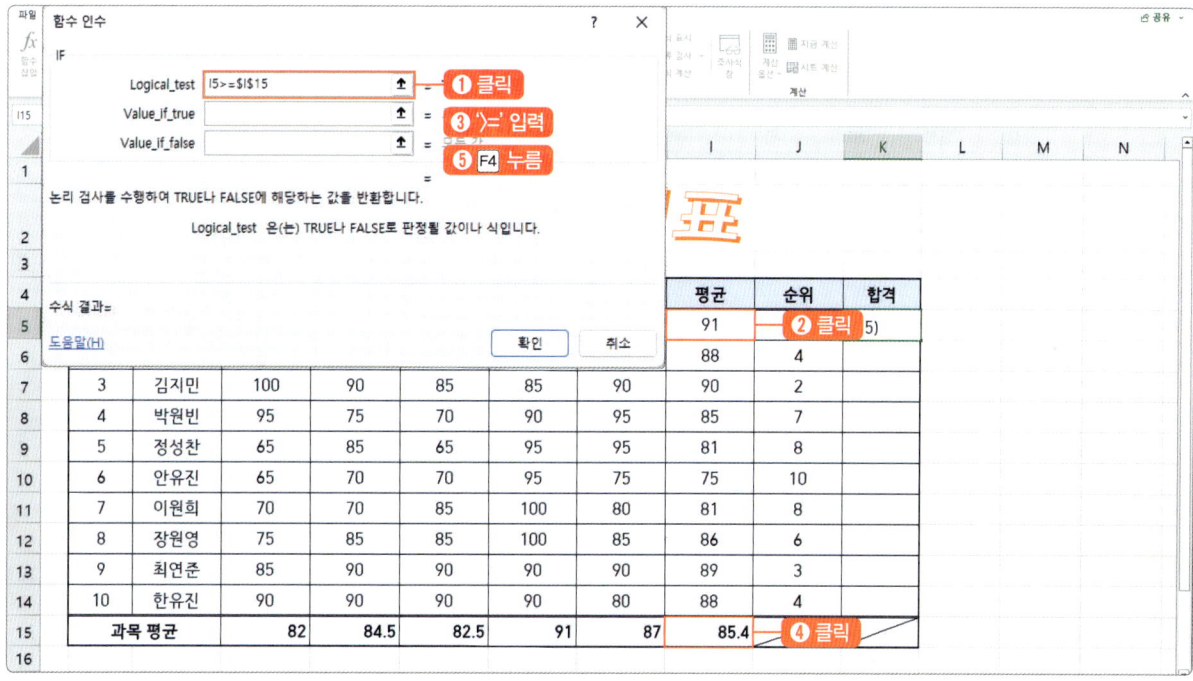

③ Value_if_true 입력칸에 '"합격"'을 입력하고 Value_if_false 입력칸에 '"불합격"'을 입력한 후 [확인]을 클릭합니다.

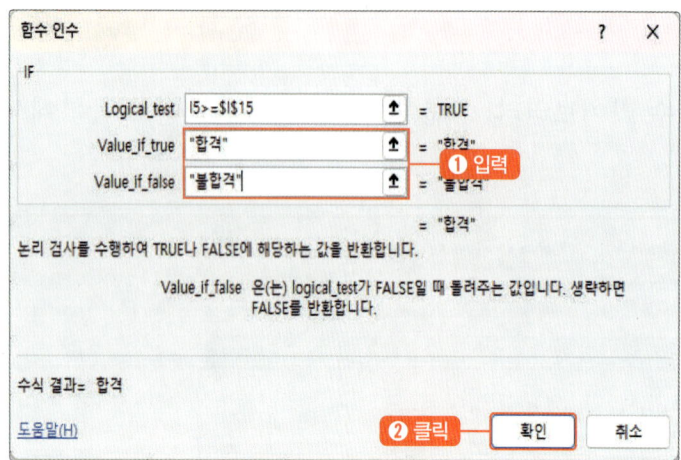

이해 쏙! TIP!

- 'Value_if_true'는 'Logical test'에 입력한 수식이 올바른 값을 가져왔을 때 보여주는 데이터에요.
- 'Value_if_fail'은 'Logical test'에 입력한 수식에 맞지 않는 값을 가져왔을 때 보여주는 데이터에요.

④ 'K5' 셀의 채우기 핸들을 'K14' 셀까지 드래그한 후 [자동 채우기 옵션]을 클릭하여 [서식 없이 채우기]를 클릭합니다.

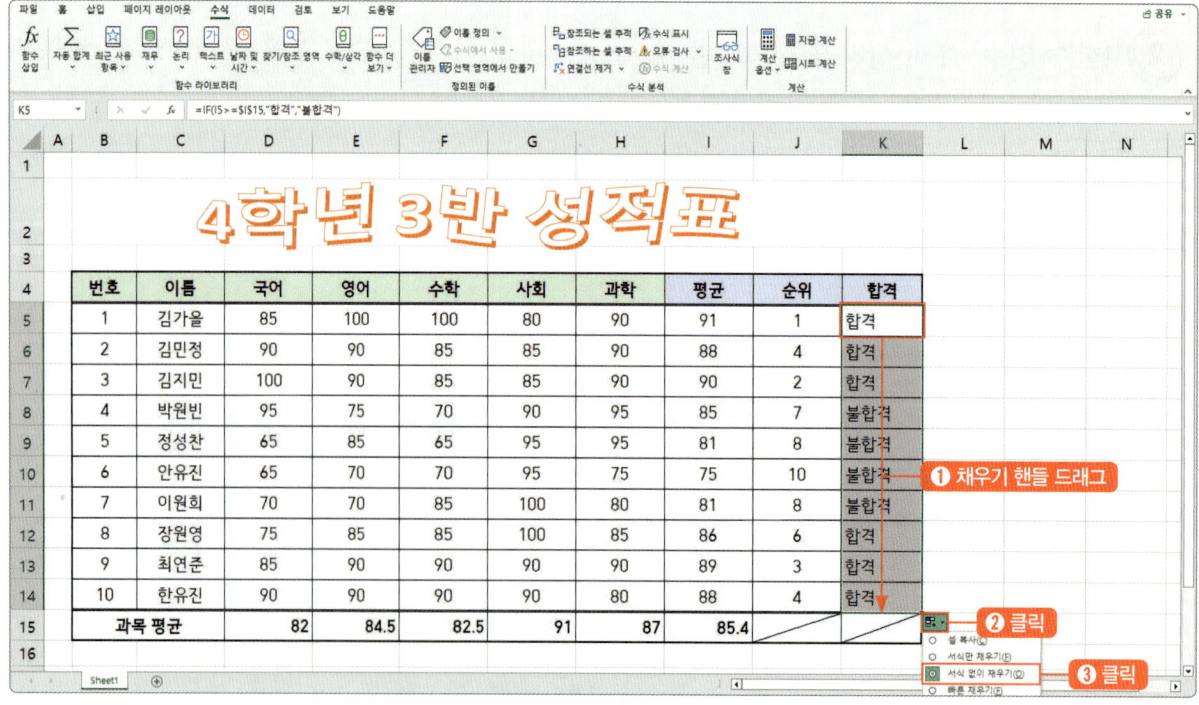

⑤ [파일] 탭-[다른 이름으로 저장하기]를 통해 완성된 파일을 저장합니다.

1 파일을 불러온 후 IF 함수와 AVERAGE 함수를 이용하여 '연간 폐기물'을 완성해 보세요.

🔑 예제 파일 : 21강_실력1(예제).xlsx 　🔑 완성 파일 : 21강_실력1(완성).xlsx

폐기물종류별	폐기물량	위험수준
중량제봉투 배출 폐기물	97,254	
음식물류 폐기물	353,963	위험
폐식용유	57,313	
폐지류	2,077,413	위험
고철 및 금속캔류	512,225	위험
폐합성수지	436,205	위험
유리병	28,924	
폐유리	8,409	
폐의류 및 원단류	91,971	
폐전기전자제품	154,592	
폐목재 및 폐가구류	8,313	
조명폐기물	1,378	
동물성 잔재물	1,030	
식물성 잔재물	1,363	
영농폐기물	22,864	
폐소화기류	198	
그 밖의 생활폐기물	127,768	
평균 배출량	234,187	

(단위: 톤/년)

 Hint

① 'C22' – '=AVERAGE(C5:C21)'
② 'D5' – '=IF(C5>=$C$22,"위험"," ")'

2 파일을 불러온 후 IF 함수와 AVERAGE 함수를 이용하여 '탕후루 판매량'을 완성해 보세요.

🔑 예제 파일 : 21강_실력2(예제).xlsx 　🔑 완성 파일 : 21강_실력2(완성).xlsx

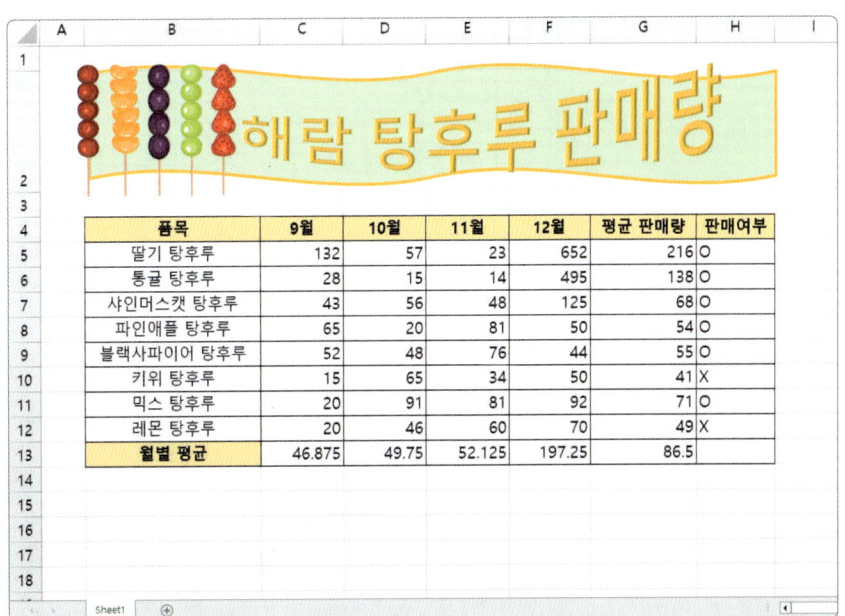

 Hint

① 'G5' – '=AVERAGE(C5:F5)'
② 'H5' – '=IF(G5>50, "O", "X")'

GAME 22 도시와 공원

| 학습목표 |
- 데이터를 오름차순으로 정리할 수 있습니다.
- 항목을 그룹화하여 부분합을 계산할 수 있습니다.
- 부분합의 개요를 지울 수 있습니다.

오늘의 도착지점

예제 파일 : 22강_예제.xlsx   완성 파일 : 22강_완성.xlsx

우리나라 권역별 공원의 종류

단위: 개

권역	지역	소공원	어린이공원	근린공원	역사공원	문화공원	수변공원	체육공원
강원충청권	강원특별자치도	168	406	186	11	31	31	17
강원충청권	대전광역시	109	315	111	8	24	14	12
강원충청권	세종특별자치시	44	78	86	10	82	42	2
강원충청권	충청남도	328	493	294	23	25	27	19
강원충청권	충청북도	262	391	257	20	26	31	9
강원충청권 개수		5						
강원충청권 요약			1683					
경상권	경상남도	486	734	378	38	60	63	33
경상권	경상북도	463	794	345	23	54	64	14
경상권	대구광역시	133	482	164	4	17	15	10
경상권	부산광역시	360	431	166	6	34	25	8
경상권	울산광역시	130	327	105	7	8	14	3
경상권 개수		5						
경상권 요약			2768					
서울경인권	경기도	1564	2722	1422	72	304	269	162
서울경인권	서울특별시	439	1203	437	15	64	16	7
서울경인권	인천광역시	167	626	343	4	40	29	21
서울경인권 개수		3						
서울경인권 요약			4551					
전라제주권	광주광역시	94	396	153	12	4	7	3
전라제주권	전라남도	536	362	306	34	55	60	29

도착지 정보

학교나 집 주변에서 공원을 본 적이 있나요? 공원은 휴식을 위해 국가 혹은 공공단체에서 설립하거나 관리하는 넓은 공간 등을 말합니다. 소공원, 어린이 공원, 체육 공원 등 위치나 목적에 따라 여러 종류가 있습니다. 우리나라에 있는 여러 공원의 수를 엑셀을 활용하여 보기 좋게 정리합니다.

Step 01 데이터 정렬하기

데이터를 기준에 따라 정렬합니다.

① Excel 2021 프로그램을 실행한 후 [열기]-[찾아보기]에서 '22강_예제.xlsx'를 불러옵니다.

② 'B4' 셀을 클릭한 후 Ctrl + Shift 키를 누른 채로 → 키와 ↓ 키를 차례로 눌러 데이터를 모두 선택하고 [데이터] 탭-[정렬 및 필터] 그룹의 [정렬]을 클릭합니다.

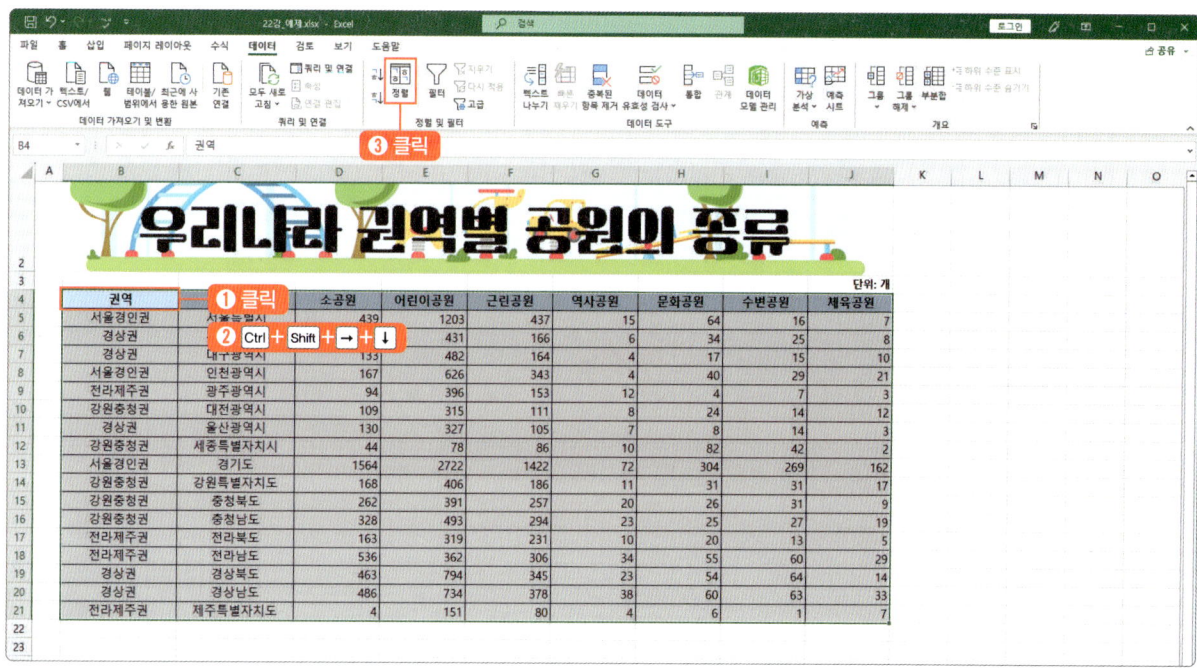

③ [정렬] 대화 상자가 실행되면 정렬 기준을 '권역', '셀 값', '오름차순'을 선택합니다. 이어서 [기준 추가]를 클릭하고 다음 기준을 '지역', '셀 값', '오름차순'을 선택하고 [확인]을 클릭합니다.

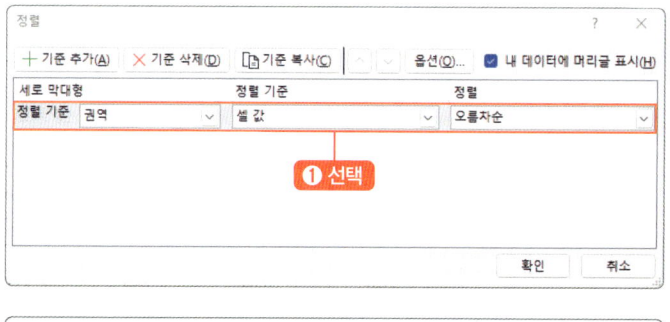

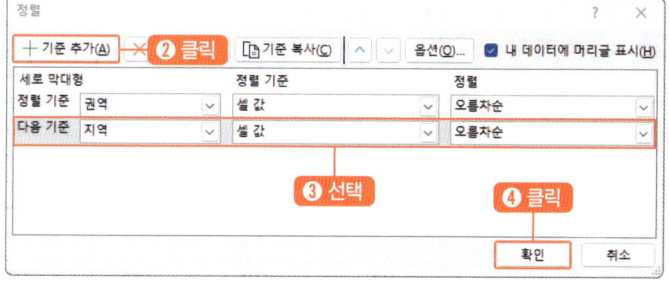

이해 쏙! TIP!
정렬에서 기준이 여러개인 경우, 기준 순서대로 적용돼요.

Step 02 부분합 사용하기

부분합 기능을 사용하여 설정한 항목에 따라 계산해 봅니다.

① 'B4:J21'셀을 모두 선택하고 [데이터] 탭-[개요] 그룹의 [부분합]을 클릭합니다.

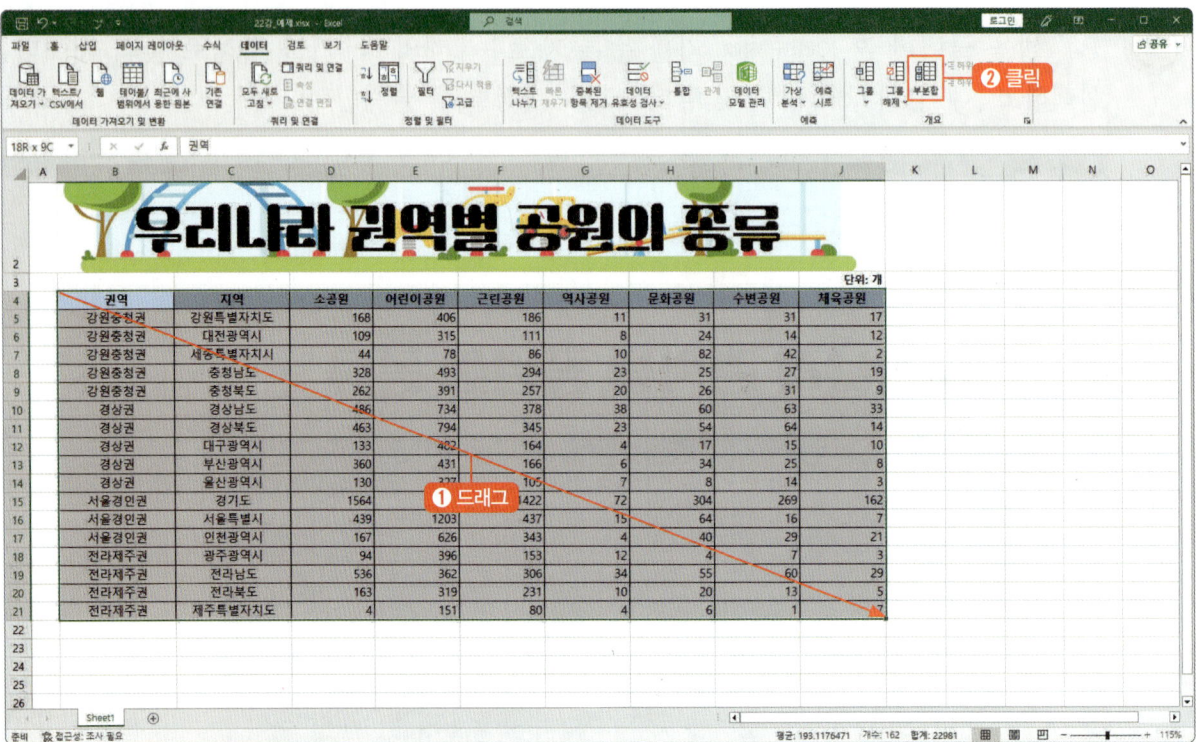

② [부분합] 대화 상자가 실행되면 그룹화할 항목을 '권역'으로, 사용할 함수를 '합계'로 선택하고, 부분합 계산 항목을 '어린이공원'을 클릭하여 체크한 후 [확인]을 클릭합니다.

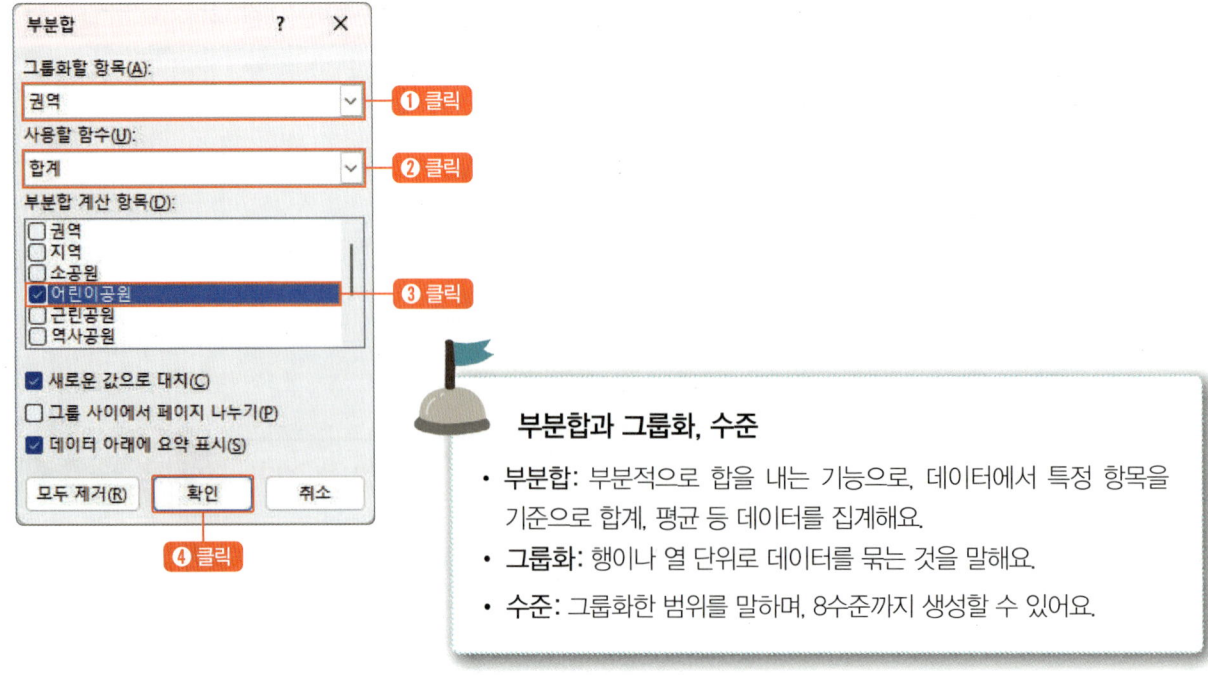

부분합과 그룹화, 수준

- **부분합**: 부분적으로 합을 내는 기능으로, 데이터에서 특정 항목을 기준으로 합계, 평균 등 데이터를 집계해요.
- **그룹화**: 행이나 열 단위로 데이터를 묶는 것을 말해요.
- **수준**: 그룹화한 범위를 말하며, 8수준까지 생성할 수 있어요.

③ 다시 전체 데이터를 선택한 후 [데이터] 탭-[개요] 그룹의 [부분합]을 클릭합니다.

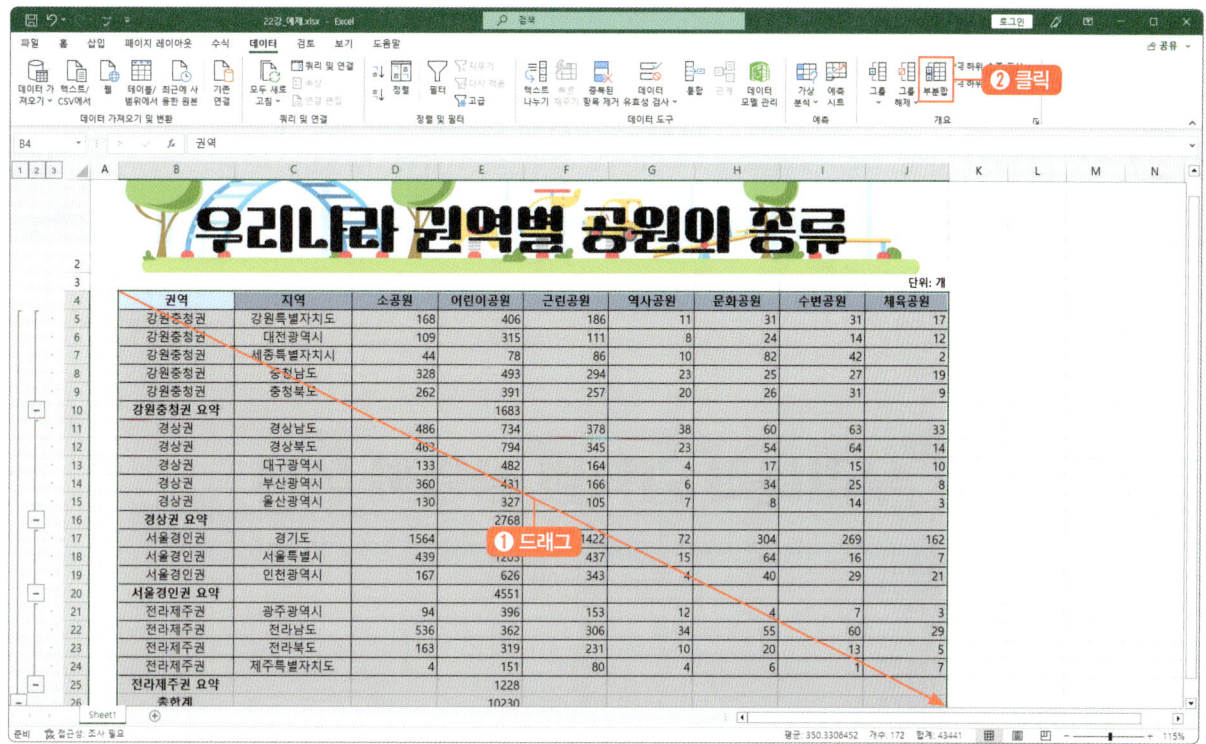

④ [부분합] 대화 상자가 실행되면 그룹화할 항목을 '권역'으로, 사용할 함수를 '개수'로 선택하고, 부분합 계산 항목을 '지역'을 체크한 후 [확인]을 클릭합니다.

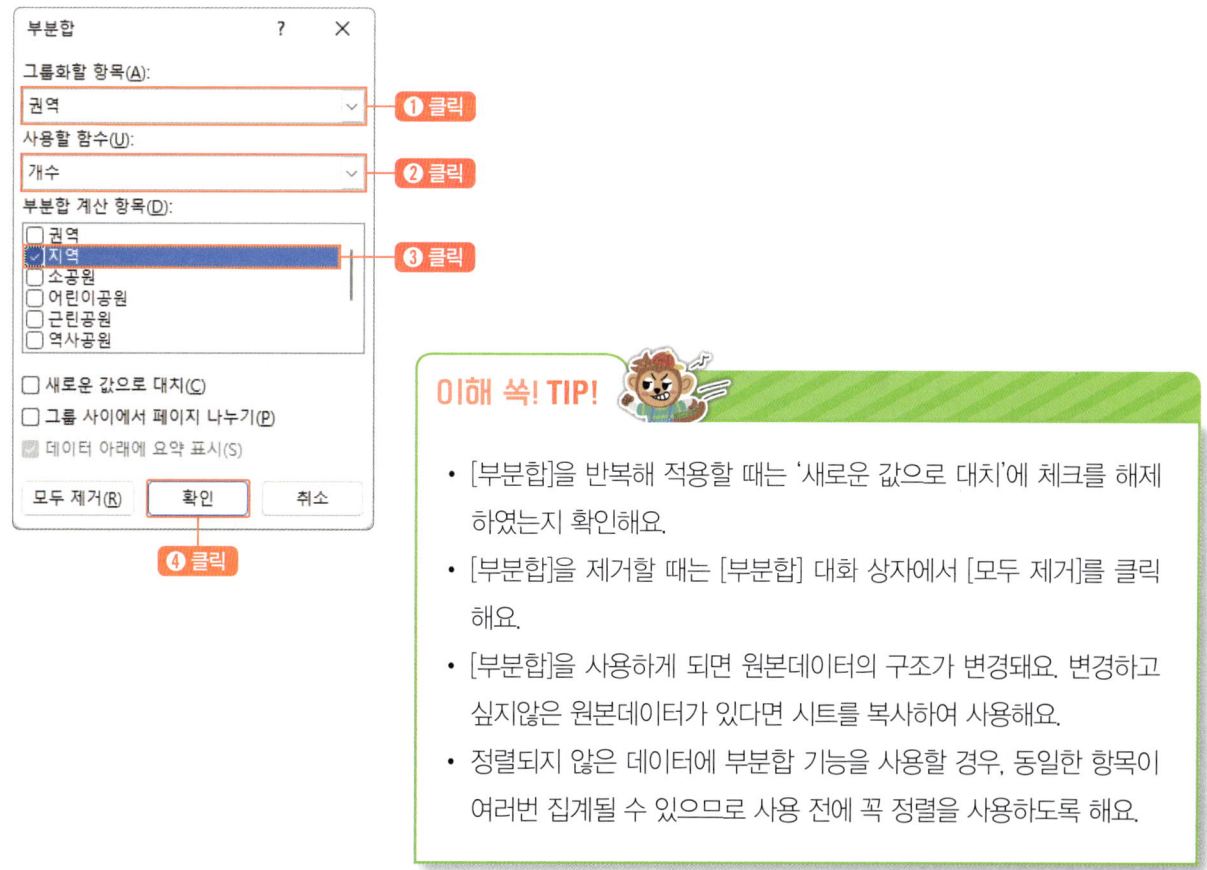

이해 쏙! TIP!

- [부분합]을 반복해 적용할 때는 '새로운 값으로 대치'에 체크를 해제 하였는지 확인해요.
- [부분합]을 제거할 때는 [부분합] 대화 상자에서 [모두 제거]를 클릭해요.
- [부분합]을 사용하게 되면 원본데이터의 구조가 변경돼요. 변경하고 싶지않은 원본데이터가 있다면 시트를 복사하여 사용해요.
- 정렬되지 않은 데이터에 부분합 기능을 사용할 경우, 동일한 항목이 여러번 집계될 수 있으므로 사용 전에 꼭 정렬을 사용하도록 해요.

GAME 22 도시와 공원 _ **139**

Step 03 개요 지우기

그룹화한 데이터를 확인하고 개요를 지워 봅니다.

① 윤곽 창에서 1~3 수준 버튼을 눌러 하위수준을 숨겨 봅니다.

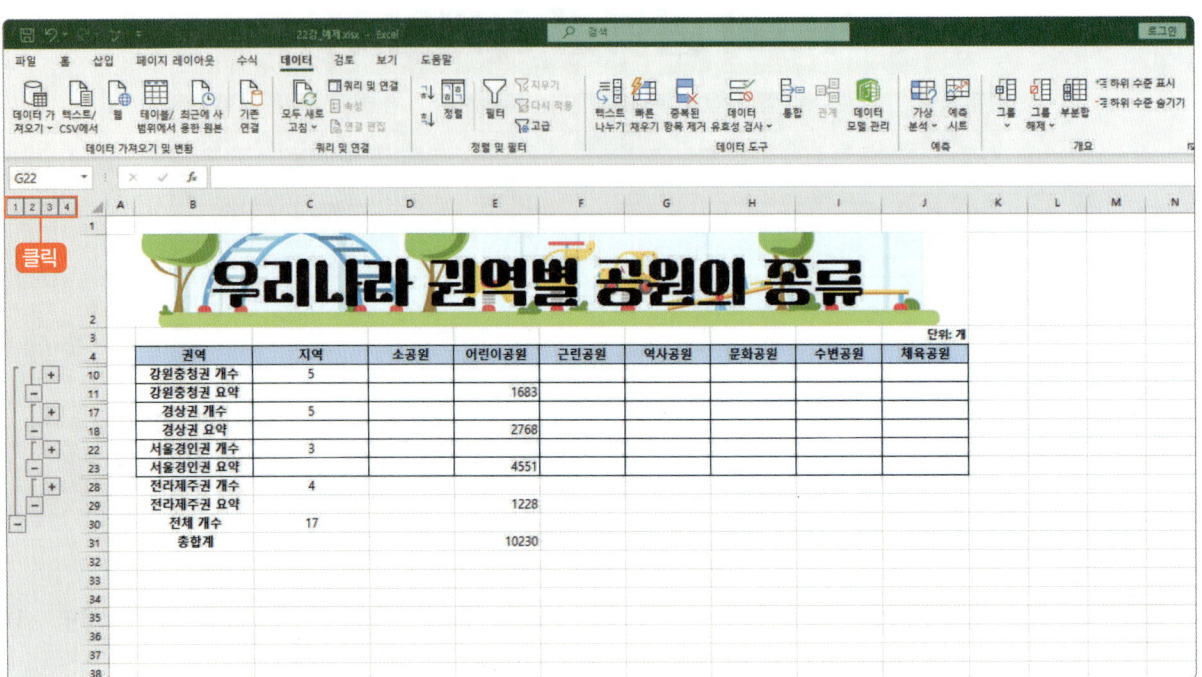

② [데이터] 탭-[개요] 그룹의 [그룹 해제]-[개요 지우기]를 클릭합니다.

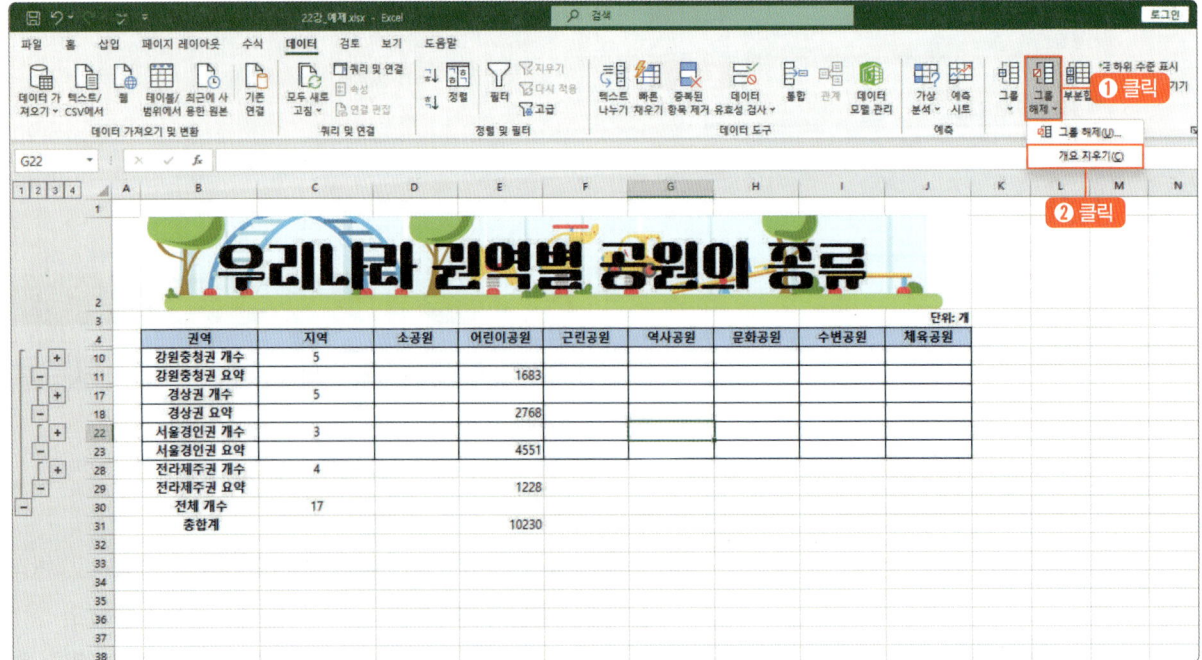

③ [파일] 탭-[다른 이름으로 저장하기]를 통해 완성된 파일을 저장합니다.

1. 파일을 불러온 후 정렬 기능을 사용하여 '돼지고기 생산량'을 완성해 보세요.

예제 파일 : 22강_실력1(예제).xlsx   완성 파일 : 22강_실력1(완성).xlsx

국가/연도별 돼지고기 생산량

대륙	국가	2018년	2019년	2020년	2021년	2022년
아프리카	레소토	580	652	919	499	481
아프리카	라이베리아	9,651	9,859	9,866	9,901	9,938
아프리카	니제르	1,492	1,510	1,516	1,521	1,525
아프리카	남아프리카공화국	265,511	279,470	293,430	320,940	351,560
아프리카	나이지리아	305,692	319,793	336,189	352,371	363,123
아프리카	나미비아	6,465	6,784	8,009	6,391	7,134
아프리카	기니비사우	12,489	12,467	12,520	12,556	12,605
아프리카	기니	2,117	6,907	2,773	2,867	4,653
아프리카	감비아	537	566	604	618	631
아프리카	가봉	3,541	3,564	3,547	3,561	3,574
아프리카	가나	28,392	26,670	31,786	26,376	28,820
아시아	홍콩	120,000	120,000	120,000	103,891	101,097
아시아	필리핀	1,623,835	1,607,656	1,499,853	1,187,305	1,215,983
아시아	투르크메니스탄	272	249	214	211	201
아시아	태국	904,585	899,657	891,624	890,915	890,736
아시아	타지키스탄	7	4	4	4	4
아시아	키프로스	41,800	43,350	42,390	43,710	40,320
아시아	키르기스스탄	16,871	14,124	13,042	10,889	8,206
아시아	캄보디아	111,729	106,963	107,000	105,000	101,252
아시아	카자흐스탄	86,127	86,353	87,478	83,745	78,267
아시아	중국	54,991,735	43,497,806	42,102,156	53,893,154	56,321,097
아시아	조지아	17,600	18,300	19,800	21,800	20,700
아시아	일본	1,284,213	1,278,886	1,305,823	1,318,125	1,293,274
아시아	인도네시아	215,813	236,277	280,938	260,852	262,763

Hint
① [정렬] – '대륙', '셀 값', '내림차순'   ② [기준 추가] – '국가', '셀 값', '내림차순'

2. 파일을 불러온 후 부분합을 사용하여 '돼지고기 생산량 요약'을 완성해 보세요.

예제 파일 : 22강_실력2(예제).xlsx   완성 파일 : 22강_실력2(완성).xlsx

국가/연도별 돼지고기 생산량

	대륙	국가	2018년	2019년	2020년	2021년	2022년
44	유럽 최대				5,118,000		
45	유럽 요약			29,698,940			
63	오세아니아 최대				418,900		
64	오세아니아 요약			543,035			
113	아프리카 최대				350,000		
114	아프리카 요약			1,909,324			
149	아시아 최대				42,102,156		
150	아시아 요약			53,294,327			
154	북아메리카 최대				12,845,097		
155	북아메리카 요약			16,316,520			
189	남아메리카 최대				4,482,048		
190	남아메리카 요약			6,974,794			
191	전체 최대값				42,102,156		
192	총합계			108,736,940			

Hint
① [부분합] – '대륙', '합계', '2019년'   ② [부분합] – '대륙', '최대', '2020년'

23 만족도 조사

| 학습목표 |
- 피벗 테이블을 삽입할 수 있습니다.
- 피벗 테이블을 분석할 수 있습니다.
- 피벗 테이블의 디자인을 변경할 수 있습니다.

오늘의 도착지점

예제 파일 : 23강_예제.xlsx   완성 파일 : 23강_완성.xlsx

	A	B	C	D	E
1					
2					
3		행 레이블	평균 : 자료의 접근성	평균 : 자료의 최신성	평균 : 시설의 접근성
4		기타	3.7	3.9	4.0
5		대학생	3.6	4.2	4.2
6		은퇴자	3.7	3.9	3.7
7		주부	3.8	3.9	3.8
8		직장인	3.5	3.8	3.8
9		청소년	3.5	4.1	3.7
10		총합계	3.6	3.955555556	3.85

만족도 조사란 어떤 환경이나 서비스를 이용하는 사람을 대상으로 만족감을 조사하는 것입니다. 도서관 이용객들에게 도서관의 어떠한 서비스에 만족하고 있는지 조사한 데이터를 이용하여 엑셀의 피벗테이블 기능으로 정리해 봅니다.

Step 01 피벗 테이블 삽입하기

데이터를 활용하여 피벗 테이블을 삽입합니다.

① Excel 2021 프로그램을 실행한 후 [열기]–[찾아보기]에서 '23강_예제.xlsx'를 불러옵니다.

② 데이터 영역 안의 임의의 셀을 클릭하고 Ctrl+A 키를 눌러 데이터를 모두 선택한 후 [삽입] 탭 –[표] 그룹의 [피벗 테이블(📊)]을 클릭합니다.

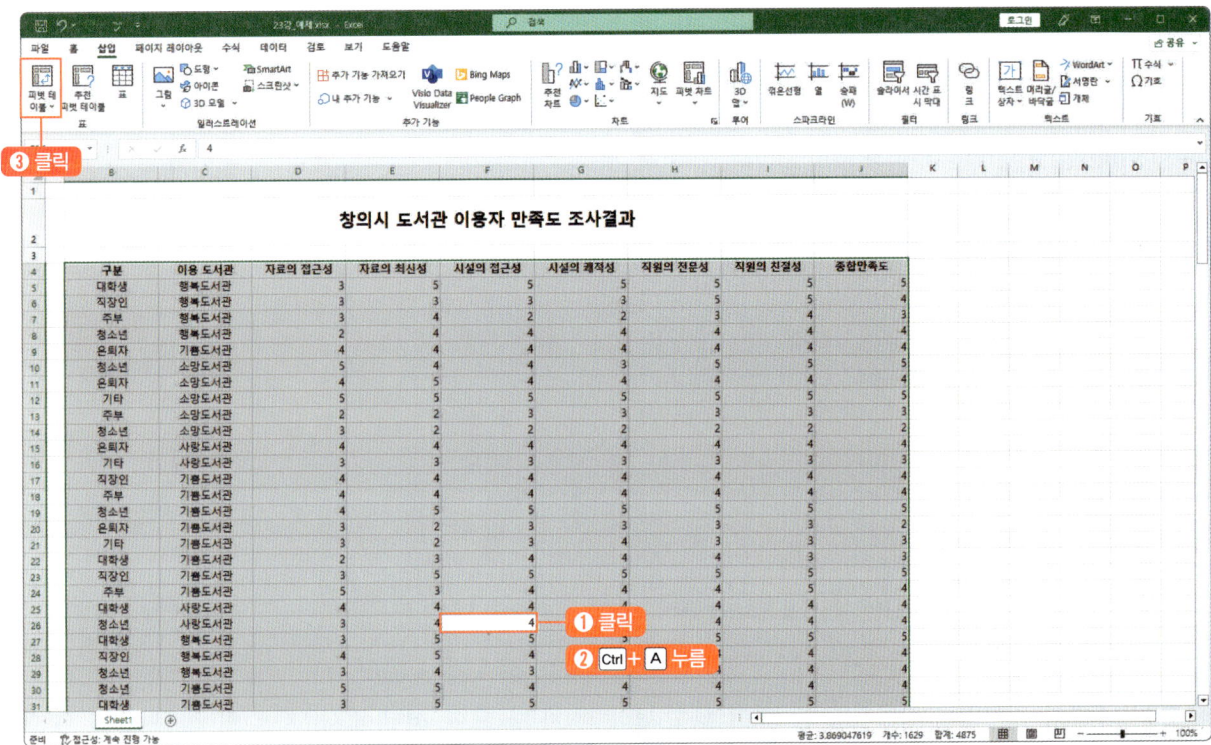

③ [피벗 테이블 만들기] 대화 상자가 실행되면 표/범위가 'B4:J184' 범위가 선택되었는지 확인하고 [확인]을 클릭합니다.

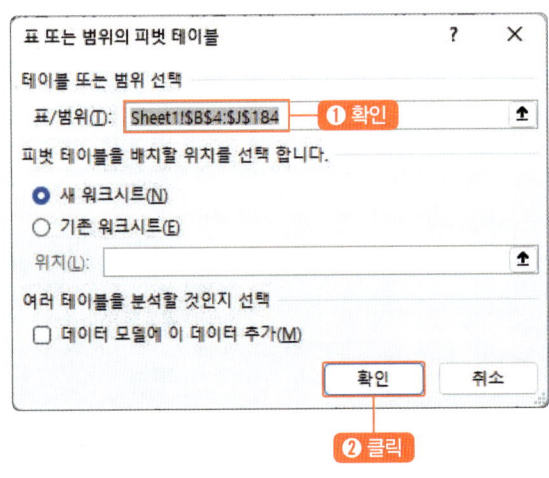

이해 쏙! TIP!

- [피벗 테이블]은 입력된 데이터들을 빠르고 효율적으로 분석해주는 도구로, 대량의 데이터를 원하는 방식으로 정리하고 관리할 수 있어요.
- [부분합]과 달리 원본 데이터를 그대로 보존할 수 있어요.
- 원본 데이터의 내용이 변경될 경우, 새로고침 기능을 통해 변경된 원본 데이터를 적용할 수 있어요.

GAME 23 만족도 조사 _ **143**

Step 02 피벗 테이블 분석하기

피벗 테이블 필드를 이용하여 행, 열, 값을 지정하고 분석해 봅니다.

① [피벗 테이블] 필드 창에서 보고서에 추가할 필드 선택에서 '구분'을 드래그하여 행의 입력칸에 드롭합니다.

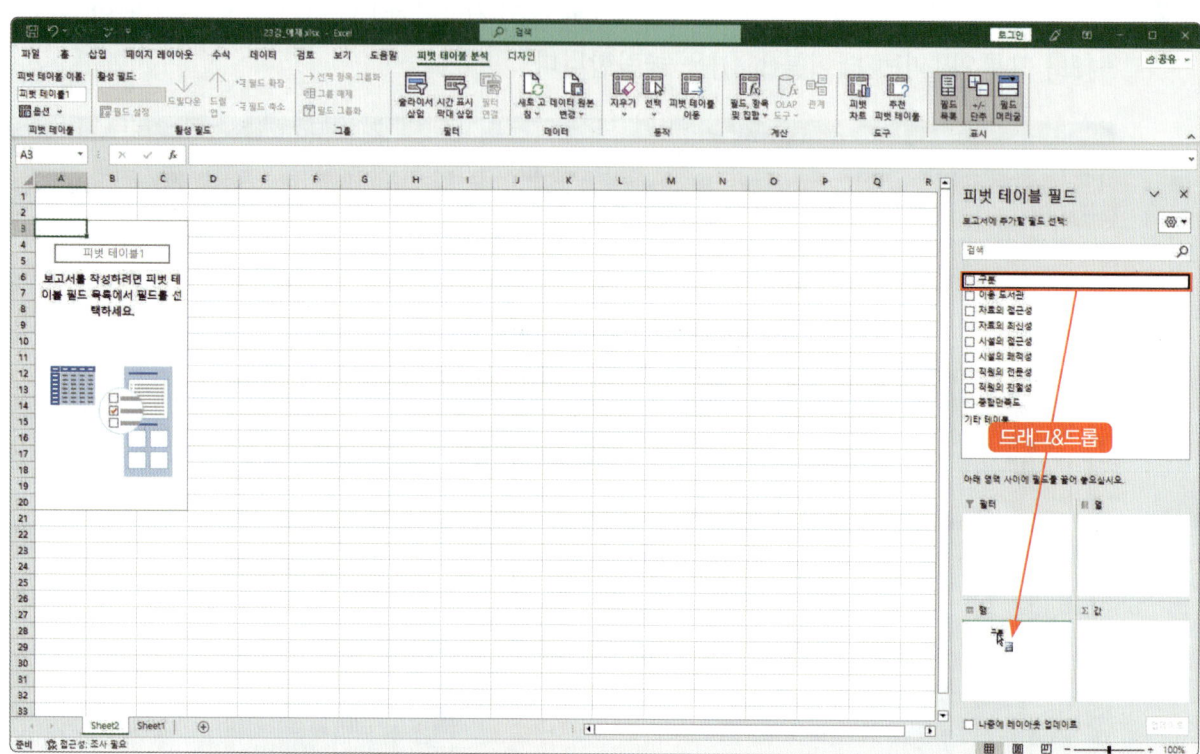

② 이어서 [피벗 테이블] 필드 창의 보고서에 추가할 필드 선택에서 '자료의 접근성'을 드래그하여 값의 입력칸에 드롭합니다.

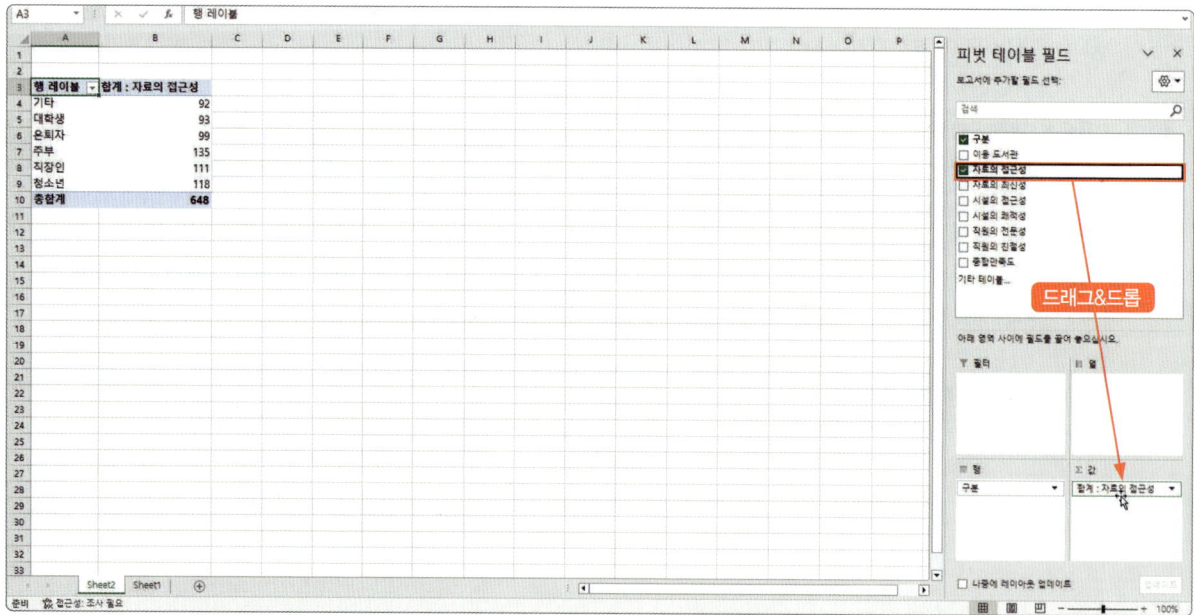

③ 값의 '합계 : 자료의 접근성'을 클릭하여 바로 가기 메뉴의 [값 필드 설정]을 클릭합니다. [값 필드 설정] 대화 상자가 실행되면 선택한 필드의 데이터를 '평균'을 클릭하여 선택하고 [확인]을 클릭합니다.

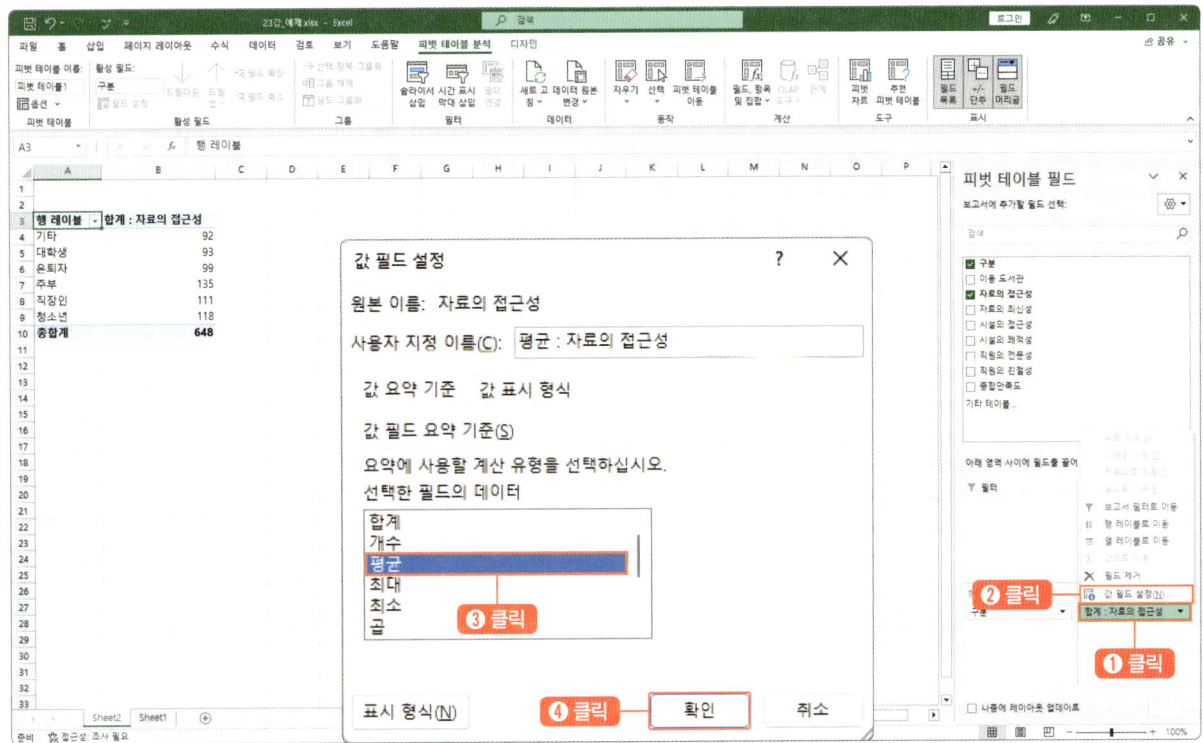

④ ②~③과 같은 방법으로 '자료의 최신성', '시설의 접근성', '시설의 쾌적성', '직원의 전문성' '종합만족도'의 체크박스를 선택한 후 값 필드 설정을 '평균'으로 변경합니다.

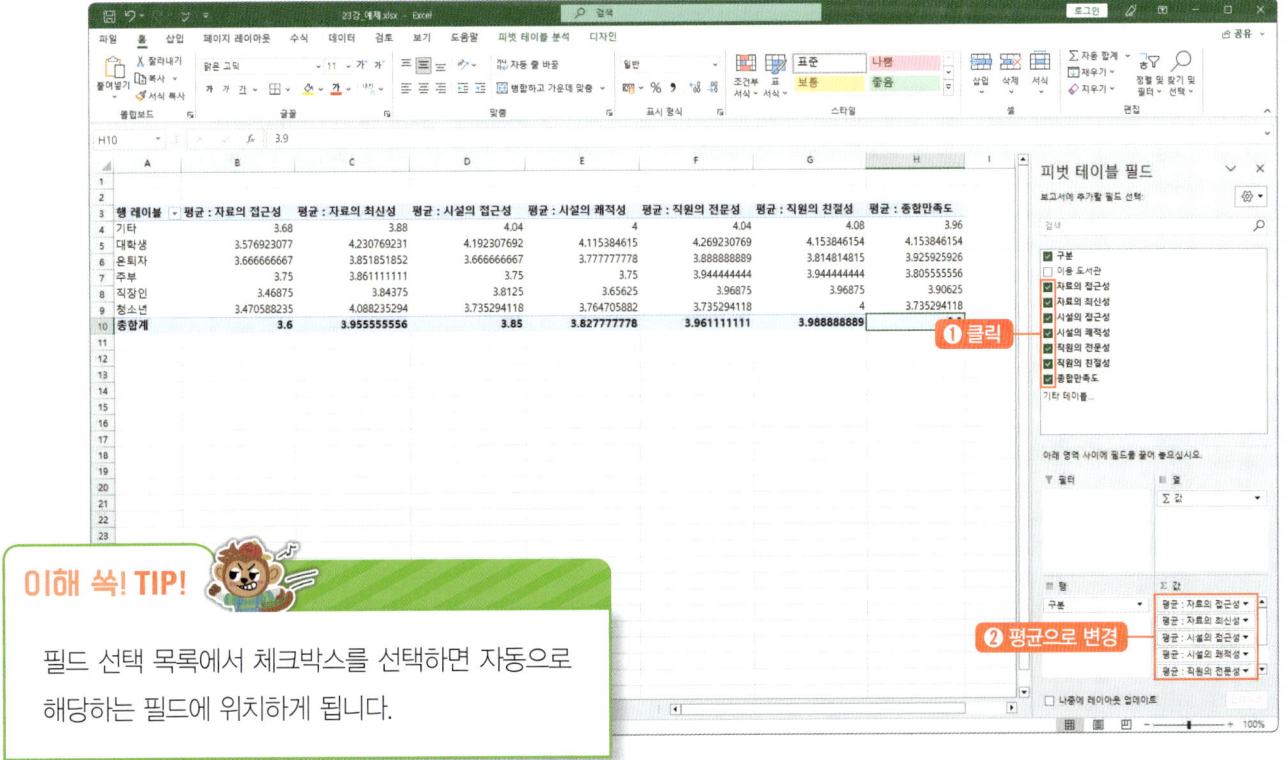

이해 쏙! TIP!

필드 선택 목록에서 체크박스를 선택하면 자동으로 해당하는 필드에 위치하게 됩니다.

5 'A3' 셀의 목록 단추를 클릭하여 바로가기 메뉴의 [텍스트 오름차순 정렬]을 클릭합니다.

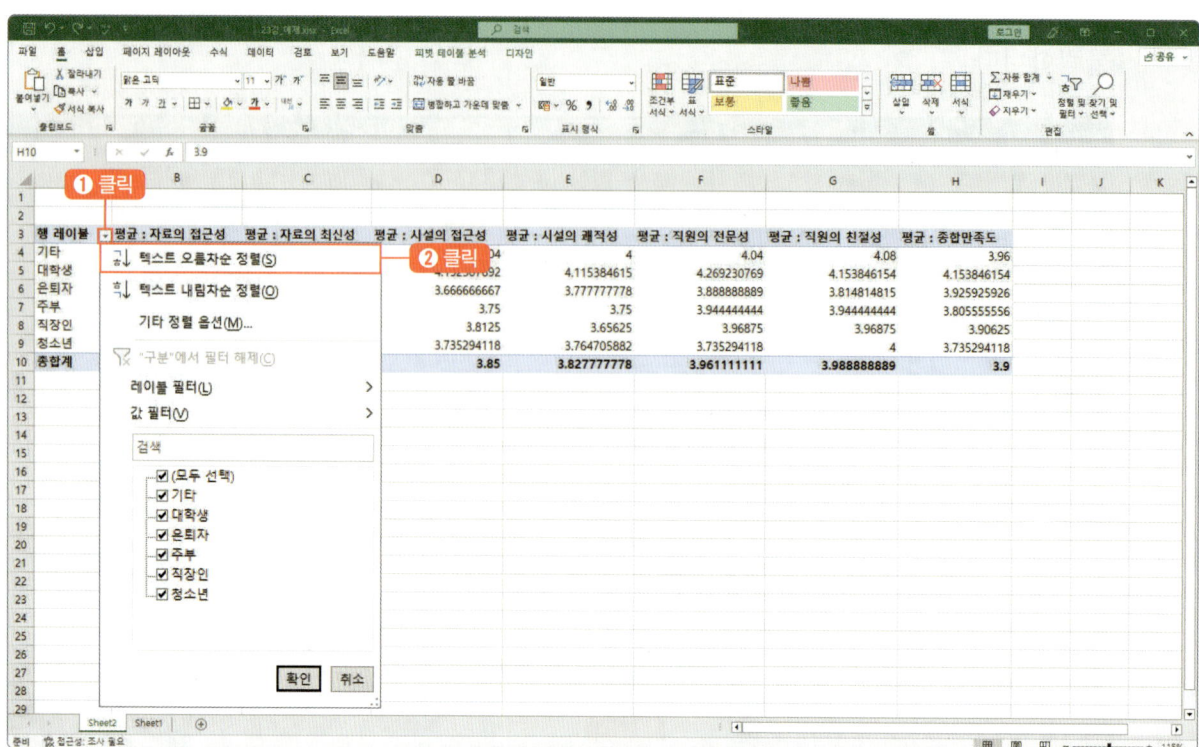

6 [피벗 테이블 분석] 탭-[동작] 그룹의 [피벗 테이블 이동]을 클릭합니다. [피벗 테이블 이동] 대화 상자가 실행되면 위치를 'Sheet2!B3'으로 지정하고 [확인]을 클릭합니다.

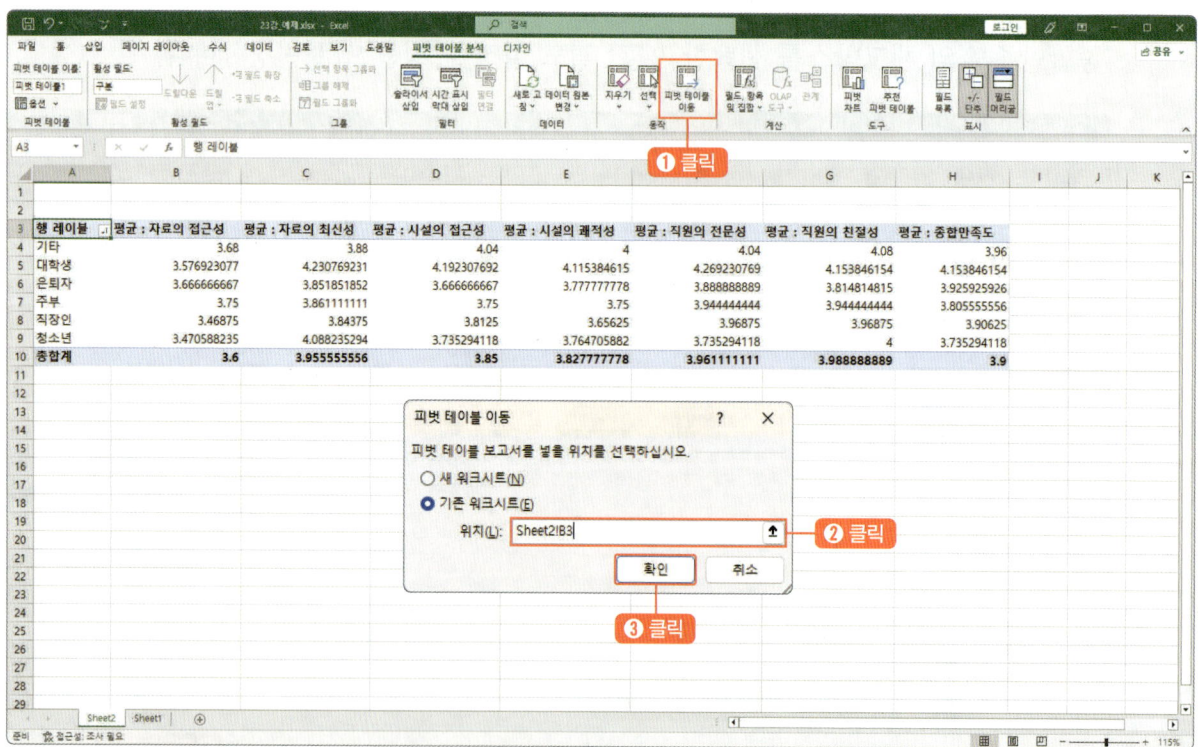

Step 03 피벗 테이블 디자인

피벗 테이블 디자인을 변경해 봅니다.

① [디자인] 탭-[피벗 스타일] 그룹의 자세히 버튼을 클릭하고 '진한 파랑, 피벗 스타일 어둡게 6'을 클릭합니다.

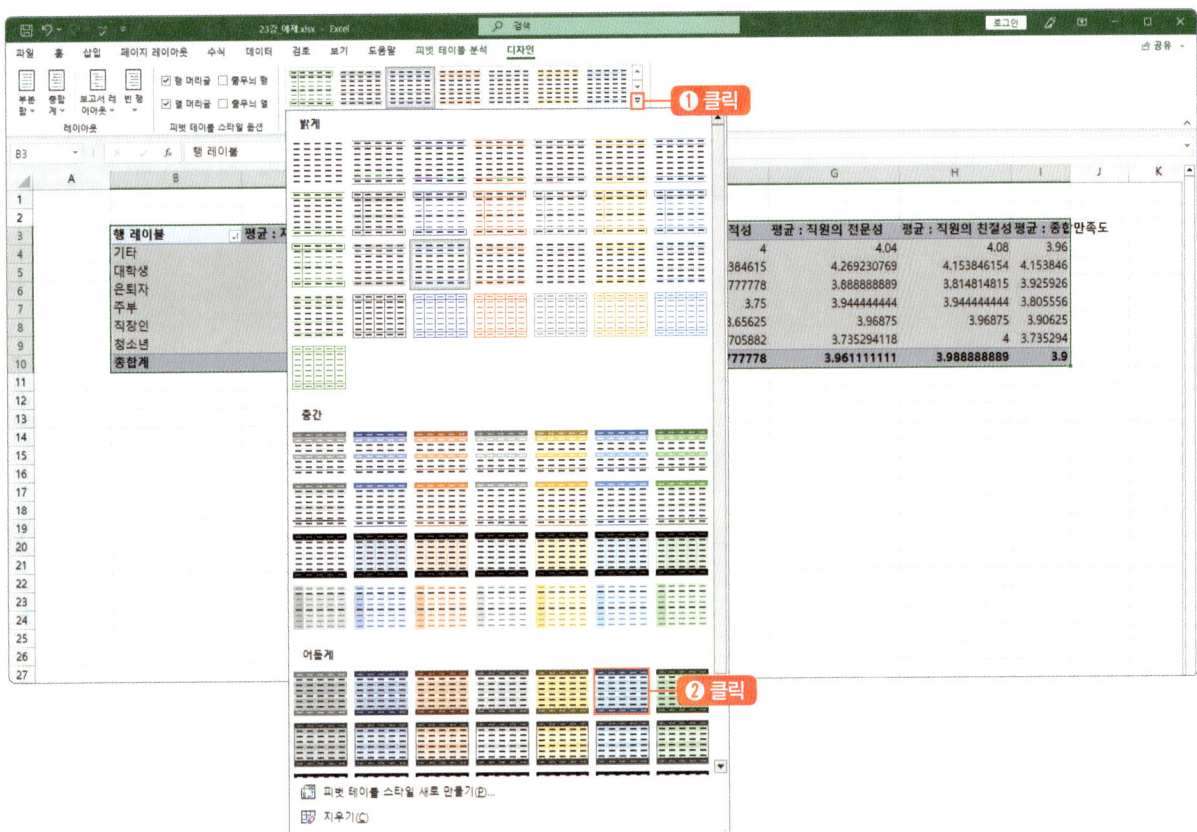

② 피벗 테이블의 값을 드래그하여 선택한 후 [홈] 탭-[표시 형식] 그룹의 '소수점 자릿수 줄임'을 클릭합니다.

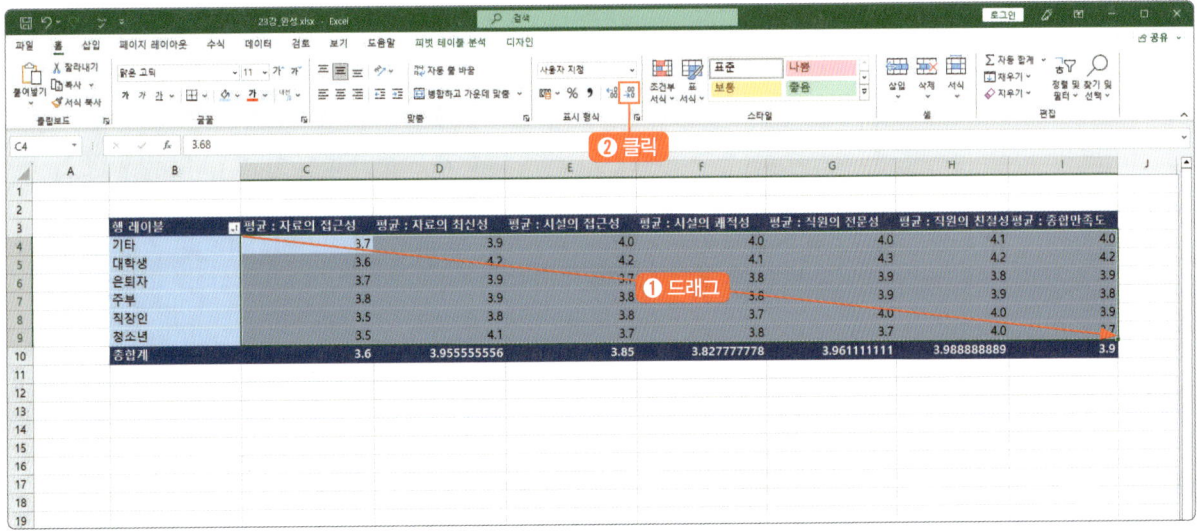

GAME 23 만족도 조사 _ 147

③ 피벗 테이블 전체를 선택한 후 [홈] 탭-[맞춤] 그룹-[가운데 정렬]을 클릭하고 글꼴 크기를 '14'로 지정합니다.

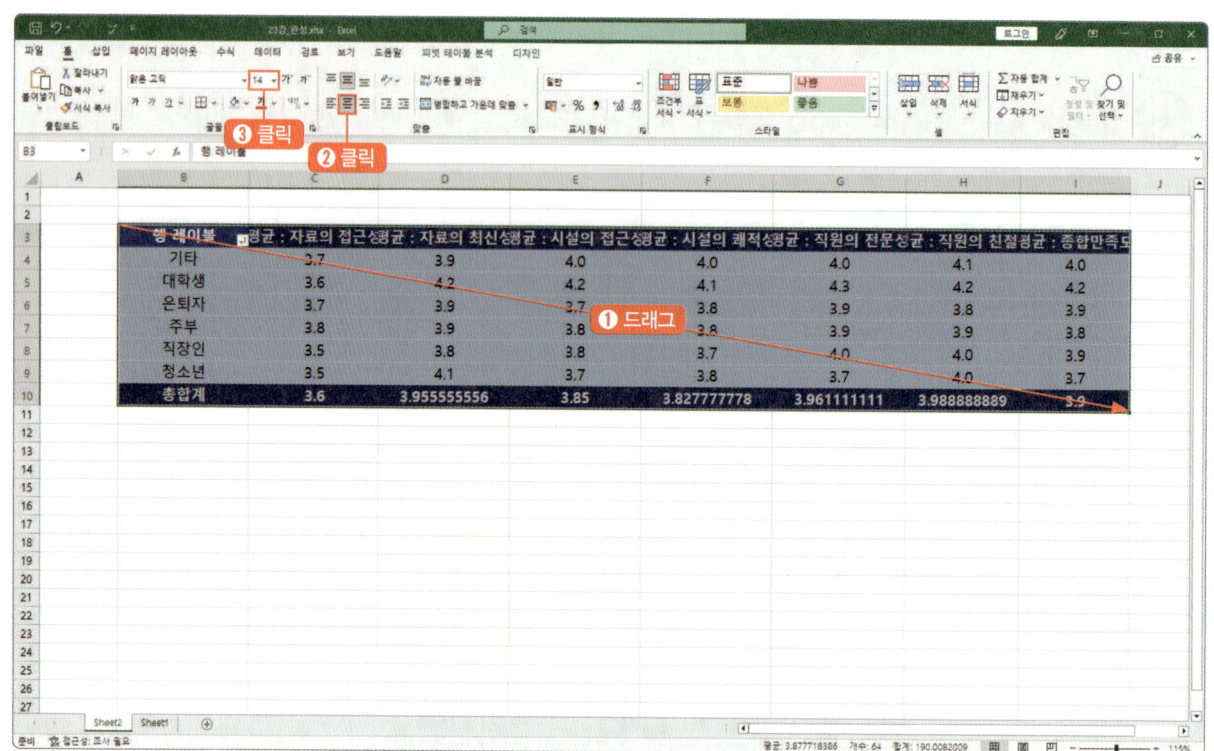

④ 'C'열부터 'I'열까지 선택한 후 'I'열 머리글에서 더블클릭하여 자동으로 너비를 맞춥니다.

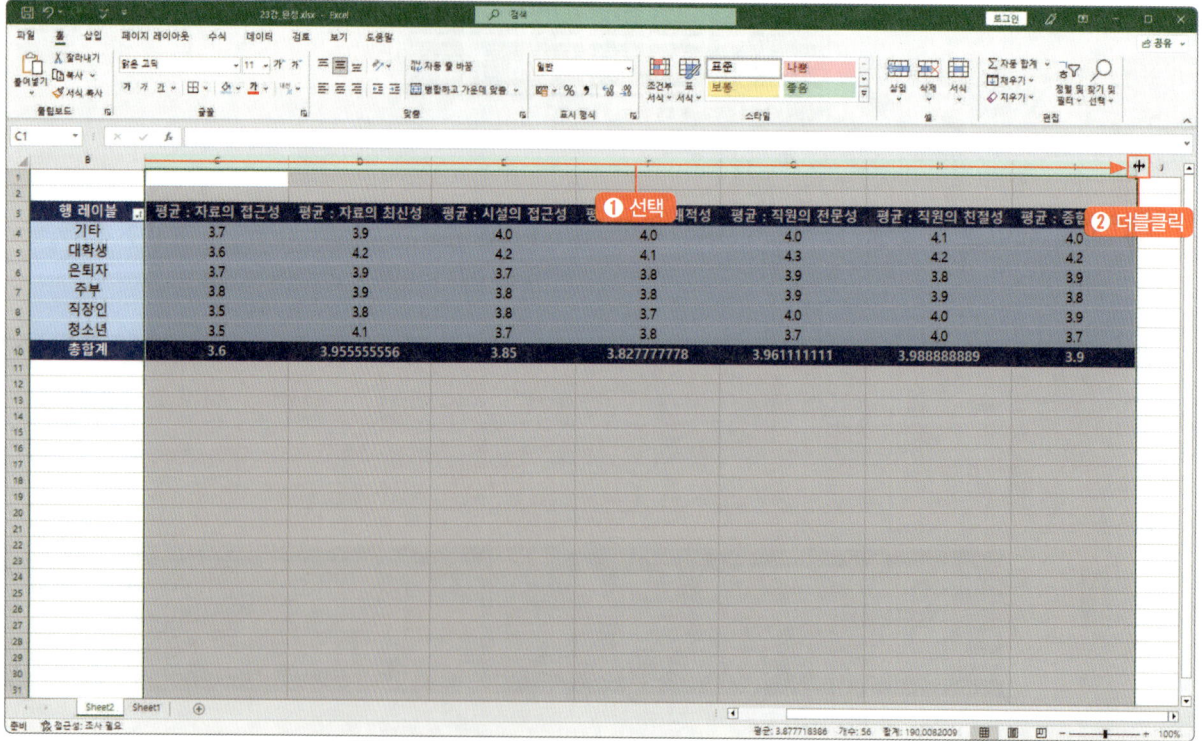

⑤ [파일]-[다른 이름으로 저장하기]를 통해 완성된 파일을 저장합니다.

1 파일을 불러온 후 피벗 테이블을 사용하여 '어린이 체험활동 현황'을 완성해 보세요.

🔑 예제 파일 : 23강_실력1(예제).xlsx   🔑 완성 파일 : 23강_실력1(완성).xlsx

Hint

① [피벗 테이블] 삽입
② '행' – '장소', '프로그램'
③ '값' – '합계 : 1~3세', '합계 : 3~5세', '합계 : 5~7세',
　　　 '합계 : 7~10세'

2 파일을 불러온 후 피벗 테이블 디자인을 사용하여 '어린이 체험활동 현황표'를 완성해 보세요.

🔑 예제 파일 : 23강_실력2(예제).xlsx   🔑 완성 파일 : 23강_실력2(완성).xlsx

Hint

① [피벗 테이블 스타일] – '연한 주황, 피벗 스타일 보통 10'
② '행 레이블' – '텍스트 내림차순'
③ '가운데 정렬'

GAME 24 나눔바자회

| 학습목표 |
- 셀에 이름을 정의할 수 있습니다.
- 가상 분석 시나리오를 추가할 수 있습니다.
- 시나리오를 요약할 수 있습니다.

오늘의 도착지점

🔑 예제 파일 : 24강_예제.xlsx   🔑 완성 파일 : 24강_완성.xlsx

	A	B	C	D	E	F	G	H
2		시나리오 요약						
3					현재 값:	할인율 10%	할인율 20%	
5		변경 셀:						
6			일반할인율		0.3	0.1	0.2	
7			이반할인율		0.3	0.1	0.2	
8			삼반할인율		0.3	0.1	0.2	
9			사반할인율		0.3	0.1	0.2	
10		결과 셀:						
11			일반판매금액		42,000	54,000	48,000	
12			이반판매금액		58,800	75,600	67,200	
13			삼반판매금액		44,800	57,600	51,200	
14			사반판매금액		83,300	107,100	95,200	
15		참고: 현재 값 열은 시나리오 요약 보고서가 작성될 때의						
16		변경 셀 값을 나타냅니다. 각 시나리오의 변경 셀들은						
17		회색으로 표시됩니다.						

바자회란 특정 목적을 위한 자금을 마련하기 위해 단체에서 여는 일시적인 장터를 의미합니다. 사용하지 않은 물건이나 다시 사용할 수 있는 물건들을 가져와 함께 파는 행위를 주로 합니다. 할인율에 따라 변경되는 판매액들을 알아보기 위해 엑셀의 시나리오 기능을 활용해봅니다.

Step 01 이름 정의하기

정의된 이름 기능을 사용하여 셀 이름을 정의해 봅니다.

① Excel 2021 프로그램을 실행한 후 [열기]-[찾아보기]에서 '24강_예제.xlsx'를 불러옵니다.

② 'C5' 셀을 클릭한 후 [수식] 탭-[정의된 이름] 그룹의 [이름 정의]를 클릭하고 [새 이름] 대화상자에서 이름에 '일반할인율'을 입력한 후 [확인]을 클릭합니다.

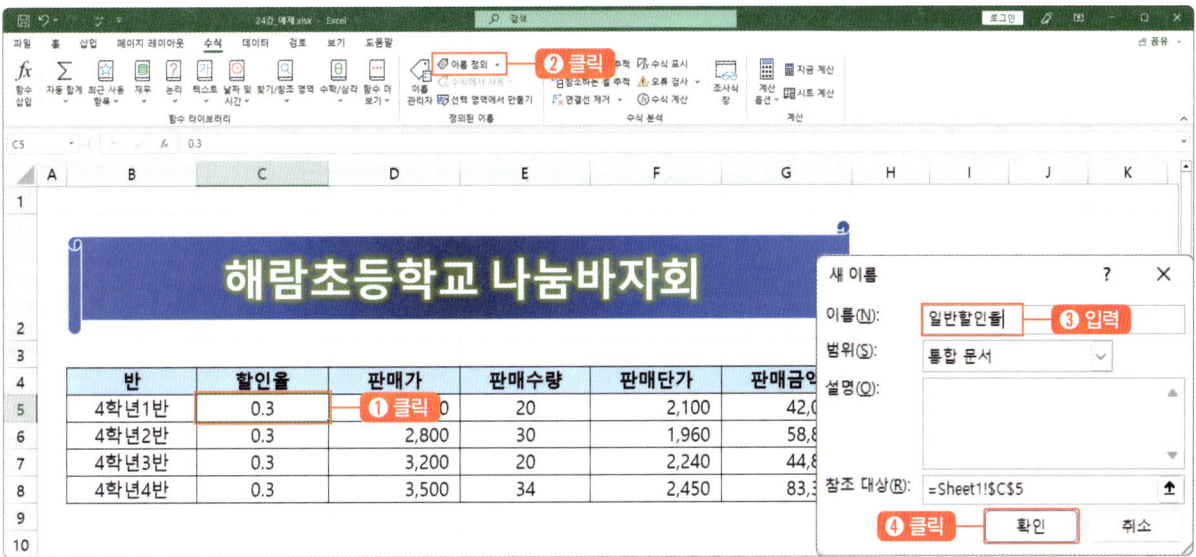

③ ②와 같은 방법으로 'C6' 셀은 '이반할인율', 'C7' 셀은 '삼반할인율', 'C8' 셀은 '사반할인율'으로 이름을 정의합니다.

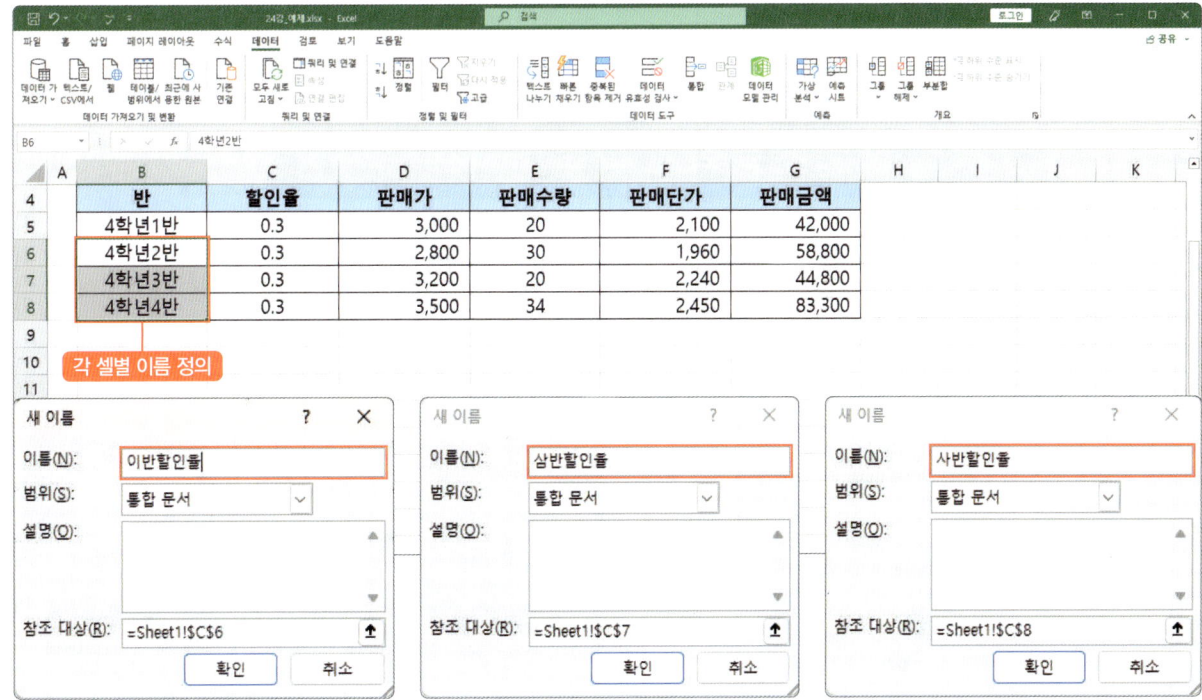

④ 이어서 'G5'셀을 클릭한 후 [수식] 탭-[정의된 이름] 그룹의 [이름 정의]를 클릭하고 이름을 '일반판매금액'을 입력한 후 [확인]을 클릭합니다.

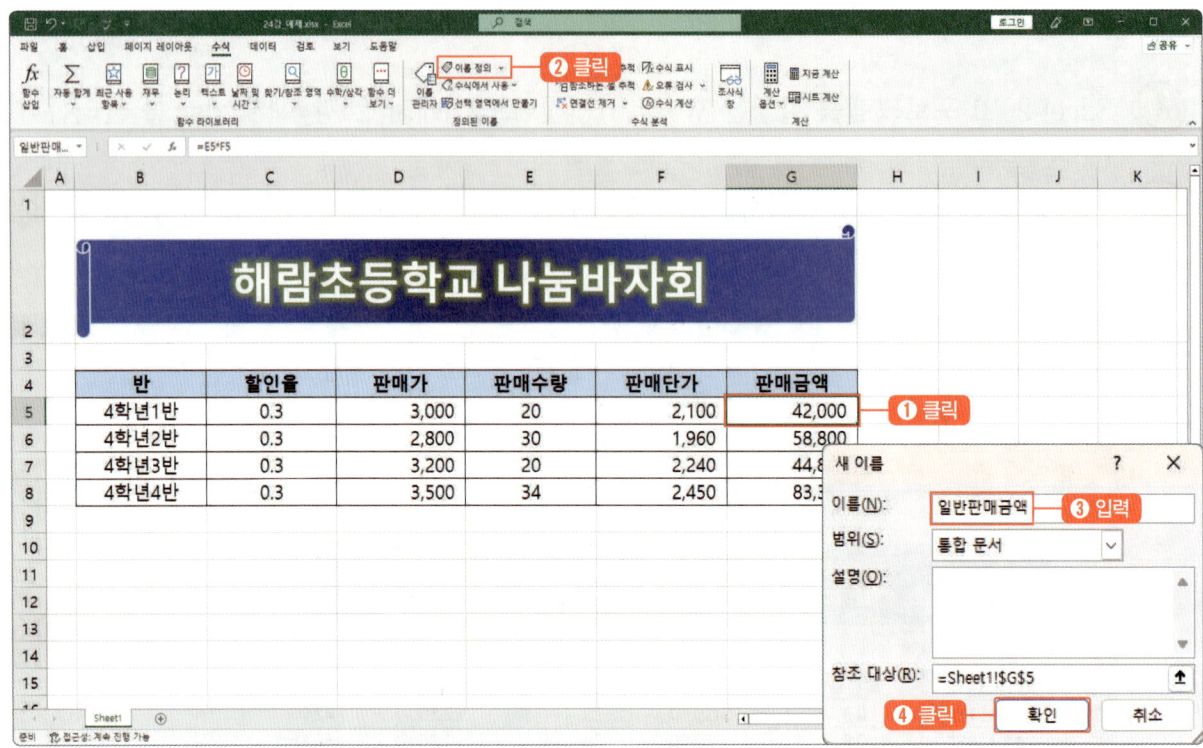

⑤ ④와 같은 방법으로 'G6'셀은 '이반판매금액', 'G7'셀은 '삼반판매금액', 'G8'셀은 '사반판매금액'으로 이름을 정의합니다.

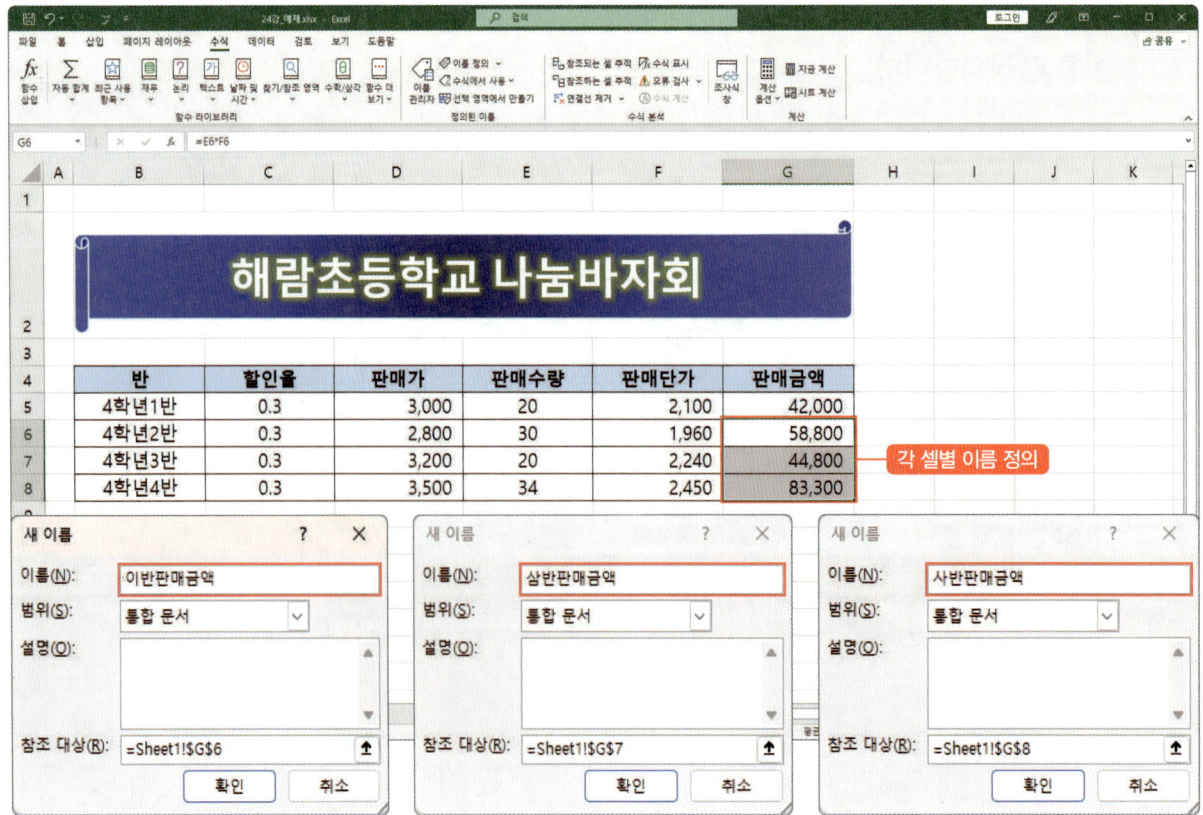

Step 02 시나리오 만들기

데이터를 활용하여 시나리오를 만들어 봅니다.

① [데이터] 탭-[예측] 그룹의 [가상 분석]-[시나리오 관리자]를 클릭한 후 [시나리오 관리자] 대화 상자가 실행되면 [추가]를 클릭합니다.

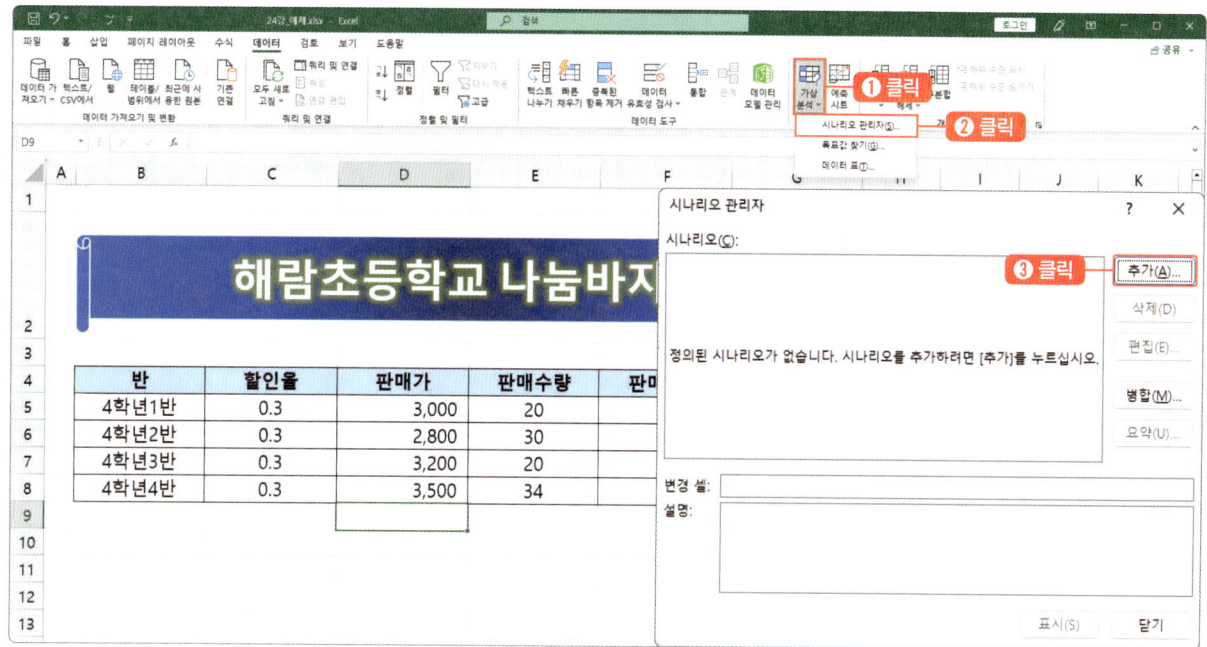

② [시나리오 편집] 대화 상자가 실행되면 시나리오 이름의 입력칸에 '할인율 10%', 변경 셀 입력칸에 'C5:C8'를 입력 후 절대참조하고 [확인]을 클릭합니다.

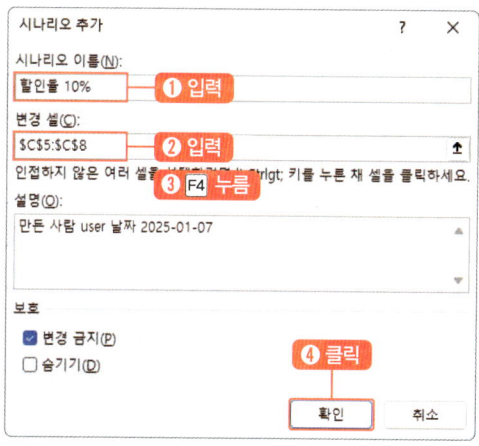

③ '일반할인율', '이반할인율', '삼반할인율', '사반할인율'의 입력칸에 각각 '0.1'을 입력하고 [확인]을 클릭합니다.

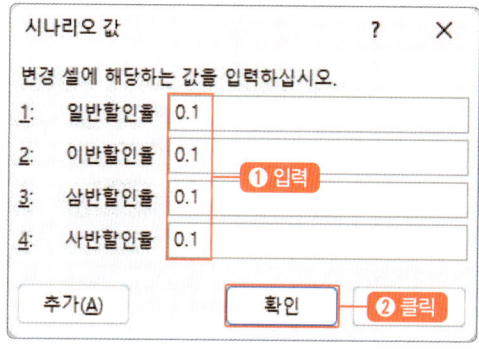

④ 다시 [시나리오 관리자] 대화 상자가 실행되면 [추가]를 클릭합니다. [시나리오 편집] 대화 상자가 실행되면 시나리오 이름의 입력칸에 '할인율 20%', 변경 셀 입력칸에 'C5:C8' 셀을 절대참조한 후 [확인]을 클릭합니다.

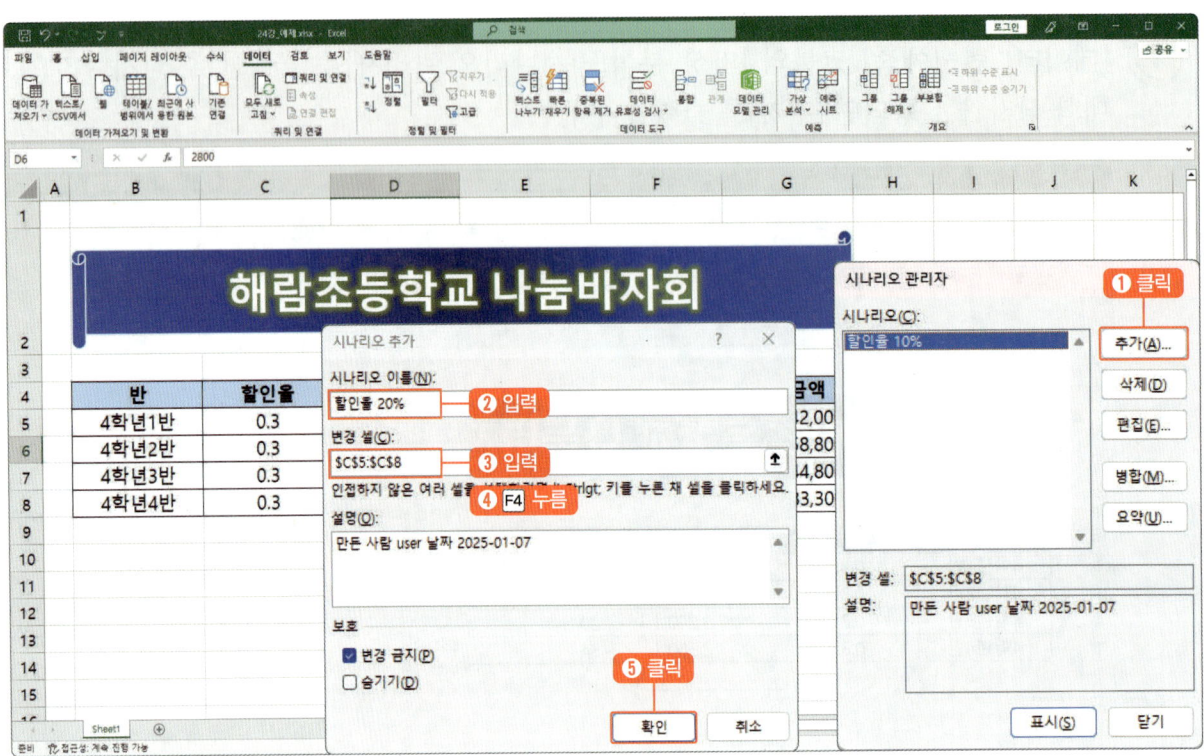

⑤ '일반할인율', '이반할인율', '삼반할인율', '사반할인율'의 입력칸에 각각 '0.2'를 입력하고 [확인]을 클릭합니다.

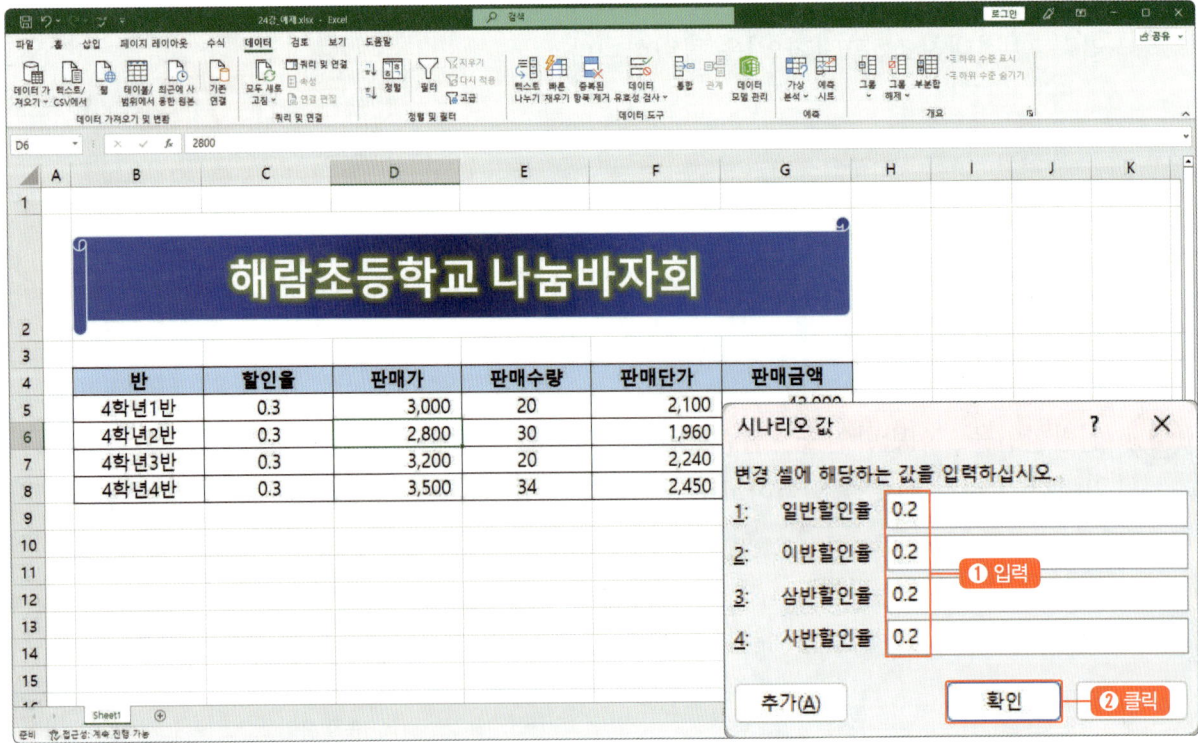

Step 03 시나리오 요약

생성한 시나리오를 요약하여 확인합니다.

① [시나리오 관리자] 대화 상자에서 [요약]을 클릭합니다. [시나리오 요약] 대화 상자가 실행되면 보고서 종류를 '시나리오 요약'으로 체크하고 결과 셀의 입력칸에 'G5:G8' 셀을 드래그한 후 [확인]을 클릭합니다.

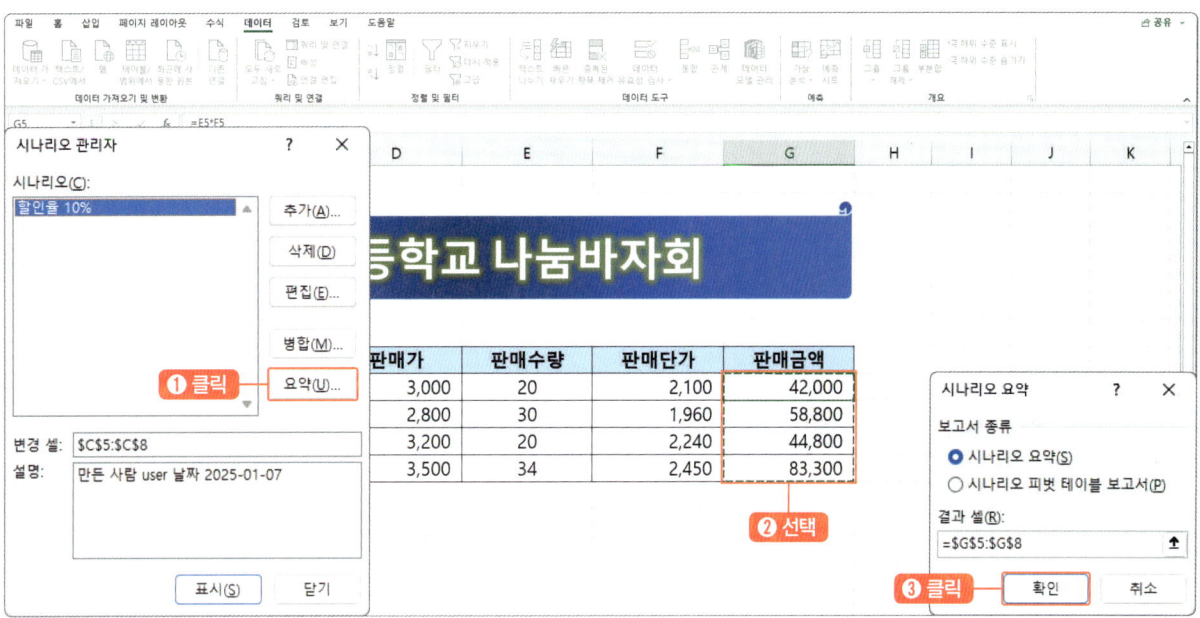

② 새로운 시트에 실행된 시나리오 요약본을 확인합니다.

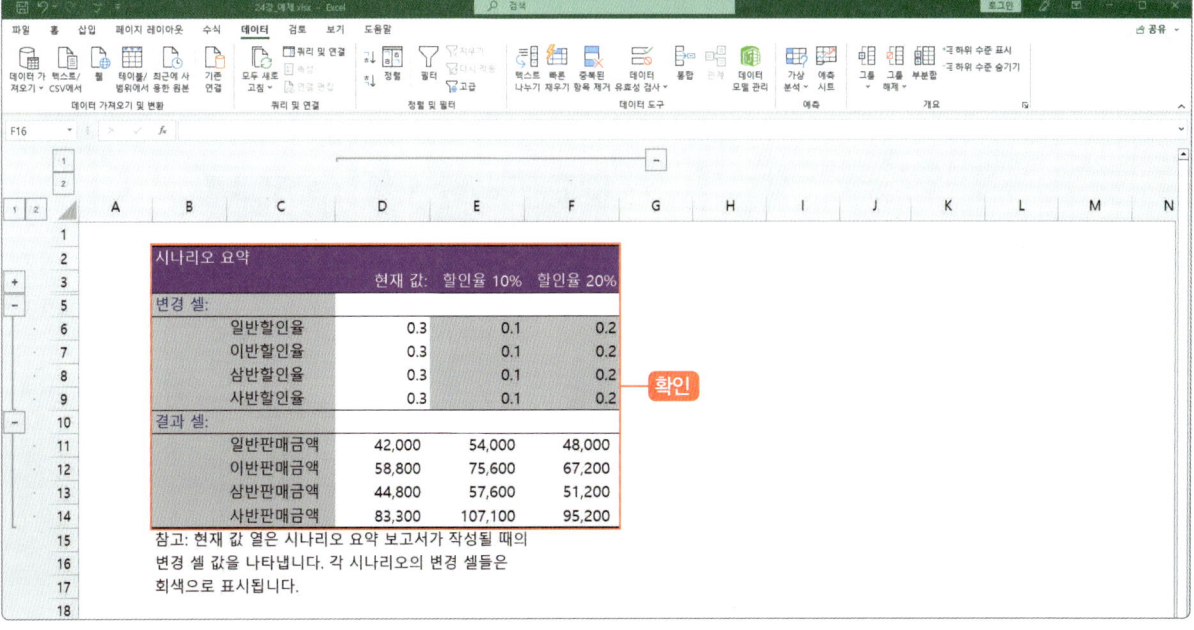

③ [파일]-[다른 이름으로 저장하기]를 통해 완성된 파일을 저장합니다.

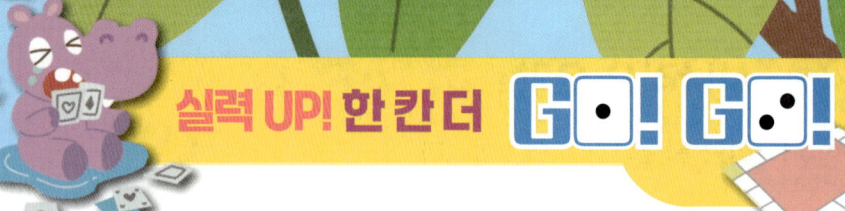

1 파일을 불러온 후 이름 정의를 사용하여 '평균 점수표'를 완성해 보세요.

🔑 예제 파일 : 24강_실력1(예제).hwpx   🔑 완성 파일 : 24강_실력1(완성).hwpx

Hint

① [이름 정의] – 'C5'='강감찬국어',
　　　　　　　'C6'='윤봉길국어',
　　　　　　　'C7'='안중근국어',
　　　　　　　'C8'='이순신국어',
　　　　　　　'C9'='유관순국어'
② [이름 정의] – 'F5'='강감찬평균',
　　　　　　　'F6'='윤봉길평균',
　　　　　　　'F7'='안중근평균',
　　　　　　　'F8'='이순신평균',
　　　　　　　'F9'='유관순평균'

2 파일을 불러온 후 시나리오를 사용하여 '국어점수변경'을 완성해 보세요.

🔑 예제 파일 : 24강_실력2(예제).hwpx   🔑 완성 파일 : 24강_실력2(완성).hwpx

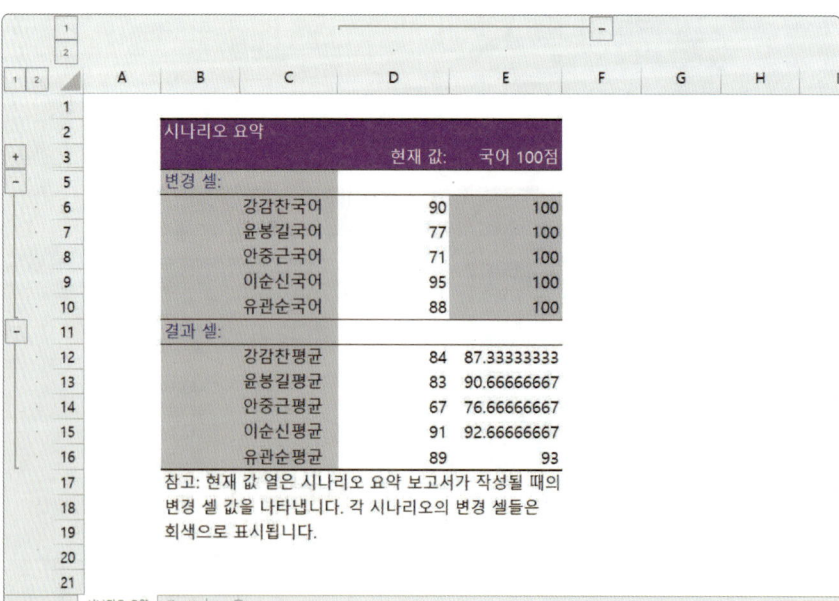

Hint

① [시나리오 추가] – '국어 100점',
　　　　　　　　 'C5:C9', '100'
② [시나리오 요약] – 'F5:F9'

보너스 게임! 레벨업 끝판왕 퀘스트

● **첫 번째 시트** (제한시간 10분)

※ "기부금 현황.xlsx"을 사용하여 다음 ≪ 처리조건 ≫에 맞도록 작업하시오.

≪ 출력형태 ≫

단과대학	학과	구분	2021년	2022년	2023년	3년 총계	순위	비고
공과대학	재료공학과	학부모	21,000	19,000	16,000	56,000천원	9등	
인문대학	국문학과	졸업동문	46,000	22,000	19,500	87,500천원	6등	
자연과학대학	수학과	재학생	22,000	23,000	28,000	73,000천원	7등	
공과대학	기계공학과	학부모	38,000	43,000	42,000	123,000천원	2등	목표초과
인문대학	영문학과	학부모	15,000	32,000	19,000	66,000천원	8등	
공과대학	전기공학과	재학생	29,000	36,000	47,000	112,000천원	4등	목표초과
자연과학대학	화학과	교직원	51,000	52,000	12,000	115,000천원	3등	
인문대학	불문학과	졸업동문	14,000	21,000	16,300	51,300천원	10등	
공과대학	건축공학과	교직원	42,000	33,000	36,000	111,000천원	5등	목표초과
자연과학대학	물리학과	학부모	43,000	37,000	51,000	131,000천원	1등	목표초과
'2021년'의 최대값-최소값 차이				37,000천원				
'구분'이 "학부모"인 '2022년'의 평균				32,750천원				
'2023년' 중 두 번째로 작은 값				16,000천원				

≪ 처리조건 ≫

▶ 1행의 행 높이를 '80'으로 설정하고, 2행~15행의 행 높이를 '18'로 설정하시오.
▶ 제목("단과대학별 기부금 현황") : 기본 도형의 '사각형: 빗면'을 이용하여 입력하시오.
　- 도형 : 위치([B1:H1]), 도형 스타일(테마 스타일 - '보통 효과 - 파랑, 강조 5')
　- 글꼴 : 궁서체, 28pt, 기울임꼴
　- 도형 서식 : 도형 옵션 - 크기 및 속성(텍스트 상자(세로 맞춤 : 정가운데, 텍스트 방향 : 가로))
▶ 셀 서식을 아래 조건에 맞게 작성하시오.
　- [A2:I15] : 테두리(안쪽, 윤곽선 모두 실선, '검정, 텍스트 1'), 전체 가운데 맞춤
　- [A13:D13], [A14:D14], [A15:D15] : 각각 병합하고 가운데 맞춤
　- [A2:I2], [A13:D15] : 채우기 색('파랑, 강조 1, 60% 더 밝게'), 글꼴(굵게)
　- [D3:F12] : 셀 서식의 표시형식-숫자를 이용하여 1000단위 구분 기호 표시
　- [G3:G12], [E13:G15] : 셀 서식의 표시형식-사용자 지정을 이용하여 #,##0"천원"자를 추가
　- [H3:H12] : 셀 서식의 표시형식-사용자 지정을 이용하여 #"등"자를 추가
　- 조건부 서식[A3:I12] : '2022년'이 35000 이상인 경우 레코드 전체에 글꼴(파랑, 굵게) 적용
　- 지시사항이 없는 경우는 주어진 문제파일의 서식을 그대로 사용하시오.
▶ ① 순위[H3:H12] : '3년 총계'를 기준으로 큰 순으로 순위를 구하시오. (RANK.EQ 함수)
▶ ② 비고[I3:I12] : '2023년'이 35000 이상이면 "목표초과", 그렇지 않으면 공백으로 구하시오. (IF 함수)
▶ ③ 최대값-최소값[E13:G13] : '2021년'의 최대값과 최소값의 차이를 구하시오. (MAX, MIN 함수)
▶ ④ 평균[E14:G14] : '구분'이 "학부모"인 '2022년'의 평균을 구하시오. (DAVERAGE 함수)
▶ ⑤ 순위[E15:G15] : '2023년' 중 두 번째로 작은 값을 구하시오. (SMALL 함수)

보너스 게임! 레벨업 끝판왕 퀘스트

● **두 번째 시트** (제한시간 10분)

※ "부분합.xlsx" 파일을 사용하여 다음 ≪ 처리조건 ≫에 맞도록 작업하시오.

≪ 출력형태 ≫

	A	B	C	D	E	F	G
1							
2	단과대학	학과	구분	2021년	2022년	2023년	3년 총계
3	공과대학	재료공학과	학부모	21,000	19,000	16,000	56,000
4	공과대학	기계공학과	학부모	38,000	43,000	42,000	123,000
5	공과대학	전기공학과	재학생	29,000	36,000	47,000	112,000
6	공과대학	건축공학과	교직원	42,000	33,000	36,000	111,000
7	공과대학 최대						123,000
8	공과대학 요약			130,000	131,000	141,000	
9	인문대학	국문학과	졸업동문	46,000	22,000	19,500	87,500
10	인문대학	영문학과	학부모	15,000	32,000	19,000	66,000
11	인문대학	불문학과	졸업동문	14,000	21,000	16,300	51,300
12	인문대학 최대						87,500
13	인문대학 요약			75,000	75,000	54,800	
14	자연과학대학	수학과	재학생	22,000	23,000	28,000	73,000
15	자연과학대학	화학과	교직원	51,000	52,000	12,000	115,000
16	자연과학대학	물리학과	학부모	43,000	37,000	51,000	131,000
17	자연과학대학 최대						131,000
18	자연과학대학 요약			116,000	112,000	91,000	
19	전체 최대값						131,000
20	총합계			321,000	318,000	286,800	
21							

≪ 처리조건 ≫

▶ 데이터를 '단과대학' 기준으로 오름차순 정렬하시오.

▶ 아래 조건에 맞는 부분합을 작성하시오.
  – '단과대학'으로 그룹화하여 '2021년', '2022년', '2023년'의 합계를 구하는 부분합을 만드시오.
  – '단과대학'으로 그룹화하여 '3년 총계'의 최대를 구하는 부분합을 만드시오. (새로운 값으로 대치하지 말 것)
  – [D3:G20]영역에 셀 서식의 표시형식-숫자를 이용하여 1000단위 구분 기호를 표시하시오.

▶ D~F열을 선택하여 그룹을 설정하시오.

▶ 합계와 최대의 부분합 순서는 ≪ 출력형태 ≫와 다를 수 있음.

▶ 지시사항이 없는 경우는 기본 값을 적용하시오.

보너스 게임! 레벨업 끝판왕 퀘스트

● **세 번째 시트** (제한시간 10분)

※ "피벗테이블.xlsx" 파일을 사용하여 다음 ≪ 처리조건 ≫에 맞도록 작업하시오.

≪ 출력형태 ≫

	A	B	C	D	E
1					
2					
3	구분	값	단과대학		
4			공과대학	인문대학	자연과학대학
5	재학생	합계 : 2022년	36,000	**	23,000
6		합계 : 2023년	47,000	**	28,000
7	졸업동문	합계 : 2022년	**	43,000	**
8		합계 : 2023년	**	35,800	**
9	학부모	합계 : 2022년	62,000	32,000	37,000
10		합계 : 2023년	58,000	19,000	51,000
11	전체 합계 : 2022년		98,000	75,000	60,000
12	전체 합계 : 2023년		105,000	54,800	79,000
13					

≪ 처리조건 ≫

▶ "피벗테이블.xlsx"의 [A2:G12]를 이용하여 새로운 시트에 ≪ 출력형태 ≫와 같이 피벗테이블을 작성 후 시트명을 "피벗테이블 정답"으로 수정하시오.

▶ 구분(행)과 단과대학(열)을 기준으로 하여 출력형태와 같이 구하시오.
- '2022년', '2023년'의 합계를 구하시오.
- 피벗 테이블 옵션을 이용하여 레이블이 있는 셀 병합 및 가운데 맞춤하고 빈 셀을 "**"로 표시한 후, 행의 총합계를 감추기 하시오.
- 피벗 테이블 디자인에서 보고서 레이아웃은 '테이블 형식으로 표시', 피벗 테이블 스타일은 '중간 - 연한 파랑, 피벗 스타일 보통 9'로 표시하시오.
- 구분(행)은 "재학생", "졸업동문", "학부모"만 출력되도록 표시하시오.
- [C5:E12] 데이터는 셀 서식의 표시형식-숫자를 이용하여 1000단위 구분 기호 표시하고, 가운데 맞춤하시오.

▶ 구분의 순서는 ≪ 출력형태 ≫와 다를 수 있음.

▶ 지시사항이 없는 경우는 ≪ 출력형태 ≫와 동일하게 작성하시오.

보너스 게임! 레벨업 끝판왕 퀘스트

● **네 번째 시트** (제한시간 10분)

※ "차트.xlsx" 파일을 사용하여 다음 ≪ 처리조건 ≫에 맞도록 작업하시오.

≪ 출력형태 ≫

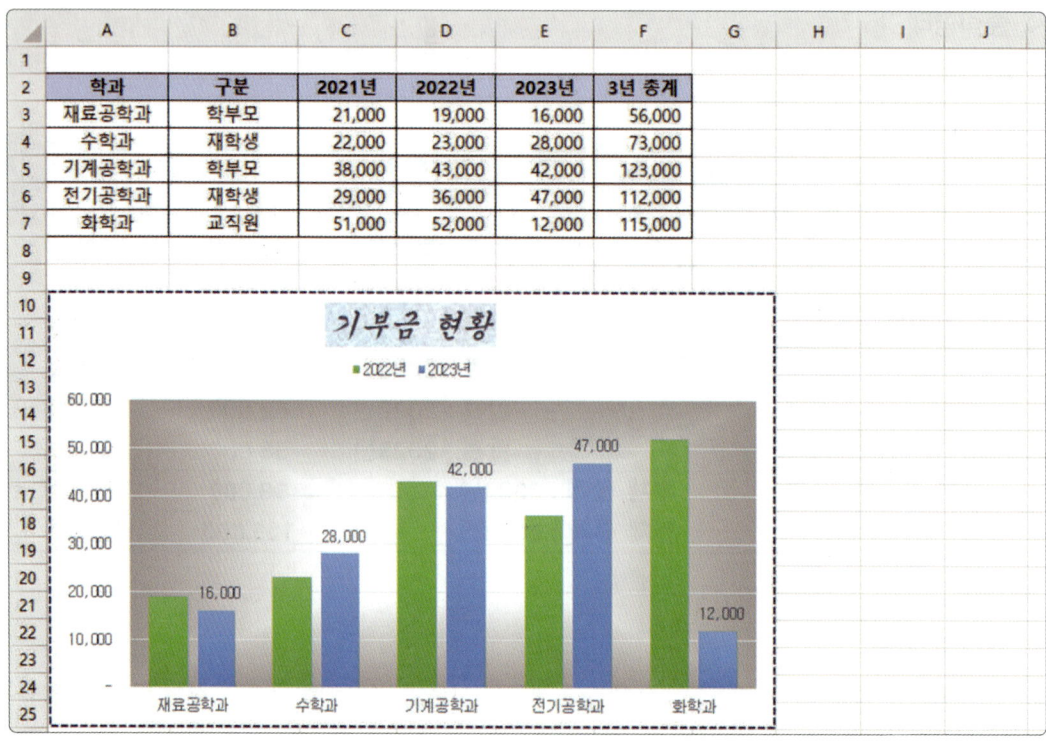

≪ 처리조건 ≫

▶ "차트" 시트에 주어진 표를 이용하여 '묶은 세로 막대형' 차트를 작성하시오.
- 데이터 범위 : 현재 시트 [A2:A7], [D2:E7]의 데이터를 이용하여 작성하고, 행/열 전환은 '열'로 지정
- 차트 위치 : 현재 시트에 [A10:G25] 크기에 정확하게 맞추시오.
- 차트 제목("기부금 현황")
- 차트 스타일 : 색 변경(색상형 – 다양한 색상표 4, 스타일 6)
- 범례 위치 : 위쪽
- 차트 영역 서식 : 글꼴(굴림체, 9pt), 테두리 색(실선, 색 : 진한 파랑), 테두리 스타일(너비 : 1.5pt, 겹선 종류 : 단순형, 대시 종류 : 사각 점선)
- 차트 제목 서식 : 글꼴(궁서체, 18pt, 기울임꼴), 채우기(그림 또는 질감 채우기, 질감 : 파랑 박엽지)
- 그림 영역 서식 : 채우기(그라데이션 채우기, 그라데이션 미리 설정 : 위쪽 스포트라이트 강조 3, 종류 : 사각형, 방향 : 가운데에서)
- 데이터 레이블 추가 : '2023년' 계열에 "값" 표시

▶ 지시사항이 없는 경우는 ≪ 출력형태 ≫와 동일하게 작성하시오.

초등 전과목
디지털학습 플랫폼

디지털 초코

첫 달 100원
무제한 스터디밍

지금 신규 가입하면
첫 달 ~~5,500원~~ → 100원!

초등 전과목
교과 학습

AI 문해력
강화 솔루션

AI 수학 실력
향상 프로그램

웹툰으로 만나는
학습 만화

초중고 교과서 발행 부수 1위 기업 MiraeN

초등 전과목
디지털학습 플랫폼

디지털 초ㅋ

첫 달 100원
무제한 스터디밍

지금 신규 가입하면
첫 달 ~~9,500원~~ → 100원!

초등 전과목
교과 학습

AI 문해력
강화 솔루션

AI 수학 실력
향상 프로그램

웹툰으로 만나는
학습 만화

초중고 교과서 발행 부수 1위 기업 **Mirae N**